Sara Ahmed

Feminist Killjoy

UNRAST

Sara Ahmed ist eine britische Autorin, Wissenschaftlerin und feministische Aktivistin of Color. Ihre Arbeitsschwerpunkte sind Postcolonial Studies, feministische und queere Theorie. Über 20 Jahre arbeitete sie im Wissenschaftsbetrieb, u.a. am Goldsmiths College der University of London, bis sie 2016 aus Protest gegen den Umgang mit sexueller Belästigung an ihrer Universität kündigte. Heute arbeitet sie als freie Wissenschaftlerin und Autorin und betreibt seit Jahren ihren lesenswerten provokativen Blog ›feministkilljoys‹.

Sara Ahmed

Feminist Killjoy

Das Handbuch für die feministische Spaßverderber:in

Aus dem Englischen übersetzt
von Nora Langenfurth

UNRAST

Bibliografische Information der Deutschen Bibliothek
Die Deutsche Bibliothek verzeichnet diese Publikation in der Deutschen Nationalbibliografie; detaillierte bibliografische Daten sind im Internet über https://dnb.de abrufbar.

Sara Ahmed: Feminist Killjoy
1. Auflage, Oktober 2024
ISBN 978-3-89771-375-8

www.unrast-verlag.de | kontakt@unrast-verlag.de
Mitglied in der assoziation Linker Verlage (aLiVe)

Titel der Originalausgabe
The Feminist Killjoy Handbook, Penguin Random House, UK

Umschlag: Felix Hetscher, Münster
Satz: Unrast Verlag, Münster
Druck: Multiprint, Kostinbrod

Inhalt

Für Nila, Gulzar und bell

Und für alle
feministischen Spaßverderber:innen
da draußen,
die immer noch ihr Ding machen

1

Einführung der feministischen Spaßverderber:in

Ich beginne mit einer Geschichte, meiner Geschichte, der Geschichte, wie ich zu einer feministischen Spaßverderber:in wurde.

Wir sitzen am Esstisch. Alle sitzen immer auf den gleichen Stühlen, als ob wir uns damit mehr als nur unsere Plätze sichern wollten. Wir führen freundliche Gespräche. Mein Vater fragt erst nach der Schule, dann nach diesem und jenem. Und plötzlich sagt er etwas Beleidigendes, häufig etwas Sexistisches und schaut mich dabei herausfordernd an. Ich würde versuchen, nicht zu reagieren, still sitzen zu bleiben und mich einfach in Luft aufzulösen. Aber manchmal kann ich nicht anders. Ich könnte leise gesprochen haben. Ich könnte mich aufgeregt haben und frustriert erkannt haben, dass ich von jemandem aufgeregt wurde, der mich absichtlich aufgeregt hat. Ganz egal, was und wie ich es sage, wenn es einen Streit gibt, wenn die Diskussion hitzig wird, der Grund hierfür liegt immer bei mir. Am Ende lautet der Vorwurf jedes Mal: »Sara hat uns schon wieder das Abendessen verdorben.«

Wenn du dem Glück/lichsein der Anderen in die Quere kommst, wirst du zur feministischen Spaßverderber:in, oder wenn du ihnen generell in die Quere kommst und damit das Essen und zusätzlich die Atmosphäre ruinierst. Du wirst zur feministischen Spaßverderber:in, wenn du nicht bereit bist, mit allem klarzukommen, dich mit allem zu arrangieren, still sitzen zu bleiben und es einfach hinzunehmen. Du wirst zur feministischen Spaßverderber:in, wenn du reagierst, Autoritäten widersprichst und Worte wie ›Sexismus‹ benutzt, weil es sexistisch ist, was du zu hören bekommst. Es gibt so vieles, von dem dir zu verstehen gegeben wird, es sei zu vermeiden, nicht anzusprechen oder nicht zu tun, um eine Situation nicht zu ruinieren. Denn sonst ist es schließlich wieder ein ruiniertes Abendessen. Und es gibt so viele ruinierte Abendessen!

Also wurde ich zur feministischen Spaßverderber:in. Ich schreibe dieses Handbuch *als* feministische Spaßverderber:in. Bist du auch eine? Woher kannst du das wissen? Stelle dir erst einmal folgende Fragen: Weigerst du dich, über Witze zu lachen, die du beleidigend findest? Wurdest du schon einmal als spaltend bezeichnet, weil du auf eine gesellschaftliche Spaltung hingewiesen hast? Wurde dir schon einmal gesagt »Lächle mal, Liebes, es könnte doch noch schlimmer sein« oder »Mach dich mal locker, Schatz, es wird schon nicht passieren«? Musst du nur den Mund öffnen, damit andere ihre Augen verdrehen? Wird die Atmosphäre angespannt, wenn du irgendwo auftauchst oder wenn du etwas ansprichst? Wenn du eine oder alle diese Fragen mit Ja beantwortet hast, könnte es sein, dass auch du eine feministische Spaßverderber:in bist. Dann habe ich genau für dich dieses Handbuch geschrieben.

Die Geschichte der feministischen Spaßverderber:in beginnt aber nicht an dem Tisch, an dem wir uns einmischen oder zu Wort melden. Die Geschichte beginnt lange, bevor wir dort angekommen sind. Die feministische Spaßverderber:in beginnt ihr politisches Leben als Stereotyp einer Feminist:in, als eine Vorverurteilung bzw. als die Vorstellung, Feminismus sei die Ursache und der Grund für alles Leid. Indem wir uns selbst als feministische Spaßverderber:in bezeichnen, verwandeln wir die Verurteilung in ein Projekt; denn wenn Feminismus Unglück/lichsein verursacht, dann ist das vielleicht genau das, was wir verursachen müssen.

Oft liefern genau die Begriffe, mit denen der Feminismus abgetan wird, die besten Beweise dafür, wie sehr wir den Feminismus benötigen. Indem wir uns selbst als feministische Spaßverderber:innen bezeichnen, widmen wir uns nicht nur der Aufgabe, anderen den Spaß zu verderben, sondern wir entdecken auch eine feministische Geschichtsschreibung. Die feministische Spaßverderber:in *gehört* zur Geschischtsschreibung. Die feministische Spaßverderber:in *hat* eine Geschichte. Geschichtsschreibung kann Türen öffnen. Sie kann dabei helfen, zu erkennen, dass schon andere vor uns genau dort waren, wo wir jetzt stehen. In diesem Handbuch reisen wir mit den feministischen Spaßverderber:innen dorthin, wo sie bereits gewesen sind. Auf diesen Reisen wird die feministische Spaßverderber:in zu unserer Begleiter:in. Wir brauchen ihre Begleitung.

Die feministische Spaßverderber:in ist schon seit einiger Zeit meine Begleiter:in, eine Lebensgefährt:in ebenso wie eine Schreibgefährt:in. Auch wenn ich schon einmal über die feministische Spaßverderber:in geschrieben habe, wollte ich ihr ein eigenes Buch schenken. Warum ist ihr Buch ein Handbuch? Der Begriff ›Handbuch‹ bezog sich ursprünglich auf ein kleines handliches Buch, das Informationen und Fakten zu einem bestimmten Thema, Anleitungen für eine Kunstform oder einen Beruf, Anweisungen für die Bedienung von Maschinen oder Informationen für Tourist:innen bereitstellt. *Das Handbuch für die feministische Spaßverderber:in* enthält allerdings keine Anleitungen, Informationen oder Hinweise, wie du zu einer feministischen Spaßverderber:in werden kannst. Stattdessen zeigt es, wie das Leben dir als feministische Spaßverderber:in eine Reihe von Anleitungen, Informationen und Hinweisen gibt, wie du in dieser Welt zurechtkommen kannst.

Eine feministische Spaßverderber:in zu sein, kann zwar manchmal chaotisch und verwirrend sein, es kann uns jedoch auch Momente von Klarheit und großer Einsicht bringen. Daher füge ich noch einige **Spaßverderber:innen-Wahrheiten, -Maximen, -Gleichnisse und -Bekenntnisse** hinzu, die zwischen den Spaßverderber:innen-Erfahrungen immer mal wieder auftauchen und die ich am Ende des Buchs aufgelistet habe. Einige dieser Wahrheiten, Maximen, Gleichnisse und Bekenntnisse sind als ganz normale Sätze in früheren Büchern von mir zu finden. Ich spitze sie hier noch einmal zu, indem ich sie unterschiedlich wiederverwende, sie bestärke und noch etwas klarer formuliere.

Dieses Handbuch ist also als Ressource für feministische Spaßverderber:innen gedacht, als eine helfende Hand. Vielleicht hast du dich deinen Eltern gegenüber geoutet, nur um mit ihrer Trauer über dein angeblich aufgegebenes Glück/lichsein konfrontiert zu werden. *Die feministische Spaßverderber:in kann dabei helfen.* Vielleicht hast du versucht, dich über sexuelle Belästigung oder Mobbing am Arbeitsplatz zu beschweren und bist dann selbst ins Verhör geraten. *Die feministische Spaßverderber:in kann dabei helfen.* Vielleicht hast du wohlüberlegte und nuancierte Kritik an Rassismus und Transfeindlichkeit formuliert, und dies wurde als ›Wokeismus‹ oder als ›Cancel Culture‹ diskreditiert. *Die feministische Spaßverderber:in kann dabei helfen.*

Vielleicht bist du aber auch wütend darüber, dass die MeToo-Bewegung in den Medien oft so dargestellt wird, als sei sie viel zu weit gegangen, bevor sie überhaupt etwas erreicht hat. *Die feministische Spaßverderber:in kann dabei helfen.* Ich hoffe, dass dieses Handbuch eine helfende Hand für die von uns sein kann, die auf unterschiedliche Art und Weise gegen Ungleichheiten und Ungerechtigkeiten kämpfen. Wir brauchen helfende Hände und wir brauchen Handbücher, weil die Kosten dieses Kampfes sehr hoch sind.

Ich beginne dieses Einführungskapitel mit einer Diskussion darüber, was wir aus der Geschichte des Wortes ›Spaßverderber:in‹ *(killjoy)* lernen können, bevor ich mich der Idee zuwende, wie die Figur der feministischen Spaßverderber:in dazu benutzt wird, den Feminismus als von Leid motiviert abzutun. Abschließend formuliere ich Ideen dazu, wie und warum wir die feministische Spaßverderber:in für uns selbst zurückfordern, indem wir unsere eigenen Geschichten erzählen, wie wir zu einer solchen wurden.

Es ist an der Zeit, euch unsere Reisebegleiter:in vorzustellen. Sie braucht vielleicht keine Vorstellung. Vielleicht kennst du sie bereits. Vielleicht bist du schon eine. Selbst diejenigen von uns, die sich selbst als feministische Spaßverderber:innen bezeichnen, können durchaus noch mehr über sie lernen. Um mehr über feministische Spaßverderber:innen zu erfahren, muss man nicht bei ihnen anfangen. Nicht alle Spaßverderber:innen sind Feminist:innen. Das Wort ›Spaßverderber:in‹ gibt es in der Tat schon länger als das Wort ›Feminist:in‹. Um dir einen Eindruck davon zu vermitteln, wie die Spaßverderber:innen entstanden sind, führe ich direkte Zitate aus historischen und zeitgenössischen Quellen an. Das *Oxford English Dictionary* nennt als ersten dokumentierten Gebrauch des Begriffs ›Spaßverderber:in‹ eine Bemerkung in der *Allgemeinen Geschichte der Musik* von Charles Burney aus dem Jahr 1776: »Die Götter wurden damals nicht, so M. Rousseau, als Spaßverderber:innen betrachtet und von geselligen Zusammenkünften ausgeschlossen.«[1]

Dieser recht merkwürdige Verweis deutet darauf hin, dass wenn Menschen oder Götter als ›Spaßverderber:innen‹ betrachtet werden, sie von Treffen ausgeschlossen werden, um diese gesellig zu halten. Der zweite Hinweis, der unter ›Spaßverderber:in‹ aufgeführt ist, bezieht sich auf George Eliots Roman *Romola*, der 1863 erstmals veröffentlicht wurde. Eine der Figuren, Savonarola, wird als »Freudentödter (killjoy) von Florenz«[2] bezeichnet und von »zügellosen jungen Männern« verabscheut. Die Spaßverderber:in wird von einer Stadt, einem Fest, einer Versammlung ferngehalten, denn sie hält diejenigen zurück, die zügellos ihre Freiheit ausleben. Ein Bild entsteht oft durch eine Schilderung von etwas, das gar nicht da ist. Historisch gesehen half die Spaßverderber:in durch kleine Hinweise, ein Bild von Geselligkeit zu schaffen, indem sie diejenigen verkörperte, die ihr ein Ende bereiten würden.

1 OED. https://www.oed.com/

2 George Eliot (Miß Evans): Romola. Leipzig 1864, 148; zit. n. der dt. Übersetzung von A. E. Wollheim.

Die Spaßverderber:in verdirbt den Spaß anderer, nicht ihren eigenen Spaß. Vielleicht weil sie keinen eigenen Spaß hat, den sie verderben kann. Synonyme für Spaßverderber:innen sind Partymuffel, Miesepeter, Miserabilist:in, Spielverderber:in, Spaßbremse.

Zu Beginn und in der Mitte des 20. Jahrhunderts finden sich weitere Hinweise auf die Spaßverderber:in. Alice Lowther, die meist als Ehefrau eines britischen Diplomaten beschrieben wird, aber selbst Schriftstellerin war, veröffentlichte 1929 eine Kurzgeschichte namens »The Kill Joys« über drei Schwestern, von denen zwei der dritten den Spaß verderben. Als die Jüngste, Adela, nach dem Tod ihres Vaters heiratet, kommen ihre älteren Schwestern, Jane und Susan, um für ihre neue Familie zu arbeiten, was eine Verbesserung ihres Status bedeutet; »von Hoffnung erfüllt und dankbar« arbeiteten sie »mit Eifer«.[3] Doch später, als ihre Bitte, für ihre Arbeit bezahlt zu werden, abgelehnt wird, arbeiten sie »unter dem Gefühl der Ungerechtigkeit«. Die Schwestern wurden »eine Belästigung für die Familie, der sie dienten«, und waren nicht mehr »nützlich«, selbst ihre Hingabe war eine Quelle der Verärgerung. »Kann nicht irgendetwas getan werden«, klagt eines von Adelas Kindern, »diese alten Spaßverderber machen mir Angst«.[4] Diese tragische Geschichte, die mit dem Selbstmord der Schwestern endet, in Übereinstimmung mit dem Wunsch der Familie, dass sie sich entfernen, ist zwar unbekannt, aber vertraut durch die Wiederverwendung alter Tropen von traurigen Jungfern und hässlichen Stiefschwestern. Obwohl die Geschichte nicht aus der Perspektive der Spaßverderber:innen erzählt wird (eine Spaßverderber:in ist normalerweise jemand aus der Sicht eines anderen), sympathisiert sie mit ihnen, indem sie die Grausamkeit schildert, die auf das Urteil als solcher folgt, und den Eindruck erweckt, dass die Spaßverderber:innen möglicherweise zu Recht »unter dem Gefühl der Ungerechtigkeit« arbeiten.

Der Psychoanalytiker Edmund Bergler veröffentlichte zwei Essays, »Psychology of the Killjoy« und »The Type: ›Mr Stuffed Shirt‹« (1949 bzw. 1960)[5], die ein weit weniger sympathisches Bild von Spaßverderber:innen zeichnen. Für Bergler ist die Spaßverderber:in sowohl eine Krankheit als auch ein Persönlichkeitstypus. Für Bergler wird die Spaßverderber:in »allgemein als eine Person angesehen, die sich darüber freut, anderen den Spaß zu

---

3 Lowther, A.: »The Kill-Joys«, *The English Review* (1929), London, 607.

4 Lowther: »The Kill-Joys«, 612.

5 Bergler, E.: »Psychology of the Killjoy«, *Medical Record*, 162 (1949), 11f; »The Type: ›Mr Stuffed Shirt‹«, *The American Imago*, 17: 4 (1960), 407-412.

verderben«. Mit anderen Worten, »ihre Rache ist die Spaßverderber:innen-Haltung«. In dieser Darstellung ist die Spaßverderber:in in Selbstverleugnung; sie erkennt sich selbst nicht als Spaßverderber:in, wird aber von anderen so beurteilt. Bergler verweist auf die »Frau eines Spaßverderbers«, die die Fähigkeit ihres Mannes beschrieb, »Menschen zu erstarren, indem er bei einer fröhlichen Zusammenkunft eisiges Schweigen bewahrt oder jeden vorgeschlagenen Vergnügungsplan mit abfälligen und bissigen Bemerkungen kommentiert.«[6] Die Spaßverderber:in wird als eine Person dargestellt, die sich der Wärme der menschlichen Geselligkeit entzieht, die mächtig und strafend ist und ihr eigenes Unglück/lichsein erfunden hat, nur um die eigene Grausamkeit zu rechtfertigen. Dabei wendet sie allerhand Methoden an, um Unglück zu verbreiten, angefangen bei »versteinertem Schweigen« bis hin zu »bissigen Bemerkungen«. Wer möchte schon so ein Mensch sein? Der *Sinn* dieses Bildes der Spaßverderber:in könnte allein darin bestehen, eine Person heraufzubeschwören, die niemand sein möchte.

Schon mit diesem kurzen Abriss der Geschichte des Begriffs ›Spaßverderber:in‹ wird deutlich, dass er erfunden wurde, um ein Bild von denjenigen zu zeichnen, die ›nicht wir‹ sind und die die Macht haben, uns zu nehmen, was wir für uns behalten möchten. Auch wenn die Spaßverderber:in zunächst dazu diente, einen Persönlichkeitstypus zu beschreiben, wird diese Zuschreibung heute eher genutzt, um eine Art Politik zu bezeichnen. Vielleicht könnte man diese Art dann *gemein* nennen. So hören wir beispielsweise von *politisch korrekten Spaßverderber:innen*, deren Anliegen, das zu korrigieren, was andere sagen oder machen, so dargestellt wird, als würden sie ihre eigene Agenda durchsetzen wollen, um anderen den Spaß zu verderben. So schreibt ein Kolumnist »politisch korrekte Spaßverderber:innen haben den Feiertagsspaß vom Menü gestrichen, indem sie Böller verbieten wollen«.[7] Ein anderer resümiert: »Politisch korrekte Spaßverderber:innen haben beleidigende Fahnen verbannt.«[8] Wir hören auch von *gesundheits- und sicherheitsfanatischen Spaßverderber:innen*, deren Sorge um die öffentliche Sicherheit, selbst wenn sie gut gemeint ist, angeblich einen paternalistischen und symptomatischen Willen zeige, um vormals freudvolle Freiheiten zu verbieten. Ein Autor gibt seinem Buch über das Problem des Paternalismus den präg-

---

6 Bergler: »The Type: ›Mr Stuffed Shirt‹«, 410.

7 https://www.chroniclelive.co.uk/news/ north-east-news/crackers-1604191.294.

8 https://www.thesun.co.uk/news/6534923/ pc-killjoys-including-tesco-and-bradford-council-have-banned-offensive-st-george-flags/.

nanten Titel *Spaßverderber:in.*[9] Uns wurde gesagt, dass ›gesundheits- und sicherheitsbewusste Spaßverderber:innen‹ Müttern das Teemachen, Modell-Dampfboote, Genesungskarten, Trampoline, Eiswagen, Punch-and -Judy-Shows, Blumenampeln und Käserollrennen verboten haben. Falls du von diesen Dingen noch nie gehört hast, sie gehören alle zu »Großbritanniens ältesten, traditionellsten Veranstaltungen«.[10] So lautet die Schlagzeile: »Käserollen nach 200 Jahren radikal gestrichen, dank gesundheits- und sicherheitsfanatischen Spaßverderber:innen.« Aufgrund von Spaßverderber:innen, so heißt es, dürfen wir unsere Traditionen nicht bewahren und nicht mehr das tun, was wir zuvor entspannt und unumstritten genossen haben.

So viele Freuden wurden umgeschrieben, indem wir uns selbst von *den anderen* distanzierten, die entweder gemein oder bedrohlich waren oder verweichlicht und albern. Sie waren diejenigen, die uns nicht nur daran hinderten, Spaß zu haben, sondern auch einfach daran, wir selbst zu sein. Auf Spaßverderber:innen aufmerksam zu machen, wurde zum Sport.

Immer wieder taucht die Spaßverderber:in in Titelzeilen auf. Aber hinter den Sensationsschlagzeilen stecken meistens deutlich kompliziertere Geschichten. Nehmen wir das Beispiel des Käserollens. Diese Geschichte wird als Absage einer jahrhundertealten Tradition dargestellt. Wenn wir etwas genauer nachschauen, finden wir sofort heraus, dass die Veranstaltung aber von den Organisator:innen gestrichen wurde, weil die Besucherzahl des Vorjahres dreimal höher war als erwartet und sie einen weiteren logistischen Albtraum vermeiden wollten. Das Objekt wird verändert (das Absagen einer Veranstaltung wird zur Absage einer Tradition), um die Story aufzublasen, damit es etwas wird, was es nicht ist.

Das Problem mit diesen Geschichten ist nicht einfach nur, dass sie falsch sind. Viele sind ideologisch motiviert. Ein Journalist schreibt, das Absagen von Weihnachtsfeiern wäre beinahe so traditionell »wie der Kranz an deiner Haustür«.[11] Das heißt, die Geschichten über das Absagen von Weihnachtsfeiern zu erzählen, sind selbst zu einer Weihnachtstradition geworden. Typischerweise verwenden solche Geschichten als Beweis relativ unbedeutende Entscheidungen öffentlicher Gremien über Sprache. So wurde z. B. 1998

9 Snowdon, C.: Killjoys: A Critique of Paternalism. London 2017.

10 https://www.dailymail.co.uk/news/article-1257445/Gloucester-cheese-rolling-event-Coopers-Hill-cancelled-200-years.html.

11 Cole, J.: ›Who Cancelled Christmas?‹; https://www.yorkpress.co.uk/news/1073118. who-cancelled-christmas/.

ziemlich viel Wirbel um die Verwendung des Wortes ›Winterval‹ durch den Stadtrat von Birmingham gemacht.[12] Die *Daily Mail* gab eine Korrektur einer Ausgabe einer ihrer vielen Geschichten über Winterval heraus: »Wir freuen uns, klarzustellen, dass Winterval Weihnachten weder umbenannt, noch ersetzt hat.«[13] Du kannst natürlich hocherfreut die Geschichte korrigieren, aber sie dennoch weiterhin erzählen. Viele geben nicht nur politisch korrekten Stadträten die Schuld, sondern auch denen, von denen angenommen wird, dass sie in ihrem Auftrag handeln – den Beleidigten. Eine Schlagzeile vom 2. November 2005 macht ganz deutlich, wem man unterstellt, dass sie sich beleidigt fühlen: »WEIHNACHTEN GESTRICHEN: ES BELEIDIGT MUSLIME«[14] Ich kehre zurück, um zu untersuchen, was diese Figur des leicht beleidigten Muslims letztendlich bewirkt. Keine der Geschichten enthält Zitate von britischen Muslimen darüber, dass sie sich beleidigt fühlen. Wenn manche Menschen Spaßverderber:innen sein können, ohne etwas zu sagen oder zu tun, ist es vielleicht ihre bloße Existenz, die als das Ende der Tradition empfunden wird.

Seit der Corona-Pandemie gibt es einige neue ›Weihnachts-Spaßverderber:innen‹, alle diejenigen, die für Beschränkungen sozialer Zusammenkünfte während der Feiertage argumentierten oder diese bestärkten. Ein Pfarrer meinte: »Die Leute sind genervt und müde von diesem Mikromanagement ihres Lebens. Sie wollen frei und froh sein und sie wollen an Weihnachten frei und froh sein, ohne diese ›Weihnachts-Spaßverderber:innen‹.« Ja: Freiheit und Fröhlichkeit können als Gleichgültigkeit gegenüber den potenziell schädlichen Auswirkungen von Handlungen auf andere behauptet werden. Einige dieser Geschichten über Weihnachts-Spaßverderber:innen während der Pandemie schaffen es immer noch, die Minderheiten zu beschuldigen: »Beamt:innen haben das Wort ›Weihnachten‹ abgeblockt, da es möglicherweise Angehörigen von Minderheitsreligionen beleidigen könnte.«[15] Dabei ist das Wort ›abgeblockt‹ zu beachten. Die Geschichte benutzt auch das Wort ›verbannen‹. Die Erklärung dafür, das Wort ›Weihnachten‹ in

12 https://www.theguardian.com/lifeandstyle/2021/dec/23/winterval-man-who-created- christmas-is-cancelled-myth.

13 https://www.dailymail.co.uk/home/article-2058830/Clarifications-corrections.html?ito= feeds-newsxml.

14 Johnes, M.: Christmas and the British. A Modern History. London 2016, 176.

15 https://www.dailymail.co.uk/news/article-10264835/No-snogging-mistletoe-says-cabinet-minister-Boriss-team-branded-Christmas-killjoys.html.

einer E-Mail nicht zu benutzen, sprach gar nicht von Beleidigung, sondern vielmehr ging es darum, »inklusiver zu handeln«. Jeder Wechsel des Wortgebrauchs in der Kommunikation, einfach damit mehrere oder andere Communitys adressiert werden, wird in eine Geschichte des Verbots verwandelt.

Wenn der Begriff ›Spaßverderber:in‹ verwendet wird, um einen Politikstil zu beschreiben, bringt er immer noch ein Bild einer Person und einer Pathologie mit sich, vielleicht die Art von Person, die sich daran beteiligt, was heute als ›Cancel Culture‹ bezeichnet wird. Obwohl ›Cancel Culture‹ ein relativ neuer Begriff ist, erzählt er eine alte Geschichte. Hier eine weitere Geschichte aus den Nachrichten: »›Weg mit den Schrumpfköpfen!‹ Ein führendes Museum hält die Ausstellung von menschlichen Exponaten aus Südamerika für rassistisch. Spaßverderber:innen am Oxford Museum haben entschieden, dass die beliebten Ausstellungsstücke menschlicher Schrumpfköpfe nicht mehr gezeigt werden dürfen. Die woken Hüter:innen der britischen Kultur haben entschieden, dass die Ausstellung ›rassistisches und stereotypes Denken‹ unterstütze.«[16] Das Stehlen von Freude wird oft als das Stehlen von Geschichte dargestellt. Nicht nur die Freude wollen uns die Spaßverderber:innen stehlen. Es sind die Spaßverderber:innen, die uns der Geschichte berauben würden, indem sie Worte wie ›rassistisch‹ verwenden, um diese Geschichte zu beschreiben. Die Spaßverderber:innen stehlen die Vergangenheit, unsere Geschichte, unser Erbe, manchmal indem sie Objekte aus der Gegenwart entfernen, die wir sonst betrachten, konsumieren und genießen könnten.

Die Spaßverderber:innen und die ›woken Hüter:innen der Kultur‹ sind eng miteinander verwandt, sie sind diejenigen, die uns etwas vorenthalten, das eigentlich uns gehört. Feminismus wird oft auch als *Entbehrung* angesehen. Auch wenn es das Wort ›Spaßverderber:in‹ schon länger gibt als das Wort ›Feminist:in‹, wirft die Einreihung der Feminist:in in die Geschichte der Spaßverderber:in ein neues Licht auf die lange Geschichte des Feminismus. Ein Artikel aus dem Jahr 1972 in der *New York Times* beschreibt eine Gruppe von Cheerleadern, indem er betont, dass sie keine feministischen Spaßverderber:innen seien: »Im Madison Square Garden gestern dauerte es nicht lange, um zu erkennen, dass die enthusiastische Welt des Cheerleadings keinen Platz in ihrem Team für Gloria Steinem, Germaine Greer und andere

16 https://swentr.site/op-ed/500663-shrunken-heads-oxford-museum/

Spaßverderber:innen der Frauenbewegung hat.«[17] Der moralisierende Gegensatz, der zwischen den jubelnden Cheerleadern und den spaßverderbenden Feminist:innen aufgebaut wird, hat einen großen Teil der Arbeit getan. Der Artikel beginnt mit einem Zitat, das anscheinend direkt von den Cheerleadern selbst kommt: »›Sexistische Ausbeutung?‹, fragt Mary Scarborough von der Western Kentucky University und wirbelt ihren Vinyl-Pompon: ›Worüber reden die überhaupt?‹ ›Unsere BHs verbrennen?‹, fragt Rooney Frailey von der University of Notre Dame: ›Oh mein Gott, nein, niemals. Du würdest gar nicht durch die Spiele kommen.‹« Unterstellt wird hierbei, dass Feminist:innen Cheerleading als »sexistische Ausbeutung« ablehnen und dass selbst den Frauen, die diese Erfahrungen machen, die feministische Sprache fremd ist. Der Ausdruck feministische Spaßverderber:in wird benutzt, um den Eindruck zu erwecken, dass Feminist:innen gegen so vieles sind, gegen alles, und sogar dafür, dagegen zu sein.

Feministische Spaßverderber:innen tauchen in ähnlicher Art in einem weiteren Artikel auf, der behauptet »Eine Gruppe militanter Feminist:innen will allen Männern verbieten, Frauen hinterherzupfeifen und sie ›Schatz‹ zu rufen. Dieser Gruppe knochiger Spaßverderber:innen zufolge sei dies eine Form sexueller Belästigung, vergleichbar mit Grapschen und Exhibitionismus.«[18]

Spaßverderber:innen werden nicht nur als ein Kollektiv angesehen, in dem alle ähnlich aussehen (eine knochige Bande auf jeden Fall), sondern auch als eines, was gleichgültig gegenüber jeglichem Maßstab ist. Feministische Spaßverderber:innen machen aus Kleinigkeiten große Dinge und behandeln kleine Dinge – z. B. einen harmlosen Spaß, wie etwa ›Schatz‹ zu sagen, was doch ein Kompliment ist, ›Schatz‹, so ein zärtlicher Begriff – als ob es sich dabei um bedeutende Dinge handele.

Während der MeToo-Bewegung sahen viele Anschuldigungen genau so aus: Feminist:innen wurden zu einem Haufen knochiger Spaßverderber:innen erklärt, die Macht über andere ausüben würden. Etwas sexuelle Belästigung zu nennen, machen sie nur, um zu nerven, Spaß zu verderben und etwas zu

---

17 Cady, S.: »Garden Echoes with Eighteen Rah Rah Rahs for Tradition«, *The New York Times* (18. Februar 1972), 29.

18 Dewsbury, R.: »You Want to Ban Men from Wolf Whistling? That's a Cute Idea Sweetheart«; https://www.dailymail.co.uk/debate/article-2112142/International-Womens-Day-Plans-ban-wolf-whistling-men-saying-darling.html.

zerstören, das eigentlich ganz nett ist; also z. B. zu verbieten, nette Worte wie ›Schatz‹ zu einer Frau zu sagen.

Die Figur der feministischen Spaßverderber:in zeigt uns, wie die *Verharmlosung von Schaden* und die *Machtinflation* oft zusammenwirken. Bereits die Identifizierung von etwas als schädlich wird als Versuch behandelt, Macht über jemanden auszuüben oder zu behalten, als ob Feminist:innen Kleinigkeiten größer machen, um sich selbst größer zu machen. So werden die von Feminist:innen eingeführten Begriffe und Konzepte, um zu erklären, wie Macht funktioniert, wie sexuelle Belästigung, ebenfalls zu Spaßverderbern, Trägern von schlechten Gefühlen, Auflagen, die von Außenseiter:innen gemacht werden.

Es muss hinzugefügt werden, dass dieser Artikel teilweise vom Versprechen des ehemaligen britischen Premierministers David Cameron handelte, einen Vertrag des Europarats anlässlich des 8. März zu unterzeichnen, der eine Klausel beinhaltete, die »ungewolltes verbales, nonverbales oder physisches Verhalten sexueller Natur mit dem Ziel oder dem Ergebnis der Verletzung der Würde einer Person, insbesondere, wenn sie eine einschüchternde, feindselige, abwertende, erniedrigende oder anstößige Umgebung schafft« verbietet. Diese Klausel ist eine Standarddefinition sexueller Belästigung und wurde bereits im Vereinigten Königreich als Teil des Gleichstellungsrechts verabschiedet. Es wurde jedoch so getan, als sei sie neu und fremd sowie von Europa aufgezwungen: »Es ist kein Wunder, dass die Bürokraten in Brüssel und die Diktatoren in Berlin schon vor langer Zeit ihren Sinn für Humor verloren haben.« Nach dem Brexit konnte man schnell beobachten, wie Europa selbst als die Figur der Spaßverderber:in ausgemacht wird, die moralische Einschränkungen und Humorlosigkeit auferlegt. Wenn Gleichstellung wie Humorlosigkeit behandelt wird, dann ist Ungleichheit, so wird uns erzählt, humorvoll. Es ist nicht verwunderlich, dass der Brexit uns als ein Glücksversprechen verkauft wird. Argumente für den Austritt nahmen die Form einer vielversprechenden Version eines *nostalgischen Nationalismus* an, um einen Begriff der Anthropologin Sarah Franklin zu benutzen. Es gehe darum, »die Kontrolle zurückzuholen«, als ob in die Vergangenheit zurückzugehen, »die Kontrolle zurückholen« hieße, als ob wir die Nation damit zurückerobern würden.[19] Wenn Nostalgie das Fantasieren über Vergangenheit bedeutet,

19 Franklin, S.: »Nostalgic Nationalism. How a Discourse of Sacrificial Reproduction Helped Fuel Brexit Britain«, *Cultural Anthropology*, 34: 1 (2019), 41-52.

kann wenigstens diese Fantasie bewahrt werden, egal ob die Versprechen realisiert wurden oder nicht. Ein Politiker spottete, dass »die Fische jetzt besser und glücklicher herumschwimmen, seit sie britisch sind«[20]. Wo auch immer du die Figur der Spaßverderber:in findest, wirst du die Fantasie des Glück/lichseins finden. Eine Spaßverderber:in zu sein, heißt nicht nur, das Glück/lichsein zu bedrohen, sondern auch die *Fantasie des Glück/lichseins* als Idee, wo (und bei wem) Glück gefunden werden kann.

Der Feminismus hat neue Worte geschaffen, die darauf hinweisen, dass es Probleme damit gibt, wie Dinge gehandhabt wurden. Lass dich nicht täuschen: Wir wollen, dass sich einige der alten Dinge ändern. Wenn du ein:e Feminist:in wirst, dann erfährst du, wie sehr sich einige Feminist:innen für die alten Dinge einsetzen. Eine Veränderung der Sprache oder des Handelns zu fordern, kann ausreichen, um als Spaßverderber:in bezeichnet zu werden. Das zeigt, dass Spaßverderber:innen *vermehrt* in Zeiten auftauchen, in denen *vermehrt* starke soziale Transformationsprozesse stattfinden. Wenn du darauf bestehen musst, mit den richtigen Pronomen für dich selbst oder deine:n Partner:in angesprochen zu werden – und diejenigen, die auf die richtigen Pronomen bestehen müssen, sind oft diejenigen, die mit den falschen Pronomen angesprochen werden – kannst du als Spaßverderber:in beurteilt werden, als jemand, der sich anderen aufdrängt und sie daran hindert, frei zu tun, was sie schon immer getan haben. Die Spaßverderber:in taucht auf, um eine Grenze zu markieren. Wenn etwas als *aufgezwungen* beschrieben wird, heißt das, es kommt nicht von uns. Wenn etwas einmal zur Gewohnheit geworden ist, eine Norm, eine Routine, dann wird es nicht als aufgezwungen angesehen. Beispielsweise haben Feminist:innen eingeführt, dass wir immer Ms sagen und Mrs[21] vermeiden, um infrage zu stellen, dass der Status einer Frau davon abhängt, ob sie verheiratet ist oder nicht. In einem Zeitungsartikel von 2012 schreibt Jasmine M. Gardner dazu: »Jede Person weiß, dass wenn du dich selbst ›Ms‹ nennst, dass du dann auf etwas hinweisen willst.«[22]

---

20 Dieser Kommentar stammt von Jacob Rees-Mogg aus dem Januar 2021. Vgl. https://www.standard.co.uk/news/politics/fish-better-rees-mogg-brexit-british-b899228.html

21 AdÜ: Im Englischen gibt es die weiblichen Anredeformen: Miss, Mrs und Ms. Ms ist die Anrede, die nicht anzeigt, ob jemand verheiratet ist; sie wird insbesondere im Geschäftsleben verwendet.

22 https://www.standard.co.uk/comment/comment/ miss-ms-or-mrs-i-don-t-care-what-you-call-me-7496731.html.

So viele dieser Worte, die wir einführen, haben eine Spaßverderber:innen-Geschichte; wenn wir sie verwenden, werden wir als jemand wahrgenommen, der einen wunden Punkt anspricht, obwohl einige dieser Worte im Laufe der Zeit weniger scharf, mehr zur Gewohnheit werden. Ich werde zu dieser Frage der Gewohnheit zurückkehren, wenn ich die feministische Spaßverderber:in als Philosoph:in betrachte.

Wenn auch nicht alle Spaßverderber:innen Feminist:innen sind, so sind doch alle Feminist:innen Spaßverderber:innen. Ich meine damit: Als Feminist:in identifiziert zu werden oder dich selbst als Feminist:in zu identifizieren, heißt, als Spaßverderber:in betrachtet zu werden, ob du dich nun selbst mit diesem Begriff bezeichnest oder nicht. Das heißt nicht, dass alle Feminist:innen *tatsächlich* von Natur aus oder selbstgewählt Spaßverderber:innen sind. Mit dem Namen dieser Figur wird der Eindruck erweckt, Feminist:in zu sein bedeute, sich selbst oder Anderen allen Spaß zu rauben.

Ein Artikel über die postfeministische Generation, der 1982 in der *New York Times* erschien, zitiert eine:n Studierende:n: »Schau dich um und du siehst glückliche Frauen und dann siehst du diese bitteren, bitteren Frauen. Diese unglücklichen Frauen sind alle Feminist:innen.«[23] Hinter dieser Wahrnehmung, »diese unglücklichen Frauen sind alle Feminist:innen« stehen zwei widersprüchliche Behauptungen: erstens, dass Unglück/lichsein Frauen dazu verleitet, Feminist:innen zu werden, weil sie nicht bekommen, was sie wollen, einen Ehemann oder ein Baby vielleicht; zweitens, dass Feminismus Frauen unglücklich macht. Die Autorin Fay Weldon argumentiert, dass »der Kampf für die Gleichstellung der Geschlechter schlecht für das Aussehen ist. Er macht niemanden glücklich, es sei denn, man findet eine Belohnung im Kampf für eine Gerechtigkeit, die evolutionär nicht entstanden ist.«[24] Die Implikation lautet, Kämpfen für Geschlechtergerechtigkeit mache unglücklich, weil es ein Kampf gegen die Natur sei. Zur Feminist:in zu werden, mindere unsere Weiblichkeit, unsere Attraktivität.

Die Extreme des Begriffs ›kill‹ in ›feminist killjoy‹ sagen uns etwas. Wir erfahren etwas über die Natur feministischer Forderungen dadurch, dass sie als tödlich und deprimierend beurteilt werden. Du hast vielleicht bemerkt, wie die Zuschreibung ›feministische Spaßverderber:in‹ benutzt wird, um

23 Bolotin, S.: »Voices from the Post-Feminist Generation«, *The New York Times* (17. Oktober 1982).

24 Weldon, F.: What Makes Women Happy. London 2006, 52.

sich auf eine Person, eine Bewegung zu beziehen, ein Wort oder ein Konzept, das durch diese Bewegung eingeführt wurde. Der Begriff ›feministische Spaßverderber:in‹ ist klebrig, er *haftet* wie ein Klettverschluss, befestigt an einem ›mir‹ oder einem ›uns‹, als Erklärung all dessen, was wir tun. Daher bleibt die Zuschreibung meistens an dir haften, wenn du einmal als feministische Spaßverderber:in adressiert worden bist.

Ein Stereotyp ist eine wiederholte Äußerung, eine Charakterisierung, die dadurch, dass sie vereinfachend und etwas flach ist, in einem grundsätzlichen Sinne falsch ist. Ich sage grundsätzlich, denn was etwas zu einem Stereotyp macht, sagt etwas darüber aus, *was es nicht erfasst.* Wir können schon verstehen, warum einige Reaktionen auf diese Stereotype des unglücklichen Feminismus oder der feministischen Spaßverderber:in dazu dienen sollen, diesen Stereotypen entgegenzutreten oder zu widersprechen, indem sie betonen, *das* sei gar kein Feminismus oder *sie* sei gar keine Feminist:in. Es könnte verlockend sein, zu versuchen, glücklich und positiv zu erscheinen, um dem Mythos des feministischen Elends entgegenzuwirken, um den Feminismus weniger beängstigend und ansprechender zu machen. Es könnte verlockend sein, den Feminismus vor der feministischen Spaßverderber:in zu retten und Bilderbücher mit strahlend glücklichen Feminist:innen zu erstellen. Solche Bilderbücher gibt es.

Ich verfolge eine andere Strategie. Mein Ziel ist es nicht, uns vor der feministischen Spaßverderber:in zu retten, sondern ihr eine Stimme zu geben. Wenn wir versuchen, keine feministischen Spaßverderber:innen zu sein, und uns von ihnen distanzieren, dann verpassen wir, was die feministische Spaßverderber:in uns zu erzählen hat. Was sie über uns selbst, die Art der Arbeit, die wir tun und warum wir sie tun, zu berichten hat. Diese Figur einzufordern, bedeutet, die Wahrheit in ihr zu erkennen. Feminist:innen werden als Bedrohung (des Glück/lichseins) angesehen, weil sie das bedrohen, was einige (für ihr Glück/lichsein) für nötig halten; einen Glauben, eine Praxis, eine Art zu leben, ein soziales Arrangement. Die Kulturkritikerin Lauren Berlant beschreibt das sehr ausdrucksstark: »Es gibt nichts Befremdlicheres, als wenn jemand deine Freude mit einer Theorie wegdiskutiert.«[25] Die feministische Spaßverderber:in hilft uns dabei, zu erklären, warum der Feminismus

25 Berlant, L.: »Desire«, in: C. R. Stimpson / G. Herdt (Hg.): Critical Terms for the Study of Gender. Chicago 2014, 66.

als bedrohlich wahrgenommen wird und Menschen von ihren Freuden entfremdet.

Ich schreibe dieses Handbuch für diejenigen, die bereit sind, feministische Spaßverderber:innen zu sein, was nicht dasselbe ist wie unglücklich zu sein, ob gewollt oder nicht. Die feministische Spaßverderber:in einzufordern, heißt, den negativen Beurteilungen nicht zuzustimmen, die dahinterstecken (dass diese oder jene Person eine unglückliche oder bedrohliche Person sei). Wenn du den Begriff der feministischen Spaßverderber:in für dich beanspruchst, kommst du ins Gespräch mit anderen Menschen, die, wie du, ein Potenzial in diesem Begriff sehen, darin wie seine Negativität umgelenkt werden kann. Es gibt eine lange Tradition der Rückeroberung von Begriffen, die gegen uns gerichtet wurden, Beleidigungen ebenso wie Stereotype – Begriffe wie queer, zum Beispiel –, um etwas darüber zu sagen, wer wir sind und wogegen wir sind. Ich erkunde die *Queerness* des Projekts, Spaß zu verderben, in meinem Kapitel über die feministische Spaßverderber:in als Aktivist:in.

Ich habe Geschichten über feministische Spaßverderber:innen gesammelt. Dieses Handbuch *ist* diese Sammlung. Neben meinen eigenen Erfahrungen als feministische Spaßverderber:in teile ich hier auch Geschichten, die andere mit mir geteilt haben. Wenn ich mit feministischen Studierenden und Wissenschaftler:innen darüber sprach, wie es für sie ist, Beschwerden einzureichen, bemerkte ich, wie oft die feministische Spaßverderber:in auftaucht. Das ist nicht überraschend: Eine Spaßverderber:in zu sein, wird oft mit einer Beschwerdeführer:in gleichgesetzt, als ob, etwas Negatives auszusprechen, bedeutet, selbst negativ zu sein. Dieses Handbuch beinhaltet auch einige Geschichten über Beschwerden.[26] Ich teile zudem Beispiele von feministischen Spaßverderber:innen, die in feministischen Texten hervorgehoben werden,

26 Vgl. mein Buch *Complaint!* (Durham 2020) zur systematischen Präsentation der Ergebnisse dieser Forschungsarbeit. In dieser Studie sammelte ich 40 mündliche und 18 schriftliche Zeugnisse und sprach informell mit Hunderten Mitarbeiter:innen aus dem akademischen Betrieb, Wissenschaftler:innen, Lehrenden, Verwaltungsmitarbeiter:innen, Studierenden über ihre Erfahrungen mit dem Einreichen von Beschwerden gegenüber Universitäten. Ich werde zu diesen Geschichten im *Handbuch der Beschwerden* zurückkommen, das ich im Moment als Folgetext zu diesem Handbuch schreibe. Es wird sich darauf fokussieren, was (und wie) wir lernen, wenn wir in Institutionen formale Beschwerden einreichen. Ich werde dabei betrachten, wie Beschwerden gegen die, die versuchen, gegen Machtmissbrauch vorzugehen, ebenso wie einige, die sich beschweren, entsprechend ihrer Nähe zur Macht die Möglichkeit erhalten und gehört werden (ja, ich werde über *Karen* schreiben).

insbesondere in Texten von Schwarzen Feminist:innen und Feminist:innen of Color, als auch in weiteren Kulturbereichen, wie Literatur und Film. Feministische Spaßverderber:innen-Geschichten zu teilen, heißt, sich von der eigenen lebendigen Erfahrung hin zur repräsentativen Darstellung und wieder zurück zu bewegen. Wir können feministische Spaßverderber:innen-Charaktere in einer Geschichte erkennen, basierend auf unseren eigenen Erfahrungen, sie zugewiesen zu bekommen, und nachdem wir sie erkannt haben, kehren wir mit einem frischen Blick zu unseren Erfahrungen zurück.

Lasst mich zurückkommen zu meiner Geschichte, wie ich zu einer feministischen Spaßverderber:in wurde. Dieses Szenario, um den Tisch herum zu sitzen, war vertraut. Alles kann vertraut werden, wenn es häufiger passiert. Warum machte mein Vater immer wieder die gleichen Bemerkungen, obwohl er doch wusste, wie ich reagieren würde? Vielleicht wurde mir dadurch eine Lektion in patriarchaler Autorität erteilt, dass er sagen konnte, was auch immer er wollte, und ich sollte lernen, das zu akzeptieren. Vielleicht hat er diese Punkte immer wieder gemacht, weil er wollte, dass ich mich so verhalte, wie er mich beurteilte: als problematisches Kind, als eigenwilliges Kind, unreif, impulsiv, ungehorsam. Der Feminismus wird oft als persönliches Versagen abgetan, nicht nur als eine Neigung, sondern als Fehler, als ob eine Person etwas ablehnt, *weil* sie widerspenstig ist; als ob sie etwas ablehnt, *weil* sie oppositionell ist. Ihre Reaktion auf das Gesagte kann verwendet werden, um ein Urteil zu rechtfertigen, das bereits gefällt wurde: *War ja klar, dass sie das sagen würde*. Sie wird das sagen, heißt, ich habe das schon gesagt.

SPAẞVERDERBER:INNEN-WAHRHEIT: AUF EIN PROBLEM HINZUWEISEN, BEDEUTET, ZUM PROBLEM ZU WERDEN

Diese **Spaßverderber:innen-Wahrheit** halte ich für eine *Grundwahrheit*, eine Wahrheit, von der ausgehend so vieles folgt. Wenn du ein Problem aufdeckst, stellst du ein Problem dar; wenn du ein Problem darstellst, wirst du zum Problem gemacht. Der Umgang mit einem Problem wird zum Umgang mit einer Person. Mit anderen Worten, eine Möglichkeit, mit einem Problem umzugehen, besteht darin, Menschen davon abzuhalten, darüber zu sprechen, oder die Menschen, die darüber sprechen, verschwinden zu lassen. Wenn Menschen aufhören, über ein Problem zu sprechen, oder diejenigen, die darüber sprechen, verschwinden, dann kann angenommen werden, dass das Problem verschwunden ist. Das klingt wie eine Anleitung. Uns wird gesagt, wir sollten aufhören, über ein Problem zu sprechen oder gehen. Wir machen nicht immer das, was uns gesagt wird. Je mehr wir aber über das Problem sprechen, desto häufiger begegnen wir dem Problem. Die feministische Spaßverderber:in ist mehr als nur eine Zuschreibung. Es geht darum, dass wir bereit sind, ihr immer wieder zu begegnen. Wenn es Menschen unglücklich macht, dieses existierende Arrangement zu hinterfragen, sind wir bereit, Menschen unglücklich zu machen. Wir entscheiden uns für ein Bekenntnis, das ich für das *Hauptbekenntnis der Spaßverderber:in* halte.

SPAẞVERDERBER:INNEN-BEKENNTNIS: ICH BIN BEREIT, UNGLÜCK/LICHSEIN ZU VERURSACHEN

Die feministische Spaßverderber:in wird nicht nur als Aufgabe verstanden in dem Sinne, wie uns Bedeutung oder Wert zugewiesen wird, sondern auch als Auftrag im eigentlichen Sinne. Wenn der Spaßverderber:innen-Auftrag bedeutet, Unglück/lichsein zu erzeugen, dann können wir nun auch sagen, was er nicht bedeutet. Was die Figur der feministischen Spaßverderber:in so offensichtlich ausmacht, ist die Zuschreibung, sie *beabsichtige*, was sie verursacht. Als ob es ihr darum ginge, dem Glück/lichsein anderer Menschen in die Quere zu kommen oder sich einfach so in den Weg zu stellen. Wir *beabsichtigen* nicht, Unglück/lichsein zu verursachen, wir sind nur *bereit dazu,* Unglück/lichsein zu verursachen. Diese Unterscheidung kann von der Zuschreibung verschleiert werden. Wir sprechen also nicht über Sexismus und Rassismus, um Menschen unglücklich zu machen, wir sind nur bereit dazu, über Sexismus und Rassismus zu sprechen, selbst wenn es Menschen unglücklich macht.

Wir lernen sehr viel, wenn wir die feministische Spaßverderber:in als unseren Auftrag annehmen. Wenn du sagst, dass du ein:e Feminist:in bist, dann ist es sehr wahrscheinlich, dass du ähnliche Kommentare dazu zu hören bekommst, wie die, die dich dazu gebracht haben, Feminist:in zu werden. Hier sind einige erinnerungswürdige Kommentare, die mit mir geteilt oder die an mich gerichtet wurden, von meiner Familie, von Freund:innen und anderen Menschen an Abendbrottischen: »Frauen können nicht gleich sein, da Babys Muttermilch benötigen«, »Enoch Powell hatte recht«, »Es ist egoistisch, wenn homosexuelle Menschen Kinder bekommen«, »Das passiert, wenn du einen Muslim heiratest«, »Sara, ich wusste gar nicht, dass du orientalisch bist«, »Scheidung diskriminiert Männer«. Du wirst noch etwas über die Kontexte zu jedem dieser Kommentare in diesem Handbuch lesen. Einige dieser Kommentare wurden direkt an mich gerichtet, andere könnten auch Zeitungsschlagzeilen sein. Wenn es Zeitungsschlagzeilen wären, wäre es einfacher zu wissen, ob und wie man darauf reagieren soll. Manchmal mischen wir uns in eine Debatte ein, weil, lasst es uns zugeben, wir es schon zu oft gehört haben. Aus diesem Grund haben wir unsere Argumentationsweisen und unsere Fähigkeiten schon sehr gut trainiert. Manchmal mischen wir uns aber auch nicht ein, weil schon unsere Einmischung die Sache als wichtig erscheinen lassen würde, als Grund, um dann darüber zu diskutieren. Auch wenn es schon unglaublich schwierig ist, auf Sexismus, Homofeindlichkeit, Transfeindlichkeit oder Rassismus in einem öffentlichen Rahmen zu reagieren, ist es noch viel schwieriger, darauf in privaten, vertrauten Räumen zu antworten. Eine feministische Spaßverderber:in zu werden, bedeutet auch, zu lernen, damit umzugehen, wenn Freund:innen und Familienangehörige solche Kommentare abgeben. Es gibt keine richtigen Wege, damit umzugehen, nur unterschiedliche Ansätze.

Etwas zu handhaben, bedeutet, daraus zu lernen. Das heißt, wir können neben Abendbrottischen auch an andere Tische denken, an denen Menschen sich treffen. Wir können sie als politische Orte verstehen, als Orte, an denen wir unsere feministische Arbeit tun. In ihrem Buch *Just us* nimmt die Poetin und Kritikerin Claudia Rankine ihre Leser:innen auf eine Reise an verschiedene Orte mit: den Flughafen, das Theater, die Dinnerparty und den Fotoautomaten. Was diese Orte verbindet, sind die unangenehmen Gespräche, die sie dort mit weißen Menschen über das Weißsein führt. Rankine betont, ein Gespräch über das Weißsein zu führen, bedeute nicht, etwas Neues in einen Raum zu bringen, was nicht bereits dort wäre. Aber es kann sich so anfühlen, weil man nicht auf gewisse Dinge hinweisen soll, und wenn man es doch tut, wird das Gespräch turbulent wie ein Sturm, »der die gegenseitigen Ängste und Ärgernisse unsichtbar durch den Raum fegt«.[27]

Unbehagen kann ebenso eine Verbindung herstellen. An dieser Stelle wenden wir uns Ama Ata Aidoos Roman *Our Sister Killjoy* zu. Sissie, unsere Spaßverderber:innen-Schwester, ist die Erzählerin des Romans. Ihre Geschichte liest sich wie ein Reisetagebuch. Sie reist von Afrika nach Europa, von Ghana nach Deutschland und England. Ihre Spaßverderber:in-Geschichte

27 Rankine, C.: Just Us. An American Conversation. London 2002, 155.

beginnt schon, bevor sie überhaupt in Deutschland ankommt. Im Flugzeug lädt eine weiße Stewardess sie dazu ein, sich zu ihren »Freund:innen« zu setzen, zwei ihr unbekannten Schwarzen Menschen. Gerade als sie antworten möchte, dass sie die beiden gar nicht kennt, zögert sie: »Wenn ich es abgelehnt hätte, bei ihnen zu sitzen, hätte dies eine unangenehme Situation geschaffen, oder nicht? Wenn man bedenkt, dass die Flugbegleiterin neben ihrer offensichtlich guten Erziehung auch darin geschult wurde, für das Wohl aller Passagiere zu sorgen.«[28]

Sissies Zögern spricht eine deutliche Sprache. Nicht in den hinteren Teil des Flugzeugs zu gehen oder zu sagen, dass sie die anderen Schwarzen Personen nicht kennt, hieße, den Platz zurückzuweisen, der für sie vorgesehen war. Wenn eine Stewardess darin ausgebildet wird, »das Wohl Aller« zu erkennen, würde das Nichtbefolgen ihrer Anweisungen das Unwohlsein Aller verursachen.

Dieses Mal spielt Sissie mit. Aber sie kann erkennen, was falsch daran ist. Und weil sie es tut, können wir das auch erkennen. Im Verlauf des Romans wird Sissie mehr und mehr sie selbst, eine feministische Spaßverderber:in, in allem, was sie sagt und tut. Für die Wiederverwendung der Figur der Spaßverderber:innen-Schwester, stehe ich zutiefst in Ama Ata Aidoos Schuld und ich werde in diesem Handbuch immer wieder zu Sissies Katalog ihrer Spaßverderber:innen-Begegnungen zurückkehren. Aidoos *Our Sister Killjoy* ist der *erste* Text, der der Spaßverderber:in eine eigene Stimme gibt. Aidoo (und auch Sissie) zeigt uns, dass eine Spaßverderber:innen-Schwester oder eine feministische Spaßverderber:in zu sein, bedeutet, uns bewusst darüber zu sein, was wir durch sie erschaffen: »unangenehme Situationen«. Sehr oft bedeutet eine »unangenehme Situation« zu schaffen, selbst als unangenehm angesehen zu werden. Wenn wir den feministischen Spaßverderber:innen-Auftrag annehmen und diese Urteile zu einem Projekt machen, dann ist es wichtig, dass dieses Projekt geteilt wird.

Wenn wir also zur feministischen Spaßverderber:in geworden sind, stellen wir uns immer mehr auf andere feministische Spaßverderber:innen ein und bemerken, wann und wo sie auftauchen. Ich denke an eine Szene in Rachel Cusks Roman *Arlington Park*. Ein Abendessen, ein Tisch, drumherum Freund:innen, die sich dort treffen. Eine der Figuren des Buchs, Matthew, spricht. Er »redet

28 Aidoo, A.: Our Sister Killjoy. Or, Reflections from a Black-Eyed Squint. Harlow 1977, 10.

und redet. Über Politik, Steuern und Leute, die ihm in die Quere gekommen sind«[29]. Er »redet und redet« über Frauen, die in den Mutterschutz gehen. Er erzählt die Geschichte einer Frau, die er feuern wird, wenn sie nicht direkt, nachdem sie ihr Baby bekommen hat, zurück zur Arbeit kommt. Eine Frau, Juliet, bleibt zunächst ruhig. Aber irgendwann hält sie es nicht mehr aus, ihn durch ihr Schweigen glauben zu lassen, dass sie ihm zustimmt. Sie sagt: »Das ist illegal.« Sie sagt: »Sie könnte dich verklagen.« Illegal: Dieses Wort durchschneidet die Atmosphäre wie ein Messer, weil sein von ihm vorausgesetztes Recht, einfach zu tun, was er tun will, von einer Person hinterfragt wird. Es ist Juliet, die dann als übertrieben wahrgenommen wird. Matthew antwortet: »Du musst vorsichtig sein.« Und dann »sah sie, wie nah sie seinem Hass kam, er war wie ein Nerv, von dem sie einen Millimeter entfernt war, kurz davor, ihn zu treffen«. »Du musst aufpassen. In deinem Alter kann man schnell schrill klingen.« Das geschieht, weil sie den Mund aufgemacht hat. Den Mund aufzumachen, heißt bereits, nicht aufzupassen, ob sie seinem Hass näherkommt. Der Hass war schon vorher da, aber eben im Hintergrund, wie ein offener Nerv. Eine feministische Spaßverderber:in zu sein, heißt, *damit zu leben, immer kurz davor zu sein, jemandem auf die Nerven zu gehen.*

Bemerkenswert ist auch, dass er auf ihr Alter Bezug nimmt. Vielleicht ist die feministische Spaßverderber:in ein Auftrag des Alterns. Du wirst dann zu einer Hexe und einer alten Spaßverderber:in.

Die radikale Feministin Mary Daly definiert eine Hexe als »eine hartnäckige Person, besonders eine Frau, die sich Umwerbungen verweigert«[30]. Du wirst zur Hexe, indem du nicht nachgibst, sei es einem sexuellen Annäherungsversuch oder einem anderen Versuch; denn Sexismus kann ein Annäherungsversuch sein, wie Frauen gesagt wird, sich anderen gegenüber verfügbar zu machen. Wenn du nicht nachgibst, nicht lächelst, nicht ruhig bist, dann wirst du als energisch wahrgenommen. Ich denke an das Wort ›schrill‹. Schrill zu klingen, wird als laut wahrgenommen, als grell und quietschend. Andere Menschen können das Gleiche wieder und wieder sagen, sie können es auch laut sagen, aber sie werden nicht als schrill wahrgenommen. Du wirst zum Problem, wenn du es wagst, zu sagen, dass das, was sie sagen, problematisch ist. Ach, was für ein Frust, wenn du als frustrierend empfunden wirst!

---

29 Cusk, R.: Arlington Park. London 2016, 15ff.

30 Daly, M.: Gyn/Ecology. The Metaethics of Radical Feminism. Boston 1978, 15

Ach, welch eine Schwierigkeit, wenn von dir angenommen wird, schwierig zu sein. Das ist schon ausreichend, um dich für schwierig zu erklären.

Es kann sogar bedeuten, dass du *klingst wie* das, was sie wahrnehmen: Du sprichst lauter und schneller, weil du weißt, dass du sonst nicht durchkommst. Es endet damit, dass du wütend klingst, weil davon ausgegangen wird, dass du wütend bist. Wir können sogar das werden, was man uns vorwirft zu sein. Ich sprach mit einer lesbischen Wissenschaftlerin darüber, was es bedeutet, als Person in dieser Dynamik gefangen zu sein: »Denn dann beginnt die Hexenjagd, du wirst zur Zielscheibe gemacht, du wirst zur lästigen, aufmüpfigen Frau. Du wirst zur Frau, die nicht hineinpasst. Du wirst zu alldem, dessen die Mobber:innen dich beschuldigen, weil niemand dir zuhört. Und du merkst, wie du selbst einen gereizten Tonfall bekommst (mit der Hand auf den Tisch schlägst). Ach komm! Du kannst sie sagen hören: ›Ha, siehst du!‹« Eine Diversitätsbeauftragte sagte etwas sehr Ähnliches zu mir: Sie muss den Mund in Meetings nur aufmachen, und schon sieht sie rollende Augen um sich herum. Augen, die zu sagen scheinen: »Oh, hier ist sie wieder!« Beide lachten wir, weil wir merkten, dass wir diese Szenen kannten. Du musst nicht einmal etwas sagen, und trotzdem beginnt das Augenrollen.

SPAßVERDERBER:INNEN-GLEICHNIS: ROLLENDE AUGEN = FEMINISTISCHE PÄDAGOGIK

Wenn ich diese Gleichung teile, lachen die Leute oft. Manchmal lachen wir mit. Wir müssen alle einzeln mitlachen können, damit wir lachen können. In diesem Lachen kann auch ein Seufzen sein. Von rollenden Augen verfolgt zu werden, bedeutet mit Augen verfolgt zu werden. Je mehr wir lachen, desto mehr werden wir gesehen. Wir lachen unter dem Gewicht dieser Prüfung. Wenn wir lachen, lachen wir es nicht einfach weg. Wir wissen, dass es so viel gibt, über das wir hinweglachen sollen; denk daran, Ungleichheit wird routinemäßig als humorvoll dargestellt. So viele Geschichten der feministischen Spaßverderber:in beginnen mit der Erfahrung, etwas *nicht* lustig zu finden.

SPAßVERDERBER:INNEN-MAXIME: WENN ETWAS NICHT LUSTIG IST, LACHE NICHT!

Ich sprach mit einer Dozentin, deren Fachbereichsleiterin immer wieder antisemitische und homofeindliche Kommentare von sich gab: »Ich denke, sie hält sich für witzig«, sagte sie zu mir. »Es ist sehr offensichtlich, dass ich einen jüdischen Namen trage, dass meine Familie jüdisch ist. Ich bin nicht religiös, aber es ist eben mein Hintergrund. Ich bin jüdisch und die Fachbereichsleiterin gab eine Menge Kommentare ab und machte antisemitische Witze. Sie sagte, jüdische Menschen seien geizig und ähnliche Sachen. Ich bin auch offen lesbisch, und wieder dachte sie erneut, das wäre etwas, womit sie mich aufziehen könnte. Also sagte sie dauernd Sachen über andere Menschen, wie z. B. ›Glaubst du, er ist schwul? Glaubst du, sie ist lesbisch?‹ Es gab ziemlich viele dieser Situationen.«

»Ich denke, sie dachte« bedeutet, sie hat eine Idee davon, warum diese Person so etwas sagt. Häufig scheint verbaler Missbrauch lustig gemeint zu sein. Was uns eine Vorstellung von der Nützlichkeit dieser Absichten gibt. Zu glauben, man sei lustig, kann dazu ermutigen, Sachen zu sagen, die anderen gegenüber erniedrigend und abfällig sind. Diese Form der verbalen Belästigung »ging über Jahre«.

Wenn du immer wieder das gleiche Problem hast, kann es sehr schwierig sein, nicht zu denken, du seist das Problem. Sie beschreibt es so: »Mir wurde gesagt, ich hätte einen Groll, dass ich einen Groll habe, weil ich jüdisch bin, dass ich einen Groll habe, weil ich Ausländerin bin und in diesem Land lebe und wegen des Brexits verärgert bin, oder weil ich lesbisch bin und nur nach Problemen suche. Und dann fängst du an zu denken, suche ich nach diesen Problemen? Ich projiziere es einfach auf mich selbst, bin ich es, ist es meine Schuld? Ich liege nachts wach und frage mich, bin ich tatsächlich das Problem?« Wenn man dir sagt, du hättest einen Komplex und seist besonders empfindlich, dann kann es sein, dass deine Traurigkeit als Groll angesehen wird. Als ob du eine Beschwerde einreichen würdest, weil du verbittert bist. Die bloße Tatsache, dass du anders bist (*weil* ich lesbisch bin, *weil* ich jüdisch bin und so weiter), wird dazu benutzt, zu erklären (und damit abzutun), was du gesagt hast.

Eine feministische Spaßverderber:in zu werden, heißt, zuzuhören, wie wir abgewiesen werden. Indem sie es hört, hört die Dozentin auch, wie sie an sich selbst zweifelt: »Vielleicht bin ich nur zu empfindlich. Siehst du, ich beginne schon, mich selbst zu beschuldigen, bin überempfindlich, verstehe keinen Spaß, bla, bla, bla, die Sachen, die du dir selbst erzählst, wenn du versuchst, damit klarzukommen.« Sie kann sehen, was sie tut, während sie es tut, während sie die Schuld auf sich nimmt. Am Ende kann es passieren, dass du dich selbst davor warnst, eine feministische Spaßverderber:in zu werden, du dir selbst vornimmst, nicht aus einer Mücke einen Elefanten zu machen. Über etwas hinwegzukommen, ist eine Aufforderung, die du an dich selbst stellst. Sie benutzt zweimal das Wort ›überempfindlich‹. Feministische Spaßverderber:in werden oft als *überempfindlich* angesehen.

SPASSVERDERBER:INNEN-GLEICHNIS: ÜBEREMPFINDLICH = EMPFINDLICH GEGENÜBER DEM, WAS NICHT VORÜBER IST

Sogar selbst identifizierte feministische Spaßverderber:innen können es manchmal »auf sich selbst projizieren«, indem sie diese externen Stimmen in ihren eigenen Köpfen hören; die sagen, dass wir zu sensibel sind und Probleme größer machen, als sie sind. Diese externen Stimmen sind laut, wir hören sie überall. So wie die ›Gen Z‹ eine Generation sei, die nur verhätschelt wurde, keinerlei Widerspruch und keine Witze aushält, weil sie die Realität nicht aushält. Ein typisches Beispiel ist diese Art der Rhetorik. »Niemand kann Gefühle widerlegen, und so ist die einzige Möglichkeit, die übrig bleibt, all die Dinge abzuschaffen, die Stress auslösen, keine Argumentation, keine Diskussion, einfach die Stummschaltung drücken und so tun, als ob das Unangenehme verschwinden zu lassen, das Gleiche sei wie eine wirkliche Veränderung.«[31] Für einige Kommentator:innen sind Triggerwarnungen der Beweis für eine überempfindliche Generation, die sofort dichtmacht, wenn irgendetwas anstrengend wird. Tatsächlich sind Triggerwarnungen vielmehr eine Technik, die es einigen Menschen ermöglicht, in einem Raum zu bleiben, wenn wir schwierige Gespräche über schreckliche Angelegenheiten führen. Bei Triggerwarnungen geht es darum, mehr Informationen anzubieten, nicht weniger. Es geht nicht darum, Diskussionen zu beenden, sondern diejenigen mit Traumaerfahrungen zu unterstützen, daran teilnehmen zu können.

Die Idee, dass die jüngere Generation ein Problem geworden ist, weil sie zu sensibel ist, steht im Zusammenhang mit einem breiteren öffentlichen Diskurs, der Empfindlichkeit als eine Form moralischer Schwäche darstellt, die dann unsere Redefreiheit einschränkt. Wir sind zurück bei den »woken Instanzen«, die uns unserer Rechte berauben, zu sagen und zu tun, was wir wollen. Einige Menschen bestehen auf ihrem Recht, Raum zu beanspruchen,

31 Schlosser, E.: »I'm a Liberal Professor and My Liberal Students Terrify Me«; https://www.vox.com/2015/6/3/8706323/college-professor-afraid.

indem sie immer offensiver gegen andere vorgehen. Rassismus und Transfeindlichkeit funktionieren beide nach diesem Muster. Wenn rassifizierte und religiöse Minderheiten, insbesondere Muslime und trans Personen so hingestellt werden, als seien sie einfach zu leicht zu verärgern, dann führt dies zu einer *Häufung* rassistischer und transfeindlicher Aussagen. Es gibt eine »Anstiftung zum Diskurs«[32] in der Geschichte der Unterdrückung: Viele Menschen wiederholen immer wieder rassistische und transfeindliche Äußerungen, während sie gleichzeitig darauf beharren, es sei ihnen ja nicht erlaubt, diese zu tätigen. Ein Comedian forderte am Ende eines Stücks, das jede Menge transfeindlicher Inhalte hatte, Folgendes ein: »Ich denke, darum geht es ja bei Comedy wirklich, gemeinsam durch Dinge hindurchzugehen und mit tabuisierten Themen umzugehen. Ich möchte das Publikum an einen Ort bringen, wo sie vorher noch nicht waren, wenn auch nur für einen kurzen Moment.«[33] Die sogenannten »tabuisierten Themen« sind tatsächlich ziemlich ausgetretene Pfade, die wir eher gewöhnt sind zu beschreiten, statt welche, die wir nicht kennen. Es ist vielmehr eine Bestätigung und keine Herausforderung der Transfeindlichkeit der Mainstreamkultur. Aber wenn du das aussprichst, dem Problem einen Namen gibst, wird sich die Person mit großer Wahrscheinlichkeit als ›gecancelt‹ oder eingeschränkt hinstellen, was ganz schnell zu einer Cancel-Tour wird. Und so endet es damit, dass einige Menschen endlos darüber sprechen dürfen, dass sie nicht sprechen dürfen und ihnen weiterhin Plattformen gegeben werden, auf denen sie behaupten dürfen, sie hätten keine Plattform. Als feministische Spaßverderber:in positioniert zu sein, lehrt uns, zu sehen, dass Macht oft durch eine Umkehrung funktioniert: Die, die *stärker* im öffentlichen Bereich repräsentiert sind, tendieren dazu, sich selbst als *stärker* zensiert darzustellen. Wann auch immer Menschen eine Plattform bekommen, um zu sagen, sie hätten keine Plattform, oder wenn Menschen ewig lange darüber reden, dass sie zum Schweigen gebracht würden, gibt es nicht nur einen per-

32 Der Begriff »Anreizung zu Diskursen« stammt aus Michel Foucaults Geschichte der Sexualität, Bd. 1: Der Wille zum Wissen. Frankfurt a.M.: Suhrkamp 1987, 27.

33 Diese Aussage wurde von Ricky Gervais am Ende seiner Serie *Superpower* (Netflix 2022) gemacht. Zur Diskussion über Comedy und Cancel Culture vgl. Laws, C./ Morgan, L.: »Cancel Culture Isn't Cancelling Comedy, It's Improving It«; https:// www.glamourmagazine.co.uk/article/ cancel-culture-comedy.

formativen Widerspruch, sondern du kannst dadurch auch aufzeigen, wie Macht funktioniert.[34]

Manchmal reicht es schon, wenn du sagst, dass du etwas besorgniserregend findest, um als Spaßverderber:in hingestellt zu werden, die versucht, jemanden oder etwas zum Schweigen zu bringen. Einmal kam eine Studierende, die im Bachelorstudium Englische Literatur und Women's Studies studierte, weinend zu mir. Sie sagte, ein Dozent habe einen Film gezeigt, der eine grafische Darstellung einer Vergewaltigung beinhaltete. Als sie ihm danach mitgeteilt hatte, wie verstörend sie den Film und die Diskussion fand, sagte er zu ihr, sie sei nur verstört, weil sie den Film falsch verstanden habe, indem sie die Vergewaltigung »zu wortwörtlich nimmt«. Er sagte, die »Vergewaltigung war nur eine Metapher«. Ihre Verletzung wird abgetan als Kleinlichkeit. Seine Ästhetisierung der Vergewaltigung erlaubte es ihm, den Film zu zeigen und dies auch weiterhin zu tun. Das Beharren auf dem Recht, bestimmte Materialien zu benutzen, kann zu einer schonungslosen Gleichgültigkeit führen, wie diese Materialien auf andere wirken können.

Wenn du angeblich zu stark oder falsch betroffen bist, wirst du zur Spaßverderber:in, zur Bedrohung des Rechtes einer Person, sich frei auszudrücken. Ich sprach mit einer anderen Studierenden über ihre Erfahrung mit verbaler Belästigung durch einen Kommilitonen während einer Konferenz.

»Die Atmosphäre an den beiden Tagen war wirklich bedrückend. Es war der kulturelle Unterschied, den ich bemerkte, als ich durch die Tür kam. Es gab viel Körperkontakt; Schulterklopfer und Knietätscheln. Es war der Dialog. Sie machten Witze, Witze, die schrecklich waren, und das alles geschah

34 Darum wird schon der Gebrauch des Begriffs *Rassismus* oder der *Transfeindlichkeit* als Zensur gewertet, als ein Versuch, freie Rede zu beschneiden. Auch wenn die meisten Feminist:innen das Problem erkennen, gibt es auch einige Feminist:innen, die trans und transinklusive, feministische Aktivist:innen so darstellen, als ob sie diese zensieren würden, und zwar mit den exakt gleichen Taktiken, die oftmals gegen Feminist:innen eingesetzt werden. 2015 wurde im *Guardian* ein Brief von einigen Feminist:innen publiziert, die argumentierten, *Deplatforming* würde dazu »benutzt, um davor zu schützen, feministische Argumente zum Ausdruck zu bringen, die sich kritisch gegenüber der Sexindustrie und einigen Forderungen von trans Aktivist:innen gezeigt hätten.« Seither gab es viele solcher Briefe. In fast allen Antworten, die sich auf den Brief bezogen, ging es nicht um *Deplatforming*. Als trans- und transinklusive Feminist:innen dem Brief widersprachen, ich selbst auch, wurde unser Widerspruch nicht als Ausdruck der Redefreiheit betrachtet, sondern als Versuch, diese zu beschneiden. Zu dieser Diskussion siehe mein Posting https://feministkilljoys.com/2015/02/15/you-are-oppressing-us/.

in einem sehr kleinen Raum vor den Lehrenden, und niemand sagte etwas. Es fühlte sich an, als wäre meine Reaktion darauf nicht im Einklang mit der Reaktion aller anderen. Es fühlte sich wirklich entfremdet an, wie ich über ihr Verhalten dachte und wie alle anderen lachten. Sie sprachen darüber ›Schlampen zu melken‹. Ich kann immer noch nicht ganz verstehen, woher die Witze kamen. Niemand sagte etwas dazu: Alle lachten einfach mit. In solchen Momenten beginnt man aufzufallen; man spielt einfach nicht mit.«

Du kannst die Tür öffnen und davon getroffen werden: von der Veränderung in der Atmosphäre, dem Eindringen in einen persönlichen Raum. Die sexistische Bemerkung »Schlampen zu melken« schien eine Geschichte zu besitzen. Geschichten können eine Linie darstellen, die gezogen wird, der du dann folgen sollst. Du weißt nicht, woher die Witze stammen. Aber alle anderen scheinen zu lachen. Wenn Gelächter den Raum füllt, dann kann es sich so anfühlen, als ob kein Raum übrigbleibt. Diese Witze als übergriffig zu empfinden, bedeutet dann nicht nur, sich von den Witzen zu entfremden, sondern auch vom Lachen, das sie auslösen, das sie unterstützt und ihnen Raum gibt. Wenn andere Leute damit klarkommen, dann wird dir dadurch weisgemacht, nichts sei falsch daran. Du kannst eine Spaßverderber:in sein, ohne dass du es planst, einfach nur, weil dein Körper etwas ausdrückt. Darum beschreibe ich feministische Spaßverderber:innen als *Affekt-Aliens*. Wir werden entfremdet, weil wir nicht auf die gleiche Weise betroffen sind wie die Menschen um uns herum.

SPAßVERDERBER:INNEN-GLEICHNIS: AFFEKT-ALIEN = ENTFREMDET DAVON, WIE DU BETROFFEN BIST

Wenn du etwas nicht mitmachst, wenn du nicht lachst, wenn andere lachen, dann fällst du auf. Vielleicht lachen einige Leute mit, weil sie nicht auffallen wollen. Aufzufallen kann dazu führen, zur Zielscheibe zu werden. Wenn diejenigen, die nicht an Belästigungen partizipieren, zur Zielscheibe werden, kann Mitmachen eine Methode sein, um nicht belästigt zu werden. Die Studierende beschrieb, was danach folgte: »Er kam direkt auf mich zu, verbal, an einem Tisch, an dem alle zu Mittag aßen. Es war ein langer Tisch, mit vielen Personen, die drumherum saßen, auch Lehrende ... Ich war gerade mitten in einem persönlichen Gespräch (über meine Forschungsarbeit) und er lehnte sich buchstäblich über den Tisch und kam mir körperlich sehr nahe. Er war

beinahe an meiner Seite, er war wirklich sehr nah und sagte dann: ›Oh mein Gott, ich sehe, du hast deinen Eisprung‹.« Weil sie die Witze nicht lustig fand, weil sie eine Reaktion zeigte, die deutlich machte, dass sie das Verhalten nicht billigt und unglücklich damit ist, geht er sie direkt an. Dringt in ihren persönlichen Raum ein, reduziert sie auf ihren Körper, hält sie davon ab, ihre eigene Sache zu machen, ein Gespräch über ihre eigene Arbeit zu führen. Sie verlässt den Raum. Und als sie den Raum verlässt, wird sie von einer Lehrperson begleitet, die sagt: »Ach, du weißt ja, wie er ist, er hat einen sehr seltsamen Humor, er hat damit nichts gemeint.« Vielleicht wird angenommen, dass Sprache nichts bedeutet in dem Moment, in dem wir sie als problematisch erkennen: Es ist eine Metapher; es ist eine Parodie; es ist Ironie; es ist ein Stil; es ist Kunst.
Gewalt wird wiederholt, indem sie ihrer Bedeutung und Kraft entleert wird. Wenn du widersprichst oder dich beschwerst, dann wirst du verurteilt, als ob du deinen Standpunkt anderen aufdrücken wolltest. Sie beschwert sich doch. Wenn andere Studierende herausfinden, dass es eine Beschwerde gibt, dann verschlimmert sich die Situation. »Es gab eine reale physische Bedrohung, die diese Männer begannen aufzubauen. Es wurden Dinge gesagt, wie, dass vielleicht ein Stein durch unser Fenster fliegen könnte oder wir angekettet würden.« Du beschwerst dich, weil du belästigt wirst, du wirst belästigt, weil du dich beschwerst. Selbst die Androhung von Gewalt kann so auf die leichte Schulter genommen werden. Eine andere Studierende, mit der ich sprach, beschrieb es so: »Wenn Androhungen von Gewalt ausgesprochen wurden, hieß es, das sei nur Gerede, es würde nichts bedeuten.« Er meinte nichts damit, es bedeutete nichts. Sie erzählte mir, wie der Fachbereichsleiter es ablehnte, einzugreifen, und zwar mit den folgenden Worten: »Ich darf nicht den Anschein erwecken, dass ich auf der Seite einer der beiden Studierenden stehe, daher können wir in dieser Angelegenheit keine offizielle Position einnehmen.« Als unparteiisch angesehen werden zu wollen, ist tatsächlich Parteinahme, da keine Bemühungen unternommen werden, die Belästigung zu beenden. Belästigung als eine von zwei Seiten zu behandeln, möglicherweise in einem Streit oder einer Debatte, ist der Grund, warum Belästigung nicht gesehen wird.

Was du zu beenden versuchst, sehen andere erst gar nicht. Und deswegen musst du weiterhin *Nein* sagen. Und je häufiger du *Nein* sagst, desto häufiger zeigst du etwas auf oder weist darauf hin, dass du nicht einverstanden bist. Je häufiger du das tust, desto öfter wird von dir verlangt werden, nicht

Nein zu sagen, gar nichts zu sagen, gar nichts zu tun. Am Ende zerbrechen wir aufgrund dieses Drucks. Ich denke an eine Szene aus Andrea Levys Roman *Fruit of the Lemon*. Der Roman erzählt die Geschichte von Faith Jackson, einem Schwarzen britischen Mädchen, dessen Eltern aus Jamaika nach England eingewandert sind. Sie kommt gut klar mit ihrem Leben, sie sieht sich selbst nicht als irgendwie anders als diejenigen, von denen sie umgeben ist. Ihre weißen Freund:innen sind einfach Freund:innen. Sie teilen ein Haus, sie teilen ein Leben. Dann passiert etwas. Sie und ihr Mitbewohner Simon werden Zeug:innen eines gewalttätigen Angriffs auf eine Schwarze Frau. Wir werden zu Zeug:innen des Geschehens durch Faith' Augen:

> »Eine Schwarze Frau stand in der Tür eines Buchladens. Sie wirkte ruhig, obwohl sie einen erschrockenen Blick hatte – als hätte sie gerade im Lotto gewonnen und könnte es kaum glauben. Aber langsam lief an einer Seite ihres Gesichts Blut herunter – dickes, helles, rotes Blut. Ich stellte mich vor sie und fragte: ›Geht es Ihnen gut?‹ und kam mir dumm vor, als sie zusammenbrach und auf den Boden fiel.«[35]

Sie kehren nach Hause zurück, um zu erzählen was passiert ist. Das Erzählen schafft eine bestimmte Art von Dramatik, in der Simon zum Mittelpunkt der Aufmerksamkeit wird. Sie drängen sich alle um ihn herum, als ob das, was passiert war, ihm passiert wäre. Als ob das Geschehen zu seinem Geschehen wurde, weil er dabei war: »Simons Hände zitterten, als er eine Zigarette an seinen Mund führte, er konnte sie nicht gerade halten. Marion legte ihre Hand auf seine Hand, um ihn zu unterstützen. ›Ich glaube, du stehst unter Schock. Du brauchst jetzt einen süßen Tee‹, sagte sie und schaute Simon direkt ins Gesicht. ›Mick, setz doch mal Wasser auf.‹«[36] Faith sieht, wie die Schwarze Frau verschwindet, als sie sich liebevoll um ihn versammeln, in Sorge um ihn. Sie versucht, sie zurück in die Geschichte zu bringen: »Ich habe die Geschichte zweimal unterbrochen. ›Es war eine Schwarze Frau‹, sagte ich. Simon hatte gerade von ihr als der Frau, die dort arbeitet, gesprochen. Zweimal musste ich ihnen sagen, dass die Frau, die auf den Kopf geschlagen worden war, Schwarz war, wie ich. Und beide Male haben Simon und Mick zu mir geschaut und genickt.« Das Wort ›unterbrechen‹ (*interrupt*) kommt von ›Bruch‹ (*rupture*). Um die Schwarze Frau zurück in die Geschichte zu bringen, musste Faith sie unterbrechen. Aber sie stoppten nicht, sie machten

35 Levy, A.: Fruit of the Lemon. London 1999, 150f.

36 Levy: Fruit of the Lemon, 56.

weiter, sie nickten und machten weiter, als ob ihr Schwarzsein nur ein Detail wäre, das sie übergehen konnten. Alles drehte sich um ihn, alle lachten, kicherten, waren aufgeregt und erfüllt von der Dramatik der Ereignisse.

Faith hält es nicht länger aus. Sie kann die Gewalt des Ereignisses nicht ertragen, die Gewalt, die gegen eine Schwarze Frau gerichtet worden war, was einfach übergangen wurde. Sie verliert die Beherrschung: »Und dann kippte ich den Inhalt meiner Tasse Tee langsam über den Tisch. ›Haltet jetzt alle mal die Klappe. Haltet einfach eure verfickte Klappe. Es ist nicht lustig!‹ Und dann war es komplett still, sie hörten auf und starrten mich an. Ich verließ das Haus.«[37] Eine erhobene Stimme, eine verschüttete Tasse Tee, das kann wie der Beginn von etwas aussehen. Faith fühlt sich mitten in das Geschehen geworfen. Sie bringt die Gewalt an die Oberfläche. Die Gewalt, die bereits da war, die mit in den Raum gekommen war, die Gewalt, die sich gegen eine Schwarze Frau gerichtet hatte, die Gewalt, die darin steckte, diese Gewalt, etwas nicht zu benennen, die Gewalt der Aufmerksamkeit und die Gewalt des Weißseins, das zum Mittelpunkt der Aufmerksamkeit wird, der Betroffenheit, des Dramas, alles dreht sich nur noch darum.

Ich denke daran, wie Andrea Levy aufzeigt, wie Faith die Beherrschung verliert. Das Verlieren der Beherrschung wird oft als ein plötzlicher Bruch oder ein Moment dargestellt, es kann jedoch auch wie ein scharfes Geräusch klingen. Es kann sein, dass du das Knacken der Äste hörst. Es kann sein, dass du die Äste vorher nicht bemerkt hast, den Druck auf die Äste, wie sie durchgebogen wurden. Es erreicht erst deine Aufmerksamkeit, wenn sie brechen. Das Krachen ist nur der Beginn von etwas. Das, was du nicht gehört hast, war der Druck, der vorher schon auf dem Ast lastete. Du hörst sie, wenn sie schreien, weil sie schreien, in dem Moment, wo eine Stimme sich erhebt, wird sie gehört, vor allem anderen. Das heißt nicht, dass es erst mit dem Schreien begann.

SPAẞVERDERBER:INNEN-WAHRHEIT: WENN DU SCHREIEN MUSST, UM GEHÖRT ZU WERDEN, DANN WIRST DU ALS SCHREI GEHÖRT

Das Knacken ist ein Moment mit einer Geschichte. Um dieses Knacken zu hören, diesem einen Moment eine Geschichte zu schenken, müssen wir langsamer werden und der langen Zeit des Ertragens, der Genügsamkeit zuhören.

---

37 Levy: Fruit of the Lemon, 158.

Wir lernen, Erschöpfung zu hören, das graduelle Knacken der Energie, wenn du kämpfen musst, um in einer Welt zu existieren, die deine Existenz negiert.

Eine Sollbruchstelle ist ein Punkt, den es zu erreichen gilt. Zunächst sieht es so aus, als ob die feministische Spaßverderber:in auf etwas in der Gegenwart reagieren würde. Aber aus dem Zuhören von Geschichten der Spaßverderber:in, schnippischen Geschichten, lernen wir die Bedeutung von Timing kennen. Wann die Spaßverderber:in auftaucht, aufgrund dessen, was gesagt oder nicht gesagt wurde, was geschehen oder nicht geschehen ist, lange *zuvor*. Denk an das Gefühl, von jemandem aufgezogen zu werden, der deinen Raum enger und enger zieht, je mehr du provoziert wirst. Enger, enger, noch enger, ein Keuchen, es ist keine Luft mehr übrig, bis es kracht. Eine Gruppe schließt sich zusammen, wird zum Zeugen dieses Krachens, schaut sie an, schau, schau, sieh nur, wie sie rotiert!

Sieh, wie sie rotiert. Weiter vorne habe ich Kommentare geteilt, die mitten in Konversationen, die ich mit Freund:innen und Familie geführt habe, gemacht wurden. Jeder Kommentar wurde in einem hitzigen Moment abgegeben, und wenn ich jeden dieser Kommentare höre, gehe ich zurück zu diesem einzelnen Moment. Einen dieser Sätze, »Frauen können nicht gleich sein, weil Babys Muttermilch brauchen«, bekam ich von meinem Vater zu hören. Das wurde mir nicht etwa gesagt, als ich noch ein Kind war, das am Familientisch saß, sondern als ich längst erwachsen war und als Dozentin Feminismus lehrte. Der Satz wurde zu mir gesagt, bevor ich begann, über feministische Spaßverderber:innen zu schreiben, aber nachdem ich festgestellt hatte, dass ich selbst eine war. Im Foyer eines Hotels in Lancaster. Mein Vater kam dorthin, um mich zu besuchen, er kam mit seiner zweiten Frau. Der Satz fiel gegen Ende eines Streits. Wir hatten einen Endpunkt erreicht, weil ich es ablehnte, ihm zuzustimmen. Ich wusste, was mir mit dem Satz mitgeteilt wurde. Mir wurde gesagt dass Ungleichheit natürlich sei. Ungleichheit sei eine Frage der Biologie, die eben zu verschiedenen Situationen führe. So sei es eben. Das sei eben, was Babys brauchen, was Frauen anbieten können. Das sei es, was wir sind, wofür wir gut sind. Und wenn das auf die eine oder andere Art dir gegenüber zum Ausdruck gebracht wird, dass du dich den natürlichen Abläufen widersetzt, dann macht dich das selbst unnatürlich.

SPAßVERDERBER:INNEN-GLEICHNIS: FEMINISMUS = EINE GESCHICHTE UNNATÜRLICHER FRAUEN

Feminismus wird als Flucht vor der Natur betrachtet. Ideologie ist Geschichte, die zur Natur geworden ist. Wer Ungleichheiten bekämpft, bekommt zu hören, wie sie gerechtfertigt werden. Aber Rechtfertigungen erschöpfen sich. Und wir sind ebenso erschöpft. Dieses Mal verlor ich die Beherrschung. Ich konnte dieses Mal nicht mit einem wohlüberlegten Argument antworten. Ich konnte keine Worte hervorbringen. Ich konnte in diesem Satz eine Geschichte hören, eine Geschichte, von jemandem aufgezogen zu werden, der mich aufzog, eine Geschichte der Provokation, des Seins, des Werdens, des Problemkindes. Ich sah das Problemkind auftauchen, ich sah mich selbst verschwinden. Ich verließ den Raum.

Wenn Faith die Beherrschung verliert, muss sie gehen. Sie muss gehen, nicht nur, weil sie die Beherrschung gegenüber ihren Freund:innen verliert, sondern weil sie merkt, wie die Verbindung mit ihren Freund:innen zerbrochen ist. Sie bemerkt, was diese Verbindungen von ihr verlangen: zu übersehen, gegen wen sich die Gewalt richtete, Rassismus zu übersehen, Sexismus zu übersehen, sogar sich selbst zu übersehen. Dadurch, dass sie immer wieder wiederholen muss, dass es eine Schwarze Frau war, macht Faith deutlich, was sie nicht mit ihren weißen Freund:innen teilen kann. Sie sehen es nicht. Sie werden es nicht sehen, *sie werden sie nicht sehen*. Wenn auf Sexismus oder Rassismus hinzuweisen, dazu führt, dass dir unterstellt wird, eine Verbindung zu zerreißen, dich von Freund:innen oder Familie zu distanzieren, heißt das nicht, dass dies das Ziel war. Vielmehr erzählt dir die Erfahrung dieses Knackens, des Unbeherrschtseins etwas über deine Verbindung: dass sie mit Auflagen kommt. Wir lernen oftmals etwas über die Bedingungen, indem wir es nicht schaffen, sie zu erfüllen. Du realisierst, dass das Beibehalten einer Verbindung bedeutet, dass du bestimmte Sachen nicht sagen darfst, sie nicht einmal bemerken darfst. Auch wenn es nicht dein Ziel war, eine Bindung zu kappen, kann dir das Kappen einer Bindung als Folge dessen, was du sagst oder tust, zeigen, warum du sie kappen musstest; du kappst, du verlässt den Raum, du kannst atmen.

Wenn eine Bindung erfordert, Gewalt zu übersehen, Rassismus zu übersehen, sogar uns selbst zu übersehen, müssen wir vielleicht die Bindung kappen. Vielleicht ist es das, was eine Spaßverderber:in tut oder sagt, sie zeigt, dass sie nicht bereit ist, die Bedingungen der Zugehörigkeit zu erfüllen. Es ist wichtig für mich, hier anzufügen, dass nicht alle Verbindungen destruktiv sind. Um ein Leben aufrechtzuerhalten, müssen wir die Bindungen aufrechterhalten, die uns erhalten. Einige Verbindungen, Familie oder Freund:innenschaften geben uns Stärke und Schutz, vor anderen müssen wir jedoch beschützt werden. Wenn jemand, den du liebst, Ansichten äußert, die du problematisch findest, tut das weh, denn du willst es nicht immer hören, weil es zu hören, es *wirklich* zu hören, hieße, hören zu müssen, wie das Glas zerspringt, den Klang wie etwas zerbricht.

Eine Spaßverderber:in zu sein, kann manchmal krisenhaft sein, weil nicht immer klar ist, welche Bindungen aufrechterhalten werden sollen und welche nicht. Das war Faith' Spaßverderber:innen-Lektion. Das ist unsere Lektion. Wenn so viel Gewalt übersehen wird, wirst du zur Spaßverderber:in, weil du sie nicht übersiehst. Du kannst einfach versuchen, etwas sichtbar zu machen, zum Beispiel die Gewalt, die sich gegen eine Schwarze Frau richtet, und du wirst als Störfaktor wahrgenommen. Deshalb verschwinden feministische Spaßverderber:innen auch nicht, wenn wir feministische Räume schaffen.

Audre Lorde, bell hooks, Sunera Thobani und Aileen Moreton-Robinson haben mir unter anderem beigebracht, dass die Figuren der wütenden Schwarzen Frau, der wütenden braunen Frau, der Woman of Color und auch der indigenen Frau, feministische Spaßverderber:innen im Sinne des Verderbens von feministischem Spaß sind.[38] Über Rassismus innerhalb des Feminismus zu sprechen, bedeutet, dem feministischen Glück/lichsein im Weg zu stehen.

SPAẞVERDERBER:INNEN-BEKENNTNIS: ICH BIN BEREIT, FEMINISTISCHEM GLÜCK/LICHSEIN IM WEG ZU STEHEN

In Audre Lordes Arbeiten finden wir viele Beispiele dafür, dass Women of Color, wenn sie über Rassismus innerhalb des Feminismus sprechen, zum Problem gemacht werden. Hier ein Beispiel: »Wenn wir Women of Color von der Wut erzählen, die unsere Begegnungen mit weißen Frauen so oft begleitet, sagt man uns, wir würden ›eine Atmosphäre der Hoffnungslosigkeit erzeugen‹, ›weiße Frauen davon abhalten, ihre Schuldgefühle zu überwinden‹ oder ›vertrauensvoller Kommunikation und Zusammenarbeit‹ im

---

38 Thobani, S.: »War Frenzy and Nation Building. A Lesson in the Politics of ›Truth-Making‹«, *International Journal of Qualitative Studies in Education* 16: 3, 399-414, 2003; hooks, b.: Feminist Theory: From Margin to Center. London 2000; Lorde, A.: Sister Outsider: Essays, München 2023; Moreton-Robinson, A.: Talkin‹ Up to the White Woman, Brisbane 2020.

Weg stehen.«[39] Von Women of Color wird verlangt, dass sie über ihre Wut hinwegkommen, damit weiße Frauen weitermachen können. Alle diese Zitate stammen aus Briefen von weißen Frauen an Lorde. Ich denke an alle diese Briefe, wie sie sich anhäuften. Ich denke an Lordes Brief, den sie an Mary Daly geschickt hat. Ihr Brief war eine Antwort auf die Verwendung von Lordes Arbeit in Dalys Buch *Gyn/Ecology* und über Dalys Unvermögen, Schwarze Frauen zu zitieren, weil sie Schwarze Frauen nur als Opfer anführt und nicht als Quelle der Weisheit und der Macht.

Lorde schreibt:

> »Wir haben uns bei einem Panel der Modern Language Association mit dem Titel ›Die Verwandlung von Schweigen in Sprache und Handeln‹ kennengelernt. Mit diesem Brief möchte ich das Schweigen brechen, das ich mir kurz vor jener Veranstaltung selbst auferlegt hatte. Ich habe mir vorgenommen, nie wieder mit weißen Frauen über Rassismus zu diskutieren. Ich hielt es für reine Energieverschwendung, die zu nichts führt als zu destruktiven Schuldgefühlen und Abwehr. Vielleicht, dachte ich, sollte das, was ich weißen Frauen zu sagen habe, besser von einer weißen Frau gesagt werden; es würde der Sprecherin weniger emotional zusetzen und wahrscheinlich auf mehr Gehör stoßen.«[40]

Erinnern wir uns noch einmal an Dalys Beschreibung der Hexe. Am Ende ihres Briefes richtet Lorde eine Bitte an sie: »Aber ich möchte dich in meinem Bewusstsein nicht zerstören und auch nicht zerstören müssen, und so bitte ich dich als Schwesterhexe, auf meine Wahrnehmungen einzugehen.«

Indem sie den Brief schreibt, bricht Lorde ihr eigenes Schweigen. Sie schrieb den Brief, obwohl sie wusste, dass das Problem, das sie ansprach, höchstwahrscheinlich dazu führen würde, dass sie nicht gehört würde. Aber dennoch schrieb sie den Brief als eine Schwesterhexe, weil solange die Probleme nicht angesprochen wurden, die Schwesternschaft und das Bewusstsein eines gemeinsamen Kampfes nicht möglich sein würden. Manchmal müssen wir zu Spaßverderber:innen werden, selbst wenn wir bezweifeln, dass wir durchkommen, einfach weil es das ist, was wir tun müssen.

In letzter Zeit haben auch Reni Eddo-Lodge, Ruby Hamad und Rafia Zakaria über die Schwierigkeit geschrieben, mit weißen Menschen über Rassis-

39 Lorde: »Vom Nutzen der Wut. Wie Frauen auf Rassismus reagieren«, in: Sister Outsider, 24

40 Lorde: »Ein offener Brief an Mary Daly«, in: Sister Outsider, 76f.

mus zu sprechen.[41] Wenn wir über Weißsein sprechen, dann stoßen wir auf Weißsein als ein Gefühl der Verteidigung, manchmal auch auf Tränen.

Feminismus ist *besetzt* vom Weißsein. Ich benutze das Wort ›besetzt‹ nicht leichtfertig. Ich wuchs in Australien auf, ein durch Siedler kolonialisiertes Land. Ich habe von indigenen Feminist:innen gelernt, wie Weißsein nicht nur das Land, sondern auch den Feminismus besetzt. In der zweiten Ausgabe ihres wegweisenden Buchs *Talkin' Up to the White Women* reflektiert Aileen Moreton-Robinson über ein Panel mit dem Titel ›A World of Difference. Decolonizing Feminism‹. Moreton-Robinson zitiert aus dem Ankündigungstext für das Panel: »Vor fast zwanzig Jahren zerschlug Moreton-Robinsons Pionierarbeit *Talkin' Up to the White Women* wie mit einem Vorschlaghammer die Idee der vereinigten Schwesternschaft, die dem Gemeinwohl aller Frauen dienen würde.« Ein Vorschlaghammer: Wir müssen uns selbst von der Gewalt der Beschreibung ihres Beitrags schlagen lassen. Moreton-Robinson zeigt uns, wie der Gebrauch dieser Metapher des Hammers sie erneut als »die wütende Schwarze Frau« positioniert, die »schlecht gelaunt, feindselig und sehr aggressiv« ist.[42] Rassismus innerhalb des Feminismus aufzuzeigen, wird als gewaltsam angesehen, als ob man das zerstört, was Frauen zusammenhält. Wir begegnen erneut diesem Stereotyp, der wütenden Schwarzen Frau, der Schwarzen feministischen Spaßverderber:in, dieser Geschichte, in den Räumen, die eingerichtet wurden, um sie herauszufordern. Ich denke an Lordes Brief. Ich denke an Moreton-Robinsons Nachwort als eine andere Art Brief, einen öffentlichen Brief, wie Weißsein selbst die Räume besetzt, die den »Feminismus dekolonisieren« wollen.

SPAẞVERDERBER:INNEN-WAHRHEIT: WIR MÜSSEN ES IMMER WIEDER SAGEN, WEIL SIE ES IMMER WIEDER TUN

Selbst wenn wir es immer wieder sagen, weil sie es immer wieder tun, sind wir letztendlich diejenigen, denen gesagt wird, dass wir uns wiederholen. Eine feministische Spaßverderber:in zu sein, insbesondere eine Schwarze

41 Eddo-Lodge, R.: Warum ich nicht länger mit Weißen über Hautfarbe spreche. Stuttgart 2017; Hamad, R.: White Tears, Brown Scars. New York 2020; Zakaria, R.: Against White Feminism. Wie weißer Feminismus Gleichberechtigung verhindert. München 2022.

42 Moreton-Robinson: Talkin' Up to The White Woman, ix.

feministische Spaßverderber:in, eine indigene oder braune feministische Spaßverderber:in, heißt, als zu hartnäckig verstanden zu werden. Hartnäckig zu sein, ist ein Spiegelbild dafür, wie immer wieder dieselben Dinge auftauchen. Hinter uns liegen so viele Spaßverderber:innen-Briefe, abgeschickt oder nicht abgeschickt, die uns die immer gleichen Dinge erzählen. Diese Briefe sind geteilte Ressourcen. Als feministische Spaßverderber:innen schaffen wir unsere eigenen Ressourcen. Als feministische Spaßverderber:innen könnten wir alle unsere eigenen Handbücher schreiben. Selbst wenn wir die gleichen Punkte ansprechen, weil die gleichen Dinge immer wieder passieren, würden unsere Handbücher sehr unterschiedlich sein. Wir erzählen nicht nur Spaßverderber:innen-Geschichten; wir erzählen sie, weil wir Teil von ihnen sind. Dieses Handbuch ist geprägt von meiner eigenen queeren Laufbahn als Person of Color, mit unterschiedlichem kulturellen Familienbeziehungen nach Pakistan, Australien und auch ins Vereinigte Königreich, als Lesbe, als Person aus der Mittelklasse, als cisgender Frau und als Wissenschaftlerin, die über zwanzig Jahre in Universitäten gearbeitet hat und die jetzt unabhängig arbeitet. (Ich hebe mir die schicke Geschichte, warum ich meine Stellung und meinen Beruf verlassen habe, für später auf.) *Das Persönliche ist institutionell.* Unsere Biografien, egal wie eigenartig oder eigentümlich wir sie empfinden mögen, sind der Weg, wie wir in größere Geschichten eingebunden sind.

Ich habe so viel gelernt durch das Schreiben dieses Handbuchs. Durch das Zurückblicken auf meine eigene Spaßverderber:innen-Laufbahn, dadurch, wann und weshalb die feministische Spaßverderber:in auftauchte, manchmal ausdrücklich, manchmal nicht, in meinem eigenen Schreiben und Forschen. Ich teile diesen Lernprozess mit dir durch dieses Handbuch, was bedeutet, dass ich mich manchmal auch auf frühere Arbeiten beziehe. Ob du dich nun bereits als feministische Spaßverderber:in verstehst oder als eine *angehende Spaßverderber:in*[43], so möchte ich, dass du weißt, wir müssen *immer* weiter lernen, nicht nur über feministische Spaßverderber:innen, sondern auch von ihnen. Aus dem, was wie eine schwierige, wenn auch vergleichsweise unerhebliche Situation wirkt, wie ein Streit mit einem Elternteil oder Freund:innen am Tisch. Wir landen auf dem Weg, der uns zu einem anderen Bewusstsein von der Welt und unserem Platz darin führt. Wir können bei jedem Schritt unseres Weges überrascht werden. Im nächsten Kapitel spreche ich darüber, wie wir als feministische Spaßverderber:innen überleben (auch in diesen

43 Dank an Hermione Thomson für den Begriff ›killjoy-to-be‹

Geschichten können Überraschungen auftauchen), bevor ich in den noch verbleibenden Kapiteln zeige, wie die feministische Spaßverderber:in uns Fähigkeiten vermittelt, die wir benötigen, um in einer ungerechten Welt zu überleben.

2
Überleben als feministische Spaßverderber:in

Auch wenn du die Bezeichnung feministische Spaßverderber:in für dich selbst angenommen hast, kann es sich so anfühlen, als ob das dein Leben schwieriger macht als nötig, als ob die Probleme durch ihre Beteiligung größer werden. Diese Einschätzung wird manchmal auch als Ratschlag formuliert, mal mehr, mal weniger freundlich gemeint: *Lass es los, schwimm mit dem Strom*. Und es besteht kein Zweifel daran, dass es das Vorankommen erleichtern kann, mit dem Strom zu schwimmen. Du kannst dich von der Strömung mitziehen lassen.

SPAẞVERDERBER:INNEN-WAHRHEIT: DIE DINGE LAUFEN FLÜSSIG, WENN DU DEN LAUF DER DINGE EINSCHLÄGST

Wenn du gegen den Strom schwimmst, wirst du zum Hindernis und kommst dem Vorankommen anderer in den Weg. Es kann sein, dass du dich selbst als Hindernis erfährst, dass du deinem eigenen Vorankommen im Weg stehst, genauso wie dem der anderen. Wie ich bereits in der Einleitung vorgeschlagen habe: Wenn du immer wieder Probleme formulierst, ist es schwierig, den Eindruck abzuwenden, du selbst seist das Problem. Aber du kannst dich auch anders fühlen. Ich erinnere mich daran, wie sich die Atmosphäre veränderte, als ich begann, Vorträge über feministische Spaßverderber:innen zu halten. Leute richteten sich auf und wurden aufmerksam. Ich konnte beinahe ein Zischen hören, eine andere Art Knacken, ein Geräusch wie ein elektrischer Kurzschluss, knack, knack, zisch. Selbst wenn sie eine schwierige Geschichte, eine leidvolle Geschichte mitbringt, die feministische Spaßverderber:in scheint uns mitzunehmen. Wieso ist das so?

Dieses Kapitel ist die Antwort auf die Frage, wie etwas, was uns auszubremsen scheint, uns zugleich in Fahrt bringt und beschleunigt. Meine Antworten haben die Form von **Spaßverderber:innen-Überlebenstipps.** Um als feministische Spaßverderber:in zu überleben, musst du höchstwahrscheinlich Wege finden, um durchzuhalten, damit du an ihr festhalten kannst. Die feministische Spaßverderber:in ist es vielleicht auch, wodurch wir *als* Feminist:innen überleben, weil wir genau die Begriffe für uns zurückfordern, die dazu genutzt werden sollen, uns abzustrafen, weil wir Feminist:innen sind. In diesem Kapitel schaue ich darauf zurück, was ich über das feministische Überleben gelernt habe. Ich zehre auch von den Erfahrungen, die Leser:innen mit mir geteilt haben. Überleben ist ein gemeinsames Projekt.

Warum benutze ich das Wort *Überleben?* Audre Lorde zeigt uns, dass für manche, diejenigen, die »nie überleben sollten«[44], Überleben ein ambitioniertes Ziel ist. Die feministische Schwarze Poetin und Kritikerin Alexis Pauline Gumbs zitiert Lordes Worte aus ihrem unvollendeten Essay ›Eye to Eye‹: »Ich liebe das Wort Überleben; es klingt für mich immer wie ein Versprechen. Manchmal lässt es mich jedoch darüber nachdenken, wie ich die Form meines Einflusses auf diese Erde definiere.«[45] Gumbs wiederholt daraufhin die Worte *Ich liebe das Wort Überleben* am Anfang und am Ende ihres eigenen Essays. Gumbs benutzt dabei keine Anführungszeichen. *Ich liebe das Wort Überleben*, und ich folge ihr darin, keine zu benutzen. Diese Worte, *ich liebe das Wort Überleben*, werden geteilt zwischen Lorde und Gumbs, weitergegeben von der einen zur anderen. Beim Überleben kann es um Worte gehen, die überleben, Worte, die ein Eigenleben entwickeln. Das Wort *Überleben* überlebt. Manchmal heißt zu überleben, diese Worte weiterzugeben. Ich werde zur Wichtigkeit dieser Worte zurückkehren, bei der Betrachtung der feministischen Spaßverderber:in als Poet:in. Überleben heißt hier, nicht nur weiterzuleben, sondern weiterzumachen, in einem umfassenderen Sinne des Weitermachens, mit ganz eigenen Bekenntnissen. *Feminismus benötigt Feminist:innen, um zu überleben.* Doch sind es immer noch wir selbst, die den Druck *aushalten* müssen, weil wir gedrängt werden, diese Bekenntnisse aufzugeben.

Feminismus benötigt Feminist:innen, um zu überleben. Feminismus braucht diejenigen von uns, die ihr Leben als Feminist:innen leben, um zu überleben.

---

44 Dies stammt aus Lordes Gedicht ›A Litany for Survival‹, in: Lorde, A.: The Black Unicorn. New York 1978, 31.

45 Gumbs, A. P.: ›The Shape of my Impact‹; https://thefeministwire.com/2012/10/the-shape-of-my-impact.

Feminismus überlebt durch uns. Als feministische Spaßverderber:in zu überleben, kann bedeuten, zu lernen, wie wir auf uns selbst aufpassen, auch vor dem Hintergrund dessen, wogegen wir kämpfen. Das Wort ›Selbstfürsorge‹ (›self-care‹) ist wahrscheinlich bekannt, vielleicht ruft es Bilder der Entspannung auf oder von Duftkerzen und Schaumbädern, aber das ist es nicht, was ich mit Selbstfürsorge meine. Die Idee der Selbstfürsorge oder – vielleicht etwas genauer – das Sorgen um sich selbst hat eine militante Schwarze feministische Geschichte. In *A Burst of Light* schreibt Lorde: »Selbstfürsorge ist keine Selbstgefälligkeit, es ist Selbstbehauptung und ein Akt der politischen Kriegsführung.«[46] Wenn die Welt nicht für dich sorgt, wegen dem, was oder wer du bist oder was du tust, dann musst du für dich selbst sorgen, um überhaupt eine Überlebenschance zu haben. Für einige ist Überleben herausfordernd. Für einige ist Überleben ein Protest. Lorde schrieb *A Burst of Light* nachdem sie herausgefunden hatte, dass ihr Krebs in die Leber gestreut hatte. Den Ausdruck »A Burst of Light« benutzt sie, nachdem sie die Zerbrechlichkeit ihrer körperlichen Situation fühlen konnte, »das unausweichliche Wissen, in den Knochen, in meiner eigenen physikalischen Begrenztheit«[47]. In *A Burst of Light* vergleicht Audre Lorde das ganze Buch hindurch ihre Erfahrung des Kampfes gegen den Krebs (sie ist bereit, die Situation als Krieg zu beschreiben) mit ihrer Erfahrung, gegen Anti-Schwarzen Rassismus zu kämpfen. Der Vergleich ist wirkungsvoll, zeigt er uns doch, wie Rassismus einen Angriff auf alle Zellen des Körpers bedeuten kann, auf das Immunsystem eines Körpers.

Darum ist für Lorde das Sorgen für sich selbst nicht selbstgefällig, sondern selbsterhaltend. In einem Artikel einer Sonderausgabe von *Southern Atlantic Quarterly* über »crip time« (Krüppelzeit) bieten uns Jina B. Kim und Sami Schalk eine nuancierte Interpretation von Lordes Aufruf zur Selbstfürsorge und nehmen die Implikationen für Gerechtigkeit gegenüber Menschen mit Behinderung sowie Gerechtigkeit für Menschen, die von Rassismus betroffen sind, auf. Sie zeigen, wie Lorde selbst nicht nur die Wichtigkeit betont, den eigenen Körper zu pflegen, seine Grenzen zu akzeptieren, sondern auch, aus den Situationen zu *lernen*, zielgerichtet und reflektierend die Zeit zu nutzen, »im Dienst zu sein für das, was getan werden muss«[48]. Wie Kim und Schalk

46 Lorde, A.: A Burst of Light. Essays, Ithaka/New York: Firebrand Books 1988, 131.
47 Lorde: A Burst of Light, 121.
48 Kim, J. M. / Schalk, S.: »Reclaiming the Radical Politics of Self-Care: A Crip-Of-Colour Critique«, *South Atlantic Quarterly* 120: 2 (2021).

zeigen, ist es Lordes Idee, ihre Zeit zu nutzen, eine Kritik an der kapitalistischen Forderung, produktiver zu sein, und ein Aufruf, seine Zeit dem Projekt der Gestaltung einer Gemeinschaft zu widmen; Fürsorgearbeit für Menschen mit Behinderungen. Warum benutzen wir den Begriff ›crip‹ (Krüppel)? Das Wort hat eine Spaßverderber:innen-Geschichte. Die feministische Wissenschaftlerin Alison Kafer untersucht, inwiefern das Wort ›Krüppel‹ ein aufgeladenes Wort ist. Unter Bezugnahme auf den Essay von Nancy Mairs über den Wunsch, dass Menschen beim Wort zusammenzucken, legt sie nahe, dass »dieser Wunsch, Menschen zusammenzucken zu lassen, ein Drang ist, die Dinge durcheinander zu bringen, die Menschen aus ihrem alltäglichen Verständnis von Körper und Geist, von Normalität und Abweichung zu reißen.«[49] Den Begriff ›Krüppel‹ zu beanspruchen, um das Bestreben zurückzuweisen, normal zu sein, ist nah an dem, was es bedeutet, der Sorge wert zu sein oder eine Behinderung zu verbergen, die als Grund für Scham und Stigma angesehen wird. Vielmehr gilt es, Geschichten über Behinderung nicht als Geschichten der Schwäche zu erzählen, sondern sie als Handlungen eines individuellen Heroismus und der Resilienz zu verstehen. Indem sie an Lordes Vermächtnis im Hinblick auf Gerechtigkeit für Menschen mit Behinderung denken, ermöglichen Kim und Schalk es uns, »die Verbindung zu sehen« zwischen Selbstfürsorge und »dem Entstehen von Pflege-Kollektiven und Online-Communitys von Menschen mit Krankheiten und Behinderungen, die Wissen teilen, Unterstützung und Ressourcen, um sich gegenseitig beim Überleben zu helfen, physisch, mental, emotional.«[50] Gerechtigkeit für Menschen mit Behinderung ergibt sich aus der praktischen, alltäglichen Herausforderung, dass es für manche Menschen schwieriger ist, ihre Bedürfnisse zu erfüllen. Gerechtigkeit für Menschen mit Behinderung ist das, was wir benötigen in diesen Zeiten der Entbehrung, diesen pandemischen Zeiten, da sie ein kreatives Nachdenken über Zugänge darstellt, die nötig sind, um vielfältige und lebenswertere Räume zu entwickeln.

Pflege kann auch der gewöhnliche und praktische Weg sein, wie wir aufeinander achten, weil die Kosten der Abwehr von Gewalt oder des Protests gegen Gewalt so hoch sind. Wir schaffen Care-Kollektive oder Care-Communitys. Wir bauen uns wieder auf, durch die mühevolle Arbeit, auf uns selbst zu achten, nacheinander zu schauen. Ich denke auch an LGBTQI+, diese Rei-

49 Kafer, A.: Feminist, Queer, Crip. Bloomington 2013, 15.
50 Kim / Schalk: »Reclaiming the Radical Politics of Self-Care«, 339.

hung von Buchstaben, die unsere Verbindung hervorhebt, auf welche Arten wir füreinander da sind. Es kann ein Überleben in diesen Buchstaben stecken. Wir könnten in denselben Bars herumgehangen haben, lachend und lebend, die Welten überlebend, die entschieden hatten, dass unsere Leben Lebensstile waren, unsere Entscheidungen Launen, unsere Ideen falsch; dass wir egoistisch oder gefährlich waren, weil wir nicht aufgaben, was oder wen wir aufgeben sollten. Vielleicht sind wir auf denselben Demonstrationen gewesen, haben etwas von uns in einander erkannt, als wir für eine Welt kämpften, die unsere eigenen Bilder von uns selbst auf uns zurückwerfen konnte; wie müde auch immer, wie abgenutzt auch immer, haben wir geliebt, was wir in den Reflexionen der anderen einfangen konnten. Wir wurden zu einer Familie, weil wir füreinander da waren, als wir aus unserem Zuhause vertrieben wurden, unseren Communitys. Ein Überlebenstipp kann also auch sein, aus unserer eigenen Geschichte zu lernen. Wir lernen die Überlebenstipps voneinander.

Überleben kann ein feministisches Projekt sein, ein queeres Projekt, ein trans Projekt, ein Krüppelprojekt. Für einige bedeutet das, die Welt verändern zu müssen, um sie zu überleben. Aber wir müssen zuerst die Welt überleben, bevor wir versuchen, sie zu transformieren. Ich denke an meine Freund:innenschaft mit Nila Gupta: Nila ging das Risiko ein, sich selbst einen Namen zu geben. Braun, Bengali, Krüppel, chronisch krank, queer, trans. Nila. Wie Lorde nahm Nila das Risiko auf sich, sich selbst einen neuen Namen zu geben, Nila selbst zu sein. Nila nahm sich am 10. Juni 2021 im Alter von sechsundvierzig Jahren das Leben. Ich schrieb diese Worte über das Überleben, als Nila starb. Nila überlebte diese Welt nicht. Nila hat nicht die Unterstützung bekommen, die Nila gebraucht hätte, um Nilas Leben leben zu können. Nila und ich würden zusammen die Augen verdrehen, zur gleichen Zeit, erkennend, was die andere Person erkannte, womit wir konfrontiert waren, wie oft angenommen wurde, dass unglückliche braune, queere und trans Personen durch glückliche weiße LBGTQI+-Gemeinschaften aus unseren Familien gerettet würden. Ein weiteres queeres Ereignis mit ausschließlich weißen Hauptredner:innen? Wirklich, ich meine, wirklich? Wir würden über die Weißen die Augen verdrehen, wie sie es schafften, ihren Platz zu behalten, trotz all unserer Bemühungen.

Bei meinem Gleichnis **Rollende Augen = feministische Pädagogik** aus dem vorherigen Kapitel waren es nicht unsere eigenen Augen, auf die ich mich bezogen habe. Aber vielleicht geschieht das Überleben genauso. Wir nehmen etwas an, wir wandeln etwas um. Ich habe so viel daraus gelernt, wie andere feministische Spaßverderber:innen Gebrauch von diesem Gleichnis gemacht haben. 2019 habe ich einen Vortrag gehalten, der von Christina Hajjar, einer queeren Woman of Color, eingeleitet wurde. Sie beschreibt mein Gleichnis als »Widerstand der Spaßverderber:in«. Sie erklärte es so: »Wir rollen ungläubig unsere Augen, lustvoll, transzendent und euphorisch – unsere Augenhöhlen als Notausgang.«[51] Ich liebe diese Beschreibung. Unsere Augen gemeinsam zu rollen, kann ein Weg sein, die eigene Freiheit zu beanspruchen und unser gemeinsames Überleben.

Manchmal jedoch musste Nila die Augen auch meinetwegen rollen, wegen einer cis Lesbe, wegen dem, was ich nicht verstand, dem, was Nila immer wieder betonen musste. Zum Beispiel als ich eine Diskussionsrunde zum Film *Paris brennt* organisierte. Auf dem Panel saßen nur People of Color, aber keine einzige trans Frau. Echt, Sara, ich mein', echt jetzt? Sie haben mit mir gearbeitet, damit ich lernte, es besser zu machen. Ich muss immer noch viel lernen. Wir alle müssen noch viel voneinander lernen. Ich widme Nila diese Gedanken zum Überleben.

SPAẞVERDERBER:INNEN-ÜBERLEBENSTIPP 1: WERDE EINE FEMINISTISCHE SPAẞVERDERBER:IN

Mein erster Tipp für das Überleben einer feministischen Spaßverderber:in ist, erst einmal eine zu werden. Durch das Wort ›werden‹ möchte ich die dynamische und soziale Natur dieses Prozesses betonen. Eine feministische Spaßverderber:in zu werden, ist keine private, individuelle Angelegenheit. Wenn du dich selbst als feministische Spaßverderber:in bezeichnest, setzt du dich in Beziehung zu anderen, hörst in einem Begriff, der von anderswo kommt, der seine eigene Geschichte hat, etwas von dir selbst. Mit anderen Worten, die *Außenwelt* der feministischen Spaßverderber:in zählt; um sie zu werden, übernimmst du sie, indem du sie in dich aufnimmst. Manchmal kann es helfen, mit dem weiterzumachen, was wir machen, wenn wir einen Namen dafür haben. Selbst wenn wir zu einer werden, bleibt die feministische Spaßverderber:in auch außerhalb von uns selbst. Deswegen beschreibe ich mich an einigen Stellen selbst als eine feministische Spaßverderber:in und an anderen beschreibe ich sie als meine Gefährtin.

51 Hajjar, C.: »Eye-Rolling, Disrupting and Worldbuilding«; https://christina-hajjar.com/writing/embodying-the-feminist-killjoy/.

Ich habe bereits in der Einführung erwähnt, dass ich schon eine ganze Weile über die feministische Spaßverderber:in schreibe. Noch viel länger bin ich allerdings eine. Das Schreiben half mir dabei, auf eine andere *Art und Weise* zu einer feministischen Spaßverderber:in zu werden. Wie das? Indem ich die Figur der feministischen Spaßverderberin aufgriff und sie einsetzte, schuf ich eine Rückkopplungsschleife. Die feministische Spaßverderber:in erschien erstmalig 2010 in meinem Buch *Das Glücksversprechen*. Aber es dauerte bis zu *Feministisch leben!*, das sieben Jahre später erschien, um sie zum zentralen Charakter meiner Begegnung mit dem Feminismus zu machen. Seitdem bin ich zutiefst berührt, wie Leser:innen die Figur der feministischen Spaßverderber:in aufgegriffen haben. Eine Leserin beendete ihren Brief, indem sie mir dankte, »aus tiefstem feministischen Spaßverderber:innen-Herzen«. Eine andere beschreibt, wie sie, als sie das erste Mal etwas über die feministische Spaßverderber:in las, zu sich selbst sagte: »Ja, das bin ich.« Eine weitere schrieb: »Ich bin eine feministische Spaßverderber:in und mir war nicht klar, dass diese beiden Worte all das beschrieben, was ich je im Leben war.« Dann wiederum schrieb eine weitere, dass die Entdeckung der feministischen Spaßverderber:in wie eine Art ›Wiedergeburt‹ war. Die feministische Spaßverderber:in kann zwischen den Zeiten wandern, Gegenwart, Vergangenheit, Zukunft, sie gibt uns die Worte zu beschreiben, wer wir sind, wer wir waren, wer wir werden können.

Die feministische Spaßverderber:in kann, indem sie einen anderen Weg aufzeigt, sich selbst zu beschreiben, einen anderen Weg darstellen, du selbst zu sein. Es liegt viel Kreativität in dieser Beschreibung. Und ich bin fasziniert von der Kreativität der feministischen Spaßverderber:in; Leser:innen haben mir erzählt, wie sie diese Figur genutzt haben, in Liedern und in Musik, Performances und Poesie, in Memoiren und Notizbüchern. Eine Leserin schrieb mir, dass sie eine Spaßverderber:innen-Performance kreiert hat, in der sie das Mädchen getötet hat, das glücklich damit war, allen zu gefallen, um Raum für das »echte feministische Spaßverderber:innen-Mädchen« zu schaffen. Obwohl die Positionierung als feministische Spaßverderber:in kompliziert und schmerzhaft ist, schaffen wir etwas mit ihr oder durch sie. Vielleicht gibt es eine Verbindung zwischen Kreativität und (Selbst-)Vertrauen. Wenn Verurteilungen dazu führen, dass wir von unserem Vertrauen abgeschnitten werden, dann kann uns die feministische Spaßverderber:in Vertrauen schenken, diesen Verurteilungen zu begegnen, ihr selbst als einer Verurteilung zu begegnen. Wir können unser Selbstvertrauen finden, wenn wir sie finden.

Eine feministische Spaßverderber:in zu werden, gibt dir Instrumente an die Hand. Wenn wir zum Problem werden, weil wir auf etwas hinweisen, können wir den Problemen ihren Namen geben. Ich sprach mit einer Dozentin über ihre Erfahrungen mit der Einreichung einer Beschwerde wegen sexueller Belästigung. Ich war schockiert, wie viel von der feministischen Spaßverderber:in in ihrer Aussage zu finden war. Sie sprach davon, wie sie durch das Einreichen der Beschwerde zur Nörglerin wurde. »Eine Beschwerde wird ein Teil von dir, von dem, wer du geworden bist, dieses Problemkind, du kannst es nicht abschütteln; du kannst sie nicht abschütteln, nachdem du es getan hast, »kannst du nicht zurück«. Sie beschreibt, wie das Einreichen der Beschwerde ihr die Augen geöffnet hat: »Es ist ein bisschen so, als ob die Beschwerde dir eine neue Sichtweise gibt. Als ob du plötzlich ultraviolette Strahlen sehen könntest. Und du kannst nicht mehr zurück. In der Lage zu sein, mehr zu sehen, zu sehen, was los ist, heißt auch, zu sehen, was du vorher nicht gesehen hast.« Sie fügt hinzu: »Das Gefühl, in der Lage zu sein, zu benennen, was dir passiert ist, ist sehr mächtig.« In der Lage zu sein, zu benennen, was passiert, heißt, dass du besser in der Lage bist, zu erklären, was passiert.

In der Lage zu sein, zu benennen, was passiert, mache sie zur feministischen Spaßverderber:in. Warum? Weil es bei der feministischen Spaßverderber:in auch darum geht, wie wir uns verändern, durch alles, was wir ansprechen. Sie sagt: »Alle können sehen, wie du dich verändert hast.« Sie zögert und fügt dann hinzu: »Die feministische Spaßverderber:in.« Wir lachten beide über den Auftritt der feministischen Spaßverderber:in. Die feministische Spaßverderber:in kann das sein, was anderen gegenüber signalisiert, *dass* und auch *wie* wir uns verändert haben. Eine feministische Spaßverderber:in zu werden, kann auch anzeigen, wie andere den Wandel bezeugen. Ich denke wieder an das Rollen der Augen. Du kannst sie nicht loswerden, nicht nur weil du nicht *nicht* wissen kannst, was du weißt, sondern auch weil andere sehen können, was du weißt. Durch die feministische Spaßverderber:in können wir die Veränderung voneinander erkennen, dadurch, dass sie uns einen Namen für die Veränderung gibt, die wir in uns selbst sehen.

SPAßVERDERBER:INNEN-ÜBERLEBENSTIPP 2: WERDE IMMER MEHR ZU EINER FEMINISTISCHEN SPAßVERDERBER:IN

Warum lautet mein zweiter Tipp zum Überleben der feministischen Spaßverderber:in, noch mehr zu einer zu werden? Ich denke an das Versprechen: Wenn du einmal zu einer feministischen Spaßverderber:in geworden bist, ist es schwierig, keine mehr zu sein. Versprechen fühlen sich nicht immer vielversprechend an. Immer mehr zu einer feministischen Spaßverderber:in zu werden, zeigt uns, wie wir Spaßverderber:innen-Erfahrungen ansammeln. Je mehr du über die Spaßverderber:in weißt, desto mehr wirst du als solche adressiert. Wir tragen diese Erfahrung mit uns herum. Vielleicht legen wir sie in eine *Spaßverderber:innen-Tasche*. Wie schwierig die Erfahrung auch sein mag, wenn wir es zusammenlegen, dies und jenes, dann werden die Erinnerungen als Dinge greifbar, sie werden zu einer Ressource, die dir hilft, eine komplizierte Welt zu verstehen.

Sich die feministische Spaßverderber:in als Ressource vorzustellen, zeigt, wie viel wir lernen können, wenn wir diesen Auftrag bekommen. Wir machen nicht nur die Szene, sondern auch uns selbst verständlich, indem wir erkennen, dass wir nicht das Problem waren, wenn wir wegen dem, was wir aufgedeckt haben, zum Problem wurden. Wir machen uns Gedanken darüber, wer zum Problem wird (und wer nicht). Wir beginnen zu verstehen, wie wir in diesen Dynamiken feststecken können. Das Verständnis für diese Dynamiken hindert uns nicht daran, in ihnen festzustecken. Aber es kann uns davon abhalten, zu denken, wir wären der Grund dafür. Eine Leserin schrieb mir: »Du hast aus ›im Weg stehen‹, das eine ›lebenslange beschämende soziale Unzulänglichkeit‹ war, eine Berufung gemacht.« Selbst wenn wir immer noch das Problem sind, können wir unser Verhältnis dazu ändern; wir können es als »Auftrag« verstehen. Als feministische Spaßverderber:in lernen wir, dass wir den Vorwurf nicht akzeptieren müssen, selbst wenn wir beschuldigt werden. Eine Studierende mailte mir: »Durch das Lesen deiner Arbeit habe ich gelernt, die Schuld für die Störung des Friedens von meinen Schultern zu nehmen. Ich fühle mich wieder aufgeladen und bin mir sicherer geworden, dass ich meinen eigenen Weg gehen sollte.« Die feministische Spaßverderber:in hilft uns dabei, Ballast abzuwerfen, sie kann uns darin bestärken, das Vertrauen zu finden, unseren eigenen Weg zu gehen. *Immer mehr* zu einer feministischen Spaßverderber:in zu werden, kann tatsächlich dazu führen, dass wir uns *weniger* verantwortlich gemacht oder schuldig fühlen.

Auch wenn das Verständnis für diese Dynamiken uns nicht automatisch von ihnen befreit, heißt das nicht, dass das Verstehen nicht auch zu Veränderungen der Dynamiken führen kann. Wenn wir unsere Beziehung zu den

Dynamiken verändern, können wir sie verändern. Oder wenn wir es tun, können sie es auch. Es kann sein, dass wir uns leichter fühlen, weniger von der Geschichte belastet, weniger schuldig, weniger verantwortlich, weniger festgefahren. Und wenn wir *als* feministische Spaßverderber:in Gespräche führen, können wir manchmal *über* diese Dynamiken Gespräche führen. Eine Dozentin schrieb mir: »Dein Buch hat ein unglaublich tiefgreifendes Gespräch zwischen mir und meiner Schwester über unsere streng katholisch-patriarchale Erziehung ausgelöst, den psychischen Zusammenbruch meines Vaters während meiner Pubertät, als ich, die jüngste von drei Schwestern, allein zu Hause war und viele andere Themen, nicht zuletzt die Feststellung, dass ich die feministische Spaßverderber:in in diesem Haushalt war, in dem es zwar Liebe gab, aber auch eine aktive Entmutigung gegenüber kritischen oder ideologischen Diskussionen.« Wenn wir die feministische Spaßverderber:in zur Hand haben, können wir Diskussionen darüber führen, wie einige von uns in diesen oder durch diese Diskussionen stecken bleiben. Die Anerkennung zu teilen, dass einige als feministische Spaßverderber:innen positioniert wurden, ermöglicht eine Lockerung der Bindung an eine Geschichte, eine Neuausrichtung auf die Vergangenheit sowie ein anderes Verständnis der gegenwärtigen Beziehungen.

All das kann passieren. Es passiert nicht immer. Es ist wichtig für mich, zu betonen, dass die Geschichte der feministischen Spaßverderber:in keine progressive ist. Immer mehr zu einer feministischen Spaßverderber:in zu werden, heißt nicht, eine bessere Spaßverderber:in zu werden oder das Gewicht der Vergangenheit erträglicher zu machen. Als feministische Spaßverderber:in zu überleben, heißt daher, den Annahmen entgegenzutreten, dass du aus ihr herauswachsen wirst. Die Vorstellung, dass man aus der feministischen Spaßverderber:in herauswächst, setzt voraus oder hofft, dass der Feminismus selbst, oder wenigstens diese Art falsche Feminist:in, die immer darauf besteht, feministische Argumente vorzubringen, die wütend ist, konfrontativ, eine Anklagende, nur eine Phase sei, die man durchläuft.

SPAẞVERDERBER:INNEN-BEKENNTNIS: WENN EINE FEMINISTISCHE SPAẞVERDERBER:IN ZU SEIN, NUR EINE PHASE IST, BIN ICH BEREIT, IN DIESER PHASE ZU BLEIBEN

Vielleicht vermuten einige, dass die feministische Spaßverderber:in eine Art Batterie ist: Vielleicht wird sie irgendwann leerlaufen, sie oder du. Wir können dieser Annahme widersprechen, aber dennoch kann es sich so anfühlen, als ob wir unsere Energie verlieren. *Mehr* zu einer feministischen Spaßverderber:in zu werden, bedeutet nicht unbedingt, *mehr* Spaß zu verderben, zumindest wenn es als eine absichtliche oder gewollte Handlung verstanden wird. Je länger du eine feministische Spaßverderber:in bist, desto eher weißt du, wie zehrend dies sein kann. Du weißt, wie viel Energie benötigt wird, etwas anzusprechen oder zu widersprechen, du weißt, dass einige Kämpfe deine Energie nicht wert sind, weil es keine Chance auf ein Durchkommen gibt (obwohl, erinnern wir uns an Audre Lordes Brief an Mary Daly, wir manchmal denken, es mache Sinn zu argumentieren, selbst wenn wir wissen, dass wir damit nicht durchkommen werden). Wenn diese Erfahrungen Ressourcen sind, dann trägst du sie bei dir, du wirst geschickter darin, sie aufzuspüren, zu lernen, etwas zu sagen, wenn du von jemandem angemacht wirst und wann du den Tisch verlassen musst oder ein Gespräch. Denn wenn das der Punkt ist, um den es geht, ist es das, worum es dir geht.

Die radikale Psychotherapeutin Guilaine Kinouani bietet eine bestechend klare Beschreibung davon an, warum das Zurückweisen von Debatten eine gute Basis für unsere Politik und Ethik ist. Sie greift auf Toni Morrisons Argument zurück, dass »die Funktion von Rassismus Ablenkung ist«, denn wenn du eine rassistische Logik anfechtest, wirst du eine nächste anfechten müssen, weil sie immer wieder mit neuen kommen werden. Kinouani schließt daraus: »Sich in diese Debatten zu begeben, ist Zeitverschwendung. Ich wiederhole: Sich in diese Debatten zu begeben, ist Zeitverschwendung. Aber abgesehen von der Zeitverschwendung ist es auch psychologisch belastend.«[52]

Indem wir uns weigern, an Debatten teilzunehmen, die mit Wörtern geführt werden, die wir bestreiten würden, nehmen wir uns Zeit zurück, um in unseren eigenen Begriffen zu sprechen.

Immer mehr zu einer feministischen Spaßverderber:in zu werden, heißt auch, das Thema Zeit zu betrachten. Wenn etwas an dich herangetragen wird, kann das schnell dazu führen, dass du wütend wirst. Es kann sein, dass du einen wütenden Brief schreibst. Schreib ihn, drück dich aus, gib deinen Gefühlen eine Form. Aber gib dir danach selbst Zeit, bevor du den Brief abschickst. Sende ihn dir selbst. Warte. Bleib bei ihm. Setz dich zu ihm. Lies ihn. Es kann sein, dass du dich dann entscheidest, ihn doch nicht abzuschicken. Oder du

52 Kinouani, G.: Living While Black. The Essential Guide to Overcoming Racial Trauma. London 2021, 144.

entscheidest dich, ihn zu versenden. Je mehr Erfahrung du darin hast, eine feministische Spaßverderber:in zu sein, desto mehr Zeit nimmst du dir. Je mehr Zeit du dir nimmst, desto mehr Raum hast du. Wir mussten uns diesen Raum erkämpfen.

SPAẞVERDERBER:INNEN-ÜBERLEBENSTIPP 3: FINDE ANDERE SPAẞVERDERBER:INNEN

Eine feministische Spaßverderber:in zu sein, kann eine isolierende Erfahrung sein. Und es kann schwierig sein, nicht zu ermatten und verbraucht zu sein durch das Annehmen dieser Aufgabe. Andere feministische Spaßverderber:innen zu finden, kann sehr wichtig sein, um eine feministische Spaßverderber:in zu sein. Wenn einige sagen: Mach nicht so viel Wirbel, mach es nicht größer als es ist, dann brauchst du andere, die es sehen, es verstehen, dich sehen, dich verstehen.

Ich denke, dass deshalb so viele Leser:innen ihre eigenen feministische Spaßverderber:innen-Geschichten mit mir geteilt haben. Damit wird die Arbeit der Spaßverderber:in zu einer gemeinsamen Arbeit, vom *Ich* zum *Du*, zum *Wir*. Eine Studierende schrieb mir davon, wie sie *Feministisch leben!* im Seminar kennenlernte: »Ich habe dein Buch zum ersten Mal 2018 in einem Seminar mit dem Titel ›Feminismus in Aktion‹ gelesen. Wir haben verschiedene Kapitel über das Semester hinweg langsam durchgelesen und am Ende haben wir unsere eigenen Werkzeugkästen gebaut. Alle im Seminar haben sich selbst als Spaßverderber:innen verstanden und den Titel stolz getragen.« Die feministische Spaßverderber:in kann eine kollektive Handlung sein, uns selbst umzubenennen. Die Studierende erzählte mir, dass sie das Buch in einem weiteren Seminar gelesen hat. Dieses Mal, sagte sie, versuchte sie nicht, sich selbst beim Lesen wiederzufinden. Sie schrieb, dass die Lektüre sich wie »ein Gespräch mit einer Freund:in oder Ebenbürtigen anfühlte. Eine Freund:in, die mich wertschätzte und herausforderte.« Die feministische Spaßverderber:in kann diese Freund:in sein, wertschätzend, auch herausfordernd, uns etwas erzählend, uns daran erinnernd, dass wir nicht alleine sind.

Eine weitere Studierende schrieb mir, wie sie das Buch mit Freund:innen geteilt und damit eine Community aus Spaßverderber:innen geschaffen hat. »Ich habe es all meinen Freund:innen zum Geburtstag geschenkt, und nach und nach werden wir zu einer kleinen Gruppe von Spaßverderber:innen.« Wir könnten den Begriff ›Bewusstseinsbildung‹ verwenden, um die

Kollektivität des feministischen Werdegangs zu beschreiben. Wenn wir Spaßverderber:innen-Geschichten teilen, merkst du, dass du nicht alleine bist, dass auch andere die Probleme haben, die du hast. Andere feministische Spaßverderber:innen zu finden, kann ein Weg sein, wie wir unser politisches Bewusstsein steigern. Es kann therapeutisch sein, die Geschichten zu teilen, eine feministische Spaßverderber:in zu sein, das Problem zu sein, weil wir etwas klarstellen.

Teil eines Kollektivs zu sein, kann uns helfen, durch schwierige Erfahrungen hindurchzugehen, zu versuchen, etwas zu verarbeiten, was schwer zu verarbeiten ist. Eine andere Studierende schrieb mir über ihre Erfahrung mit Beschwerden. Sie schrieb aufgrund einer sehr schmerzhaften Erfahrung und gab mir eine Triggerwarnung für den Inhalt, den sie teilen würde. Sie schrieb am Ende des Briefes: »Meine Spaßverderber:innen-Schulter lehnt an deiner und wir sind viele. Auch wenn ich sie alle gerade nicht sehen kann, weiß ich, dass sie da sind.« Ich liebe die Vorstellung einer Spaßverderber:innen-Schulter, wie wir feministische Spaßverderber:innen werden, indem wir uns gegenseitig stützen. Wir können die vielen feministischen Spaßverderber:innen nicht immer sehen. Aber wir wissen, dass sie da sind.

Andere feministische Spaßverderber:innen zu finden, kann ein Forschungsprojekt sein und ein Lebensprojekt. Mir hat es geholfen, der feministischen Spaßverderber:in zu folgen, nach ihr in frühen feministischen Spaßverderber:innen-Texten zu suchen. In *Feministisch leben!* schlage ich vor, dass wir unsere eigenen feministischen Survival-Kits zusammenstellen. Ich habe viele meiner Bücher eingepackt. Am Ende dieses Handbuchs wirst du eine Leseliste mit Empfehlungen für feministische Spaßverderber:innen finden. Sie beinhaltet viele großartige Bücher von Schwarzen Feminist:innen, indigenen Feminist:innen und Feminist:innen of Color, die seit der Zusammenstellung meines ersten Survival-Kits erschienen sind. Sie sind jetzt hier enthalten und machen ihr Ding.

Es gibt so viele Bücher, die eine Spaßverderber:in inspirieren können. Es wird noch mehr Bücher geben. Es wird mehr Bücher geben, weil wir sie brauchen. *Feminist:innen brauchen Feminismus, um zu überleben.* Wenn das Auffinden von feministischen Spaßverderber:innen ein Lebensprojekt und ein Forschungsprojekt ist, kann beides das gleiche Projekt sein. Eine andere feministische Spaßverderber:in, Rajni Shah, schrieb über die Erfahrungen, wie Rajni eine feministische Spaßverderber:innen-Lesegruppe in Sydney gründete:

»Viele Jahre später besteht die feministische Spaßverderber:innen-Lesegruppe immer noch. Inzwischen gibt es eine Kerngruppe, die aus fünf Personen besteht, die sich regelmäßig trifft und monatliche Veranstaltungen organisiert, bei denen alle willkommen sind. Es ist eine wachsende Community. Und diese Community zu gestalten, ist eine Art zu sagen: Es ist Arbeit, eine feministische Spaßverderber:in zu sein, und wir brauchen einander, um in der Lage zu sein, die Arbeit weiterhin zu tun. Damit diese Arbeit weitergehen kann, ist es ein Teil der Arbeit, sich zu solidarisieren, und nicht, sich im Prozess gegenseitig voneinander abzugrenzen.«[53]

Mir gefällt es sehr, dass eine Lesegruppe ein Gruppentreffen ist, ein Raum, der geöffnet wird, damit andere Spaßverderber:innen teilnehmen können. Als Feminist:innen treten wir nach außen, indem wir unsere Arbeit tun. Je mehr wir hervortreten, desto mehr können wir voneinander mitbekommen, desto mehr können wir einander verstehen. Erinnerst du dich an die Studierende, die schrieb, die feministische Spaßverderber:in habe ihr die zwei Wörter gegeben, die sie benötigte, um sich selbst zu beschreiben? Sie sagte auch noch: »Hab Geduld mit mir, wenn ich das schreibe. Ich weiß, dass du es verstehst. Du verstehst mich und das, was passiert ist und wohin das jemanden führen kann. Du wirst es verstehen.« Wenn die feministische Spaßverderber:in uns Worte gibt, um uns selbst zu beschreiben, dann liegt viel Verständnis in dieser Beschreibung. Feministische Spaßverderber:innen können anzeigen, dass wir uns gegenseitig verstehen, wie wir einander verstehen. Was uns zu den feministischen Spaßverderber:innen führt, führt uns auch zueinander.

SPAẞVERDERBER:INNEN-ÜBERLEBENSTIPP 4: HÖRE DER FEMINISTISCHEN SPAẞVERDERBER:IN ZU, ALS OB SIE EINE ANDERE PERSON WÄRE

Wenn du einmal zur Spaßverderber:in geworden bist und dadurch immer mehr zu einer feministischen Spaßverderber:in, kann es verlockend sein, zu denken, dass du immer die Spaßverderber:in bist, dass du dem Glück/lichsein der Anderen im Weg stehst oder einfach nur so im Weg bist. Aber das ist nicht der Fall. Es kann sein, dass du in der einen Situation eine feministische

53 Shahs Einführung ist hier online zu finden: https://autumnbling.blogspot.com/2019/07/too-many-notes-on-armouring-smiling.html. Weitere Informationen zur *feministischen Spaßverderber:innen-Lesegruppe* finden sich hier: https://feministkilljoysrg.tumblr.com/.

Spaßverderber:in bist, in einer anderen jedoch Teil des ›Wir‹, dessen Glück/lichsein bedroht zu sein scheint. Wenn wir *als* feministische Spaßverderber:in zuhören, dann hören wir der feministischen Spaßverderber:in nicht mehr *zu*. Mit anderen Worten: Wenn wir annehmen, dass wir selbst eine feministische Spaßverderber:in sind, hören wir ihr nicht mehr zu. Wenn das Werden der feministischen Spaßverderber:in von der Außenwelt abhängt, dann ist diese Außenwelt auch ihr Versprechen.

Als ich die feministische Spaßverderber:in eingeführt habe, bemerkte ich, wie Schwarze Frauen und Women of Color oft auch feministischen Spaß verderben, weil wir etwas zur Sprache bringen. Wenn wir über Rassismus sprechen, klingt es so, als ob wir das Gespräch unterbrechen, als ob wir spaltend sind, als ob es, bevor wir anfingen zu sprechen, eine Einheit oder ein gemeinsames Ziel gab. Eine Möglichkeit, die feministische Geschichte zu erzählen, besteht darin, vom Verlust von Einheit, Solidarität und gemeinsamer Zielsetzung zu berichten, wegen derer, die später kamen; Women of Color traten in den Raum, lesbische Frauen traten in den Raum, trans Frauen traten in den Raum. Der feministischen Spaßverderber:in nicht nur als eine andere Person, sondern als jemand, der bereits im Raum ist, zuzuhören, gibt uns ein anderes Verständnis von feministischer Geschichte.

Lass uns als Beispiel den Beitrag von Avtar Brah zum Schwarzen feministischen Klassiker *Charting the Journey. Writings by Black and Third World Women* nehmen, der erstmalig 1988 beim Verlag *Sheba Feminist Publishers* veröffentlicht wurde. Ich werde auf die Bedeutung dieses oft benutzten Buches im Kapitel über die feministische Spaßverderber:in als Poet:in zurückkommen. Brah beschreibt ihre Erfahrung als eine asiatische Frau, die in Uganda aufgewachsen ist, als sie nach Nairobi zur UN-Weltfrauenkonferenz fährt. Sie gibt uns einen kurzen Einblick in die feministische Geschichtsschreibung:

> »Ich hatte mich für den nächsten Morgen mit einer Freundin im Hotel verabredet. Als wir Kaffee tranken, umgeben von weiteren Delegierten, musste ich an die Kolonialzeit denken, als weder Asiat:innen noch Afrikaner:innen in einem Hotel wie ›The Norfolk‹ erlaubt waren – damals war das das Vorrecht der Europäer:innen.«[54]

---

54 Brah, A.: »Journey to Nairobi«, in: S. Grewal / J. Kay / L. Landor / G. Lewis und P. Parmar (Hg.): Charting the Journey. Writings by Black and Third World Women. London 1988, 75.

Einige von uns Schwarzen und braunen Feminist:innen sagen, wir können nicht anders als zu denken, andere versuchen es nicht einmal etwas darüber zu wissen. Wir können an einen Ort gehen und mit Geschichte konfrontiert werden; eine Geschichte kann das sein, was du schlürfst, ein Schnitt, ein Schnipsel; Geschichte kann auch als Bewusstsein einer verschlossenen Tür bewahrt werden, oder einer Tür sogar, die daraus besteht, was du erinnerst, weil du ausgeschlossen warst. (Ich werde mich den Türen, und warum sie wichtig sind, später in diesem Handbuch zuwenden). Brah erinnert sich daran, wie es dazu kam, dass sie sich für Feminismus zu interessieren begann. Es geschah dadurch, dass eine Nachbar:in ihr die Romane von Nanak Singh vorstellte.

Ich liebe diese Geschichte. Wir können Feminismus finden, wegen denen, die wir zufällig treffen, weil wir zu einer Person oder einem Buch geführt werden, wodurch wir dann Teil einer Bewegung werden. Brah spricht auch davon, wie sie Teil der *Southall Black Sisters* wurde und dem, was als ›Black British Feminism‹ bekannt wurde. Fast ein Jahrzehnt nachdem *Charting the Journey* erschienen war, gab Heidi Mirza eine weitere Sammlung von Essays heraus, die den Namen *Black British Feminism* bekam. Dieser Band enthielt sowohl neue Essays als auch wiederaufgelegte Klassiker, viele mit Spaßverderber:innen-Titeln, wie Valerie Amos und Pratibha Parmars ›Challenging Imperial Feminism‹ und Hazel Carbys ›White Woman Listen! Black Feminism and the Boundaries of Sisterhood‹. In ihrer Einführung zu dieser Sammlung beschreibt Mirza *Black British Feminism* als eine Bewegung, die »ihren Ursprung vor über 50 Jahren im Aktivismus und in den Kämpfen Schwarzer Frauen aus der postkolonialen Karibik, Afrika und dem indischen Subkontinent hat«.[55] *Black British Feminism* war dann ein Name einer politischen Koalition von Frauen afrikanischer oder asiatischer Herkunft, die sich im Widerstand gegen Imperialismus und das kapitalistische Patriarchat verbündeten.

Manchmal benötigen wir nicht nur für das, was wir tun, einen Namen, sondern auch für das, was wir versuchen zu verwirklichen. In einem Interview mit Pratibha Parmar und Gail Lewis, das in *Charting the Journey* veröffentlich wurde, reflektiert Audre Lorde über die Bedeutung des Titels dieses Buches: »›Charting the Journey‹, das ist es, was du meinst, nicht wahr? Wie kommen wir von hier nach da? Was du planst, ist auch das, wo du schon warst.

55 Mirza, H.: »Introduction«, in: Black British Feminism, hrsg. v. H. Mirza. London1997, 6.

Wohin wir gehen, dafür gibt es noch keinen Plan. Wir sind unerschrocken und wagemutig und wir schauen nach vorne.«[56] *Charting the Journey* und *Black British Feminism* bleiben lebendige und wichtige Sammlungen, weil sie uns davon erzählen, wo wir waren und von den Kämpfen, die nötig waren, um dorthin zu gelangen. In diesem Interview kommentiert Lorde auch verschiedene Verwendungen des Begriffs »Schwarz«. Sie sagt: »Unsere Lösungen sind unterschiedlich. Nehmen wir zum Beispiel die Frage, wie wir uns selbst benennen. In den Vereinigten Staaten bedeutet ›Schwarz‹, afrikanischer Abstammung zu sein, und wir verwenden den Begriff ›Women of Color‹, um auch indigene amerikanische, lateinamerikanische und asiatisch-amerikanische Frauen einzubeziehen. Ich verstehe, dass hier ›Schwarz‹ ein politischer Begriff ist, der alle unterdrückten ethnischen Gruppen einschließt, und ›Women of Color‹ nicht gerne gesehen wird.«[57] Ich denke, dass wir, wenn wir so mutig und kühn wie möglich nach vorne schauen wollen, erkennen müssen, dass die Verwendung von ›Schwarz‹ als politischer Begriff aus vielen Gründen nicht mehr haltbar ist, einschließlich des andauernden Anti-Schwarzen-Rassismus in asiatischen Gemeinschaften und weil die Erfahrung der Kolonisation durch Großbritannien keinen gemeinsamen Referenzpunkt für alle ethnischen Minderheiten in Großbritannien bietet.

Von *politischem Schwarzsein* als nicht länger haltbar zu sprechen, heißt nicht, dass die Beanstandung des Begriffes *Schwarz* neu ist. Es kann sein, dass die Beanstandung schwieriger ist, aufgrund der Tatsache wie der Begriff in der Vergangenheit angenommen wurde. Wenn es für einige von uns schwieriger geworden ist, uns selbst zu benennen, dann verstehe ich die Situation nicht als einen Verlust, sondern als einen erneuten Grund, miteinander darüber zu sprechen, *wie* wir miteinander sprechen und über einander sprechen wollen. Aus diesen Gesprächen weiß ich, dass viele die Begriffe, die aus politischen Selbstbezeichnungen stammen, wie zum Beispiel BME (Black and Minority Ethnic) oder BAME (Black, Asian and Minority Ethnic), nicht verwenden möchten, die typischerweise als Akronyme ausgesprochen werden, weil sie *mehr benutzt werden um weniger zu tun*, weil sie die Problematik des Begriffs ›Race‹ vermeiden. Du wirst bemerkt haben, dass ich in diesem Handbuch manchmal den Begriff ›Person of Color‹ verwende und manchmal ›braune Personen‹. Wenn ein Problem mit dem ersten Begriff darin besteht, dass

56 Lorde, A.: »Interview: Frontiers«, in: Charting the Journey, 130.
57 Lorde: »Interview: Frontiers«, 127.

Weißsein als neutral, als Abwesenheit von Color impliziert wird, dann besteht ein Problem mit dem Letzteren darin, dass er verwendet werden kann, um eine problematische Parallelität zu Schwarz zu schaffen (deshalb habe ich mich entschieden, braun nicht groß zu schreiben, um dieses Problem anzuerkennen, jedoch keineswegs zu lösen). Ruby Hamade formuliert es pragmatisch: »Weil wir keine besseren Begriffe haben, müssen wir die vorhandenen Begriffe manchmal trotzdem benutzen.«[58]

Das Praktische ist theoretisch. Zurück zu Brah: Die praktischen Schwierigkeiten, die sie in ihrem Artikel beschreibt, wie man sich trifft, wie man sich organisiert, sind feministische Einsichten, wie sie feministische Theorie praktiziert. Brah teilt eine feministische Erinnerung:

> »Ich erinnere mich, als ich in den 1970er-Jahren (Forschungs-)Studentin in Bristol war, begannen weiße Frauen damit, sich rund um die Themen Frauen und Geschlechterunterdrückung zu organisieren. Ich ging zu einigen Bewusstseinsbildungsseminaren. Aber es gab keinen Raum in diesem ›Bewusstsein‹, um mit der Erfahrung einer asiatischen Frau in Großbritannien umzugehen. Ich besuchte die erste feministische Konferenz, die von der weißen Frauenbewegung organisiert wurde. Es waren nur zwei weitere Schwarze Frauen dort. In dem Workshop haben wir, die Schwarzen Frauen, argumentiert, dass feministische Forderungen antirassistisch sein müssen, aber die Frau, die über den Workshop berichtet hat, eine feministische Journalistin, hat kein Wort darüber in der Plenarsitzung verloren. Wir waren wütend, aber da wir eine so kleine Minderheit waren, waren wir still. Nach dieser Erfahrung habe ich mich von Bewusstseinsbildungsgruppen entfernt.«[59]

Avtar Brah bezieht sich hier auf die ›Women's Liberation Conference‹, die 1973 in Bristol abgehalten wurde. Aus der Geschichte können wir lernen, wie es dazu kommt, dass du eine Schwarze oder braune feministische Spaßverderber:in wirst, indem du aufzeigst, dass Antirassismus ein Hauptthema feministischer Forderungen sein muss und du dann ignoriert wirst. Und daher mussten wir damit fortfahren, immer die gleichen Forderungen zu stellen. Wenn unsere Forderungen berücksichtigt worden wären, hätte es die Art und Weise dieser Forderungen verändert. Die ersten vier Forderungen, die die ›Women's Liberation Conference‹ in den 1970er-Jahren hervorbrachte, waren gleiche Bezahlung, gleiche Bildungs- und Arbeitsmöglichkeiten, Möglichkeit zur Abtreibung und kostenlose Kinderbetreuung. Das

---

58 Hamad: White Tears, Braun Scars, ix.

59 Brah: »Journey to Nairobi«, 85.

waren Forderungen *an* den Staat. Wenn Antirassismus als Forderung aufgenommen worden wäre, würden wir eine Kritik *am* Staat verlangen. Man kann unsere Forderungen nicht hinzufügen, ohne sie zu verändern.

Unsere Forderungen verschwanden, weil wir es taten. Das Ausblenden (blanking) lehrt uns etwas darüber, wie Feminismus zu ›weißem Feminismus‹ wurde. Das Wort ›blank‹ stammt von ›weiß‹. Feminismus wurde weiß, weil Schwarze und braune Frauen etwa nicht da waren, sprachen, wussten, als Feminist:innen etwas kreierten, sondern weil wir ausgeblendet wurden, *als nicht anwesend verzeichnet wurden.*

SPAẞVERDERBER:INNEN-GLEICHNIS: WEIẞER FEMINISMUS = AUSBLENDEN

Damit der Feminismus überlebt, müssen wir diese Schwarze und braune Linie der feministischen Spaßverderber:in aufdecken, unsere Stimmen als Aufzeichnung hören, so gebrochen sie auch sein mögen. Wenn der Knall ein Moment mit einer Geschichte ist, bedeutet zu knallen, diese Geschichte wiederzugewinnen. Wiedergewinnung ist Arbeit. In meiner Einführung vergleiche ich dieses Handbuch mit einer Türklinke, weil es helfen kann zu wissen, dass andere bereits dort gewesen sind, wo wir sind. Es kann politischen Aufwand erfordern, zu wissen, wo andere gewesen sind, weil so viele Spaßverderber:innen ausgeblendet wurden. Feministisches Überleben heißt daher auch auf unterschiedliche Art und Weise mit Spaßverderber:innen verbunden zu sein, auf sie zu hören, zu erkennen, dass sie schon da waren, bei der Veranstaltung, bereits Teil des Prozesses waren und nicht erst zu einem späteren Zeitpunkt dazu kamen. Es bedeutet auch, dass wir, wenn es unser Forschungsprojekt ist, andere Spaßverderber:innen zu suchen (was auch ein Lebensprojekt ist). Es kann sein, dass wir zwischen den Zeilen vieler feministischer Bücher lesen müssen. Aber es gibt noch mehr. Denn wenn nicht registriert wird, was wir sagen, dass wir da waren, kann es sein, dass wir uns aus feministischen Räumen entfernen. (»Ich habe mich von Bewusstseinsbildungsgruppen entfernt«) Was bringt es, in solchen Räumen zu sein, wenn uns dort niemand zuhört? Es kann aber auch anders ausgedrückt werden: Einige von uns werden zu Fremden im Feminismus und entfernen sich von einigen Räumen, in denen Feminismus stattfindet. In einem meiner frühen Bücher, *Strange Encounters*, schlug ich vor, dass die Fremden nicht diejenigen sind, die wir *nicht* kennen, wie es uns beigebracht wurde, sondern diejenigen, die wir

(er-)kennen und zwar als die Fremden. Als Fremde erkannt zu werden, heißt, als diejenige gesehen zu werden, die nicht von hier ist oder nicht hierhergehört, »ein unpassender deplatzierter Köper«.[60] Ich werde später in diesem Handbuch darauf zurückkommen, wie diejenigen, die »fehl am Platz« sind, als verdächtig und gefährlich angesehen werden. Wenn wir zu Fremden werden, enden wir in den Ecken von Räumen, wie auch in Gesprächen, die kein Teil von uns sind, die nicht wie wir sind, nicht mit uns zusammen sind.
Eine Fremde zu werden, ist manchmal eine Sache von Gefühlen, weswegen eine Spaßverderber:in oft eine Fremde ist, entfremdet von einer Gruppe. Hör mal der folgenden Beschreibung von bell hooks zu:

> »Eine Gruppe weißer feministischer Aktivist:innen, die einander nicht kennen, sind vielleicht bei einem Treffen anwesend, bei dem feministische Theorien diskutiert werden. Es kann sein, dass sie sich auf der Basis gemeinsamer Weiblichkeit verbunden fühlen, aber die Atmosphäre wird sich merklich ändern, wenn eine Woman of Color den Raum betritt. Die weiße Frau wird angespannt, nicht länger entspannt, nicht länger in Feierstimmung.«[61]

Eine Woman of Color muss nur den Raum betreten und die Atmosphäre wird angespannt. Atmosphären scheinen meistens ungreifbar. Aber wenn du zur Ursache von Spannungen wirst, kann eine Atmosphäre als eine Mauer erlebt werden. Die Woman of Color kommt und wird sich direkt von der Gruppe getrennt fühlen. Sie steht einer vermeintlich organischen Solidarität im Weg. Denke nochmal an Avtar Brahs Geschichte, und dass ihre Forderungen nicht registriert wurden. Es gibt viele Arten, wie wir aus einer Konversation ausgeschlossen werden können. Dieser Ausschluss schafft ein *Gefühl* der Einheit. Dass einige feministische Räume als einheitlicher erlebt werden, könnte ein Maß dafür sein, wie viele von uns darin fehlen.
Atmosphärische Mauern sind für diejenigen erfahrbar, die von ihnen aufgehalten werden. Auch das Ausblenden kann sich auf eine Bindung beziehen (»sie mögen das Gefühl haben, dass sie aufgrund gemeinsamer Weiblichkeit verbunden sind«), was bedeutet, dass das Ausblenden auch eine Mauer sein kann, die denen auffällt, die fehlen. *Einige mussten darauf bestehen, dass sie Frauen waren*. Wir können an Sojourner Truth denken, wie sie als Schwarze Frau und ehemalige Versklavte auf der ›Women's Convention‹ in Akron, Ohio, 1851

---

60 Ahmed, S.: Strange Encounters. Embodied Others in Post-Coloniality. London 2000.
61 hooks, b.: Feminist Theory. From Margin to Center. London 2000, 56.

spricht und sagt: »Bin ich etwa keine Frau?« (»Ain't I a Women?«)[62] Wie Angela Davis bemerkt, bezog sich Truth in ihrer Rede auf die Stärke ihres eigenen Körpers, ihres arbeitenden Körpers, um die Argumente gegen die »das schwächere Geschlecht«-Argumente, die gegen die Suffragetten vorgebracht wurden, herauszufordern.[63] *Einige mussten darauf bestehen, dass sie Frauen sind.* Wir denken an Monique Wittig, die als lesbische Feministin auf der ›Modern Language Association Conference‹ 1978 in New York sprach und sagte: »Lesben sind keine Frauen.«[64] Diese gewagte Behauptung war notwendig für Wittig, um zu zeigen, wie schon die Kategorie ›Frau‹ historisch als heterosexuelle Aufforderung funktionierte, wie *Frauen* entstanden sind oder entstehen mussten, in Beziehung zu Männern. Zu bemerken, wer das Gespräch aufzeichnet und wer darin fehlt, heißt zu lernen, dass Bindungen Fesseln sein können. Das Wort ›Frauen‹ kann auch eine Bindung sein und eine Fessel, eine Aufzeichnung, wer in einem Gespräch fehlt.

SPAẞVERDERBER:INNEN-ÜBERLEBENSTIPP 5: LASS DIE FEMINISTISCHE SPAẞVERDERBER:IN LOS

Es könnte angenommen werden, dass das feministische Überleben davon abhängt, dass wir an Begriffen wie ›Frauen‹ festhalten, als ob wir einander nicht verlieren würden, wenn wir diese Begriffe nur eng genug an uns drücken. Der feministischen Spaßverderber:in zuzuhören, ihr eine Geschichte zu geben, heißt auch, diese Annahme infrage zu stellen. Das bedeutet, wenn der Feminismus überleben soll, und ich meine hier das Überleben als Bewegung, müssen wir die feministische Spaßverderber:in loslassen. Ich erinnere mich an eine Situation, bei der eine weiße Feministin auf ihre rassistische Sprache hingewiesen wurde. Sie antwortete mit der Behauptung, diese Kritik würde nur formuliert, weil sie eine »schwierige Frau« mit »kontroversen Meinungen« sei. Das Festhalten an der feministischen Spaßverderber:in, indem man behauptet, der Widerstand käme nur ihretwegen auf, kann in ähnlicher Weise als Methode benutzt werden, um Kritik abzuweisen.

62 Zit. n. Zackodnik, T.: Press, Platform, Pulpit. Black Feminist Publics in the Era of Reform. Knoxville 2011, 99.

63 Davis, A.: Rassismus, Sexismus und Klassenkampf. Münster 2022, 66f.

64 Dieser Vortrag wurde veröffentlicht in: Wittig, M.: The Straight Mind and Other Essays. Boston 1982.

Feministisches Überleben kann davon abhängig sein, dass wir uns von Begriffen der Vergangenheit lösen, inklusive derjenigen, die uns helfen, unseren Anstrengungen Sinn zu verleihen. Wir können zu Audre Lorde und ihren Gedanken zum Überleben zurückkehren:

> »Diejenigen von uns, die außerhalb des Kreises der gesellschaftlichen Definition akzeptabler Frauen stehen; diejenigen von uns, die in den Schmelztiegeln der Unterschiede geformt wurden – diejenigen von uns, die arm sind, die lesbisch sind, die Schwarz sind, die älter sind – wissen, dass *Überleben keine akademische Fähigkeit* ist. Im Interesse des Überlebens muss man lernen, für sich einzustehen, selbst wenn man unbeliebt ist und beizeiten sogar beschimpft wird. Man muss lernen, sich mit jenen zu verbünden, die ebenfalls an den Rand der Gesellschaft gedrängt werden, und zusammen mit ihnen für eine Welt kämpfen, in der sich alle Menschen entfalten können. Wir müssen lernen, unsere Unterschiedlichkeit in Stärken zu verwandeln.«[65]

Lorde schlägt vor, dass diejenigen, die am wenigsten durch die existierenden Strukturen unterstützt werden, diejenigen sind, die am erfinderischsten sind, da für sie Überleben keine »akademische Fähigkeit« ist, sondern eine tiefgehende praktische und dringliche Aufgabe darstellt. Dieser Beschreibung folgt ihre berühmte Zeile: »The master's tools, will never dismantle the master's house.« (Die Werkzeuge der Herrschenden werden das Haus der Herrschenden niemals einreißen.) Lorde teilt uns hiermit etwas über das feministische Überleben mit. Und wieder einmal beziehe ich mich hier nicht nur auf unser eigenes Überleben, sondern das Überleben als Bewegung. Feminismus kann nur als Bewegung überleben, wenn sie von denjenigen geleitet wird, für die Überleben keine akademische Fähigkeit ist, sondern ein Kampf ums Überleben unter den eigenen Bedingungen. Die Spaßverderber:in bringt uns (wie auch Lorde) bei, dass diese Kämpfe dem Feminismus *innewohnen*, weil einige Frauen keine Anerkennung finden, auch nicht von anderen Frauen. Wenn einige Frauen zu anderen sagen, dass sie sie als Frauen nicht akzeptieren, dann reißen sie nicht das Haus der Herrschenden ein, sondern sie werden zu deren Werkzeug.

Aus diesem Grund möchte ich das Problem der Transfeindlichkeit und des Rassismus als Angelegenheiten eines feministischen Überlebens bezeichnen. Nehmen wir zum Beispiel den ›genderkritischen‹ Feminismus. Im Vereinigten Königreich setzt der ›genderkritische Feminismus‹ eher auf die Kategorie

---

65 Lorde, A.: »Die Werkzeuge der Herrschenden werden das Haus der Herrschenden niemals einreißen«, in: Sister Outsider, 9f.

Geschlecht (mehr oder weniger explizit definiert als ›real‹, materiell, unveränderlich, biologisch) als auf Gender und Genderidentität (mehr oder weniger definiert als kulturell, immateriell und eine Sache ›persönlicher Gefühle‹). Eine oft erzählte Geschichte, sowohl von ›genderkritischen‹ Feminist:innen als auch von Massenmedien, behauptet, dass Feminist:innen daran gehindert würden, die Begriffe ›Geschlecht‹ oder ›Frau‹ zu verwenden, wegen der Agenda von trans Aktivist:innen und ihre fehlgeleiteten feministischen Verbündeten. In meinem Kapitel über feministische Spaßverderber:innen als Aktivist:innen werde ich darauf zurückkommen, wie ›genderkritischer‹ Feminismus oft den Einfluss von trans Aktivist:innen überzeichnet und gleichzeitig das durch Transfeindlichkeit erlittene Leid herunterspielt. Vielleicht denken einige ›genderkritische‹ Feminist:innen, sie seien die feministischen Spaßverderber:innen am Tisch, die darauf hinweisen müssen, dass Geschlecht sehr wichtig ist. Sie sind es aber nicht. Wenn überhaupt, dann haben sie vielleicht den Platz eines patriarchalen Vaters eingenommen, da sie die Begriffe ›Geschlecht‹, ›Biologie‹, ›Natur‹ oder sogar ›Realität‹ benutzen, als ob sie unproblematisch wären. Feminist:innen haben diese Begriffe *immer* infrage gestellt. Unsere Aufgabe ist es *immer*, sie zu problematisieren.

Wenn wir der feministischen Spaßverderber:in wie einer anderen Person zuhören, lernen wir, dass nicht nur die Kategorie ›Frau‹ immer wieder neu diskutiert wurde, sondern auch die Begriffe ›Gender‹ und ›Geschlecht‹. Nehmen wir als Beispiel die feministische Soziologin Ann Oakley. Ihr Klassiker *Sex, Gender and Society* nutzte sicherlich die Unterscheidung zwischen Geschlecht und Gender, basierend auf der Arbeit des Psychiaters Robert Stoller. Dabei bezieht sich Geschlecht auf biologische Unterschiede, sichtbare Unterschiede der Geschlechtsorgane und Unterschiede in der Fortpflanzungsfunktion, während Gender sich auf »eine Frage der Kultur« und die soziale Klassifikation von Menschen in »männlich« und »weiblich« bezieht.[66] Allerdings formuliert Oakley in späteren Arbeiten eine deutliche Kritik an dieser scharfen Abgrenzung: »Die Distinktion zwischen Geschlecht und Gender stellt nicht infrage, wie die Gesellschaft den natürlichen Körper selbst konstruiert.«[67] Oakley schlägt vor, dass es nicht weit genug geht, nur zu hinterfragen, wie Gender konstruiert wird, ohne auch Geschlecht selbst infrage zu stellen, da Gender dazu beiträgt, die Natürlichkeit von Geschlecht zu

66 Oakley, A.: Sex, Gender and Society. Isleworth 1972, 16.

67 Oakley, A.: »A Brief History of Gender«, in: A. Oakley / J. Mitchell (Hg.): Who's Afraid of Feminism? London 1987, 30.

erschaffen. Oder schauen wir die Arbeit der historischen Materialistin Christine Delphy an, die schreibt: »Gender geht Geschlecht voraus.« Sie erklärt es so: »Wir haben weiterhin Gender im Sinne von Geschlecht betrachtet: es als eine soziale Dichotomie zu sehen, die durch eine natürliche Dichotomie bestimmt wird.«[68] Wenn Gender den Effekt von zwei unterschiedlichen und unveränderlichen biologischen Geschlechtern erzeugt, würden wir, wenn wir diesen Effekt zu unserer Sache machen, das System reproduzieren, das wir abzubauen versuchen. Selbst von feministischen Traditionen wird angenommen, sie hätten ein ungestörtes Verhältnis zur Kategorie Geschlecht, was auf den radikalen Feminismus tatsächlich zutrifft. Andrea Dworkins *Woman Hating* beispielsweise bietet eine radikal-feministische Kritik dessen an, was sie »die traditionelle Biologie der sexuellen Differenz« nennt, die auf »zwei verschiedenen biologischen Geschlechtern beruht«.[69]

Diese Kritik der Kategorie ›Geschlecht‹ stammt aus einem weiten Spektrum feministischer Traditionen. Und es gab einen Grund, warum sie daraus entfernt wurden. Gender wurde zu etwas Fremdem (ja, eine Kategorie des Denkens kann wie eine Fremde behandelt werden), als ob es von außen oder von Außenstehenden stamme, auferlegt von der Natur oder einer biologischen Realität. Frauen wurden zu *geborenen Frauen*. Die Verwandlung von Gender in das Fremde erlaubt es, Geschlecht als *Natur* oder *angeboren* oder sogar als *ursprünglich* zu positionieren, als wären alle diese Kategorien nicht selbst das Produkt von Arbeit, als hätten wir keinen Anteil daran, sie zu erschaffen und zu formen.

Wenn die Kategorie ›Gender‹ zu etwas Fremdem wird, werden diejenigen, die diese Kategorie als Existenzgrundlage ansehen, selbst zu Fremden. Der Gebrauch der Begriffe ›geborene Frauen‹ oder ›erwachsene, menschliche weibliche Person‹ sind dann Begriffe, die trans Frauen vom Feminismus ausschließen, aus den Schutzräumen und -zentren vertreiben, die wir zusammen geschaffen haben, um sexuelle Gewalt, häusliche Gewalt, genderbasierte Gewalt zu überleben. Wenn Feminismus ein radikales Überlebensprojekt darstellt, ein Projekt, das das Bekenntnis beinhaltet, Gewalt beenden zu wollen, müssen wir diese Art des Gebrauchs der Kategorie ›Gender‹ zurückweisen. Vielleicht waren »diejenigen von uns, die außerhalb des Zirkels der gesellschaftlichen Definitionen akzeptabler Frauen stehen«, um Lordes Be-

68 Delphy, C.: »Rethinking Sex and Gender«, *Women's Studies International Forum* 16: 1 (2010), 3.

69 Dworkin, A.: Woman Hating. New York 1972, 175f.

grifflichkeiten zu verwenden, diejenigen, deren Theorien zu Geschlecht und Gender entscheidend sind, die wir hätten anhören sollen, auf welche Art und Weise sie die Begriffe untersuchten und hinterfragten oder was daran akzeptabel ist. Dann wären wir vielleicht heute nicht hier, würden es nicht weiterhin tun müssen, müssten es nicht erneut sagen. Aber da sind wir nun einmal.

Unsere Begriffe sind immer nur vorläufig und anfechtbar. Ein Feminismus, der zu sehr auf seine eigenen Begriffe vertraut oder seine eigenen Begriffe außerhalb der Geschichte verortet, hat uns bereits so viel gekostet. Und wenn daher das Finden der feministischen Spaßverderber:in bedeuten kann, dass wir unser Selbstvertrauen finden, kann sie uns auch beibringen, warum wir es manchmal verlieren müssen. Ja, es kann Stärke darin liegen, die feministische Spaßverderber:in zu beanspruchen, wir werden Teil einer langen Reihe, einer Ahnenreihe, wie verborgen oder lückenhaft auch immer sie sein mag. Wir müssen aber sichergehen, dass diese Stärke nicht zur festen Überzeugung wird, was uns dazu führen würde, weniger sensibel zu sein, andere Feminist:innen als Spaßverderber:innen zu positionieren, unserem Glück und der Besetzung unseres eigenen Raums im Weg zu stehen. Dadurch, dass wir der feministischen Spaßverderber:in zuhören, können wir unbequeme Wahrheiten zu hören bekommen, schwierige Wahrheiten, **Spaßverderber:innen-Wahrheiten** über uns selbst. Und so lernen wir: Aktivismus verlangt von uns vielleicht auch, das Vertrauen in uns selbst zu verlieren, damit wir erkennen können, dass auch wir das Problem sein können. Das mag schwierig sein, vor allem, wenn wir schon ein ganzes Leben lang das Problem sind.

SPAẞVERDERBER:INNEN-ÜBERLEBENSTIPP 6: VERSTEHE, DASS ES NICHT IMMER AN DIR LIEGT

Manchmal scheint es, als hätte man die Wahl, Spaß zu verderben oder nicht, etwas zu sagen oder nicht zu sagen. Aber Spaßverderben kann auch nichts mit dem zu tun haben, was wir sagen oder tun. Es kann sehr entlastend sein, zu wissen, egal ob wir den Spaß verderben oder nicht, dass es nicht immer an uns liegt. Rufen wir uns erneut hooks' Beschreibung ins Gedächtnis, von dem, was passiert, wenn eine Woman of Color ein feministisches Treffen betritt. Das bloße Auftauchen von Women of Color kann ausreichen, um ›Race‹ zum Thema zu machen. Wir müssen gar nichts tun, um Spannung auszulösen.

Das heißt nicht, dass wir nicht manchmal versuchen, Spannung zu vermeiden. Ich begann meine akademische Karriere als Dozentin in Women's

Studies. Ich erinnere mich an eine Situation, als ich im Taxi nach Adelaide saß. Ich war gerade aus England angekommen. Ich war müde. Der Taxifahrer fragte mich, was ich beruflich mache. Ich sagte, ich sei Dozentin. Als er freundlich fragte »Was unterrichten Sie?«, zögerte ich. Ich war heftige Reaktionen gewöhnt, wenn ich sagte, dass ich Women's Studies unterrichtete. Hier sind einige der bemerkenswertesten Reaktionen darauf, die mit mir geteilt oder an mich gerichtet wurden: »Women's Studies, davon hätte ich auch gerne ein Stückchen ab«, »Women's Studies, was lehrst du da, etwa wie man Kleider bügelt?«, »Man kann heutzutage echt alles an der Universität studieren«. Wenn du Sexismus infrage stellst, dann ist Sexismus die Reaktion darauf, dass du ihn infrage stellst. In dieser *Schleife* befindet sich das Leben einer Spaßverderber:in, das wissen wir nur zu gut. Dieses Mal, ich konnte mich dem einfach nicht wieder aussetzen, sagte ich, ich unterrichte Soziologie. Es stellte sich dann heraus, dass er genauso heftig auf Soziologie reagierte! Dem zuzuhören, was er über Soziolog:innen sagte, brachte mich zum Lachen. Das Lachen war an mich selbst gerichtet. Ich lernte, dass wenn ich versuche, etwas zu umgehen, es trotzdem wieder zu mir zurückkehren kann. Wir kommen nicht immer drumherum, feministische Spaßverderber:innen zu sein.

SPASSVERDERBER:INNEN-WAHRHEIT: DU KANNST DIR DEINE KÄMPFE NICHT IMMER AUSSUCHEN, KÄMPFE KÖNNEN SICH AUCH DICH AUSSUCHEN

Lernen kann bedeuten, an einem unerwarteten Ort zu landen. Manchmal kann die feministische Spaßverderber:in ein neuer Ort sein, kann in etwas bestehen, was unerwartet ist. Manchmal, wenn ich sagte, ich lehre ›Women's Studies‹ und mich auf die Reaktion vorbereitete, traf ich stattdessen auf Neugier und Interesse. Leute können dich überraschen. Und so, im Laufe der Zeit, trotz meiner angesammelten Erinnerungen daran, eine feministische Spaßverderber:in zu sein (**Spaßverderber:innen-Überlebenstipp 2: Werde immer mehr zu einer feministischen Spaßverderber:in**), oder vielleicht gerade wegen ihnen, bin ich mir weniger sicher, ob ich auf die gleiche alte Reaktion stoßen werde. Es ist gut, mir weniger sicher zu sein. In meiner Einführung bemerkte ich, dass Feminist:innen als Gegner:innen von etwas angesehen werden, weil sie oppositionell sind. Ich stehe in Opposition gegenüber diesem Verständnis von oppositionell! Aber es ist auch wichtig, nicht anzunehmen, dass alles, was uns begegnet, das bestätigen wird, was wir ablehnen.

Wenn wir diese Annahme treffen, können wir eine Begegnung verhindern, die Möglichkeit dazu, die Überraschung darin. Falls ich tatsächlich auf diese Reaktion stoße, das Gleiche *wie immer*, dann erkenne ich sie nicht nur, ich weiß auch, wie ich sie erklären kann.

Sich klar darüber zu sein, dass wir Spaß verderben, ohne etwas sagen zu müssen, kann uns von einiger Last befreien. Wir sind nicht immer verantwortlich dafür, wie wir wahrgenommen werden. Wir müssen nicht die Worte ändern oder unsere Erscheinung weicher gestalten oder uns selbst kleiner machen, als ob wir dadurch die Reaktion, die wir auslösen, verhindern könnten. Einen Raum zu öffnen, heißt, wir können nicht *nicht* Spaß verderben, es bedeutet, sich dem zu widersetzen, wie der Raum besetzt wird. Ja, manchmal lösen wir Spannungen aus. Das ist nicht überraschend. *Sozialer Wandel ist spannungsgeladen.*

SPAßVERDERBER:INNEN-ÜBERLEBENSTIPP 7: DENKE DARAN, DU KANNST NUR SO VIEL TUN, WIE DU TUN KANNST

Selbst wenn du feministisches Bewusstsein erlangt hast, kann Bewusstsein immer noch schwer sein. Einfacher gesagt, es kann schwierig sein, sich bewusst darüber zu sein, was schwierig ist. Es kann ein Problem sein, sich eines Problems bewusst zu sein. Feministisches Bewusstsein kann sich so anfühlen, als ob wir *immer auf Sendung* wären. Du bist immer eingeschaltet. Es kann erschöpfend sein, immer auf Sendung zu sein, was bedeutet, dass wir manchmal abschalten müssen. *Feminismus braucht Feminist:innen, um zu überleben.* Ich habe diesen Überlebenstipp schon genannt, es ist ein Tipp, der die Zeit betrifft. Mit der Zeit lernen wir, Auszeiten zu nehmen. Auszeiten davon, eine Spaßverderber:in zu sein, sind nötig, um eine Spaßverderber:in zu bleiben. Selbst wenn du dich als Spaßverderber:in verstehst, ist sie nicht alles, was du bist oder alles, was du tust.

Die Geschichtsschreibung, die uns zum Feminismus bringt, ist dieselbe Geschichtsschreibung, die uns zerbrechlich sein lässt. Traumata gehören dazu. Viele von uns haben beim Heranwachsen Gewalterfahrungen gemacht. Oder machen immer noch Gewalterfahrungen, weil wir da sind, wo wir sind, wer wir sind, was wir wollen. Traumatisiert zu sein, bedeutet, eine Geschichte in deinem Körper aufzubewahren. Daher bist du zerbrechlich. Es kann sein, dass du nicht bereit bist, etwas anzunehmen, weil du zerbrochen wurdest und nicht in der Lage warst, dich selbst wieder zusammenzusetzen. Sei achtsam mit dir, sei vorsichtig, was du hineinlässt und wann du es hineinlässt.

SPAẞVERDERBER:INNEN-WAHRHEIT: DU KANNST NUR SO VIEL AUF DICH NEHMEN, WIE DU AUFNEHMEN KANNST

Unsere Körper sprechen mit uns. Dein Körper erzählt dir vielleicht, dass du mit manchen Dingen, die du von ihm verlangst, nicht umgehen kannst. Und du solltest ihm dann zuhören. Ich hatte früher oft etwas, was ich einen ›Dekan-Nacken‹ nannte. Jedes Mal, wenn ich den Dekan traf, der hinter einer Reihe von Entscheidungen stand, die zur Schließung eines ›Women's Studies‹-Studiengangs führten, dem ich mich sehr verpflichtet fühlte, bekam ich die gleichen Schmerzen in meinem Nacken. Ich musste meinen Nacken mitten in einem Treffen stützen, weil es sich so anfühlte, als ob mein Kopf abfallen würde. Einmal, sehr viel später, traf ich einen anderen Dekan an einer anderen Universität – ich hatte ein Bewerbungsgespräch – und ich spürte den gleichen Schmerz im Nacken. Mein Körper erzählte mir etwas. Dass ich es nicht tun konnte. Dass ich nicht dort anfangen konnte. In diesem Fall fing ich nicht dort an, trotzdem vermutete ich, dass es nicht nur mein Nacken war, der die Entscheidung getroffen hat!

Es ist nicht immer eindeutig, was unsere Körper uns erzählen. Und wir können nicht immer seinen Anweisungen folgen. Aber wir können dem Körper weiterhin zuhören. Unsere Körper wissen oft etwas, bevor wir es wissen. Manchmal schieben wir etwas von uns weg, weil es zu schmerzhaft ist, es uns auf den Magen schlägt. Darum sind **Spaßverderber:innen-Wahrheiten** oft zuerst ein Bauchgefühl. Ich habe mit so vielen Menschen darüber gesprochen, wie ihre Körper den Schmerz oder das Trauma ausgedrückt haben, in einem Existenzkampf – vom Nacken, Rücken, zu den Beinen, Händen oder der Haut.

SPAẞVERDERBER:INNEN-WAHRHEIT: WENN DU FÜR DEINE EXISTENZ KÄMPFEN MUSST, KANN DER KAMPF EXISTENZIELL WERDEN

Wir benötigen Raum, um zu existieren. Und so lernen wir auch, nicht zu viel von anderen oder uns selbst zu erwarten. Ich denke an eine Studierende, die mir etwas über ihre Erfahrungen schrieb, nachdem sie sich über Belästigungen beschwert hatte. Sie berichtete:

> »Ich fühlte mich unendlich schuldig dafür, nicht mehr getan zu haben, so lange dortgeblieben zu sein, nicht mehr für mich eingestanden zu sein. Ich hadere immer noch mit diesen Gefühlen, aber dein Buch zu lesen, hat mir immens geholfen, mit dieser Schuld umzugehen und alles aus einer anderen Perspektive zu sehen. Weniger Wut auf mich selbst zu empfinden, sondern eher auf den Job, den ich hatte, und die allgemeine Kultur, die es ermöglichte, dass all diese Dinge passieren konnten.«

Aus der Erfahrung, eine feministische Spaßverderber:in zu sein, lernen wir, dass wir nicht weit kommen, wenn wir nicht durch das, was wir erleben, hindurchgehen. Es ist kein Zeichen unseres Scheiterns, sondern ein Maßstab dafür, wie viel zu tun ist. Wir beginnen, unsere Beziehung zu dem, was wir tun, zu verändern, und schätzen Dinge, die klein erscheinen könnten. Wir lernen, misstrauisch gegenüber Maßstäben zu sein; etwas mag für eine Person wichtig sein, aber von einer anderen als geringfügig oder unwichtig missachtet werden. Eine flexible Größenordnung gilt nicht nur bei der Wahrnehmung der Missstände, sondern auch in Bezug auf die Möglichkeiten für Veränderung. Und wieder denke ich an Lordes Arbeit. Ich lerne immer wieder etwas von ihr. Sie empfiehlt uns »aufmerksam für die kleinen Gelegenheiten zu bleiben, in denen eine echte Umstellung gängiger, überholter Verhaltensweisen durchgesetzt werden kann«[70]. Sie spricht von Revolution, selbst wenn sie über diese kleinen Gelegenheiten spricht. Indem sie uns auffordert, auf die »kleinen Gelegenheiten« zu achten, spricht Lorde *dich* direkt an: Mach, was du kannst, wenn du kannst, wo du kannst. Gelegenheiten, etwas zu verändern, können verschlossen sein wie Fenster. Eine feministische Spaßverderber:in zu sein, heißt, nach allen Öffnungen zu schauen, wie klein auch immer sie sein mögen, wenn es dir möglich ist, etwas zu sagen, etwas zu tun, dich an jemanden zu wenden. Schon ein kleines bisschen kann sehr viel bedeuten.

Nach dir selbst zu schauen, kann auch heißen, aufzuhören oder zurückzutreten, wenn es zu viel wird. Schreibe dir selbst ein Entschuldigungsschreiben. Wir können sie auch *Nein-Notizen* nennen. Es sind Schreiben, in denen steht, entschuldige, ich kann das nicht machen oder entschuldige, ich schaffe das leider nicht. Es kann dir dabei helfen, dir selbst die Erlaubnis zu geben, *Nein* zu etwas zu sagen, bevor du überhaupt gefragt wirst, es zu tun. Du kannst ent-

70 Lorde, A.: »Von den Sechzigerjahren lernen«, in: Sister Outsider, 155.

scheiden, *kein* Gespräch mit einer Person zu führen, wegen etwas, das zuvor geschehen ist. Du kannst entscheiden, *nicht* für ein Programm zu kämpfen, weil es zu viel von dir verlangt. Oder du kannst entscheiden, wie ich es getan habe, deine Position und deinen Beruf zu verlassen. Ich werde in meinem Kapitel über die feministische Spaßverderber:in als Aktivist:in mehr darüber berichten, warum ich gekündigt habe. Aber lass mich hier nur schon einmal so viel sagen (weil es eine Frage des Überlebens ist), ich habe gekündigt, als Protest gegen das Versagen meiner Institution, sexuelle Belästigung als institutionelles Problem anzusprechen. Ich habe auch gekündigt, weil ich einfach genug hatte: Ich konnte es einfach nicht mehr aushalten, so sehr zu kämpfen, um sehr wenig zu verändern.

Ich konnte kündigen, weil ich materielle Ressourcen hatte, Sicherheit und einen anderen möglichen Karriereweg als Autorin, eine feministische Spaßverderber:innen-Autorin (vielleicht ist *dieses* Handbuch ein Produkt *dieses* Neins!). Aber es fühlte sich immer noch so an, als ob ich auf dünnem Eis wäre: Ich verließ nicht nur einen Job, eine Institution, sondern auch ein Leben, das ich geliebt hatte und an das ich gewöhnt war. Rücktritt kann passiv klingen, sogar fatalistisch, als ob man einfach die Hände hebt und sich seinem Schicksal ergibt. Aber Rücktritt kann ein Akt des feministischen Protests sein. Durch dein Gehen sagst du: Ich möchte nicht für eine Institution arbeiten, die nicht in der Lage ist, sexuelle Belästigung anzusprechen. Durch dein Gehen sagst du: Ich werde nicht das reproduzieren, was ich nicht ertragen kann. Kündigen oder gehen heißt nicht nur, deine Projekte aufzugeben, sondern auch, sich zu weigern, sie aufzugeben, zu viel von dir selbst aufzugeben, deine Zeit, Energie und Arbeit in das zu geben, was dich genau von diesen Projekten abhält.

SPAẞVERDERBER:INNEN-ÜBERLEBENSTIPP 8: FÜHLE ALLES, AUCH SPAẞVERDERBER:INNENFREUDE

Wenn wir Feminist:innen werden, weil wir unglücklich mit der Welt sind, ist unser Unglück/lichsein auch ein Urteil über die Welt. Unglück kann ein Gefühl sein. Das Gefühl ist keine Verpflichtung. Vielleicht gefällt es dir, zu wissen: Um eine feministische Spaßverderber:in zu sein, bist du nicht verpflichtet, unglücklich zu sein. Wir leben allerdings mit der Annahme, dass wir unglücklich sind. Du musst dieser Annahme nicht widersprechen, indem du versuchst, zu zeigen, dass du glücklich bist. Dieser Druck, glücklich sein zu müssen, kann dich von deinen Gefühlen fernhalten, kann dich sogar unglücklich machen. Ich werde auf den Druck, glücklich sein zu müssen, im folgenden Kapitel zurückkommen. Die feministische Spaßverderber:in bedeutet vielmehr die Art, wie wir die Annahme des feministischen Unglücklichseins diagnostizieren können. Die feministische Spaßverderber:in ist eng verwandt mit der humorlosen Feminist:in, die den Witz nicht verstehen kann oder will.

Aus Erfahrung wissen wir, wenn Leute Dinge leichtnehmen, dann steckt oft etwas Schweres dahinter. Wir lachen nicht über sexistische Witze. Erinnere dich, das ist eine **Spaßverderber:innen-Maxime.** Wir lachen nicht, wenn Witze nicht lustig sind. Als ich die feministische Spaßverderber:in eingeführt habe, habe ich zwischen *Auslachen* und *etwas witzig finden* unterschieden. Wir können über etwas lachen, weil wir etwas darin erkennen, z.B. die Absurdität der Welt. Ich denke an eine Situation, als mir eine Diversitätsbeauftragte erzählte, wie eine Freundin, als sie ein Foto ihres Management-Teams anschaute, fragte: »*Sind die alle miteinander verwandt?*« Es waren darauf nur weiße Männer zu sehen. Wir haben sehr über diese Frage gelacht. Wenn wir etwas sehen, das so oft dadurch reproduziert wird, dass es nicht gesehen wird – wie Institutionen sich selbst reproduzieren, um den Eindruck von Ähnlichkeit, von Gleichheit zu erwecken – kann das so erleichternd sein. Lachen kann ein Weg sein, wie wir etwas herausstellen, eine geteilte Erfahrung, ein Muster, eine Struktur, die sich zeigt, also kann darüber gelacht werden. Über etwas zu lachen, kann gleichzeitig etwas realer werden lassen, größer werden lassen und damit die Macht, die es über uns hat, reduzieren. Eine feministische Spaßverderber:in zu sein, heißt nicht notwendigerweise, sich schlecht zu fühlen. Feministische Spaßverderber:innen werden oft dafür verurteilt, zu emotional zu sein, ihre Gefühle ihrem Urteilsvermögen im Weg stehen zu lassen oder einfach ihre Gefühle im Weg stehen zu lassen. Es ist daher nicht überraschend, dass Gefühle ein Ort des Aufbegehrens sein können. Wir sind vielleicht wütend, und diese Wut richtet sich *gegen* etwas. Wut ist, wie Audre Lorde es beschreibt, »voller Wissen und Energie«[71]. Es kann sein, dass du zurückgewiesen wirst, weil du wütend bist, eine wütende Schwarze Frau, eine wütende Woman of Color. Wenn unsere Wut uns etwas darüber sagt, was falsch ist, macht uns unsere Wut nicht automatisch im Recht. Unsere Wut als richtig anzunehmen, würde die Wut in Selbstgerechtigkeit verwandeln.

---

71 Lorde, A.: »Vom Nutzen der Wut: Wie Frauen auf Rassismus reagieren«, in: Sister Outsider, 18.

Unsere Wut zeigt uns nicht nur an, dass etwas falsch ist, oder etwas darüber, was falsch ist, sie gibt uns auch die Energie, es damit aufzunehmen, es anzugehen. Wir sind *dabei*. Aber es ist nicht nur die Wut, die uns Energie schenkt. In meinem Buch *The Cultural Politics of Emotion* habe ich Wunder und Hoffnung als ebenso wichtig für den Weg in den Feminismus erachtet wie die Wut. Wunder können das sein, was wir bewundern an der Welt oder wie sie sich gestaltet. Wir können uns über die Gestalt sozialer Zusammenkünfte wundern, die Gestalt der Familie, oder über Paare, diese eigenartige Form, wir können uns darüber wundern, auf welch unterschiedliche Art und Weise wir zusammenkommen können. Hoffnung gibt uns einen Sinn dafür, dass eine andere Welt möglich ist oder dass es einen Grund gibt, warum wir kämpfen. Das ist nicht alles, was über die Politik der Hoffnung zu sagen ist. Mein Spaßverderber:innen-Herz schlägt schneller, wenn ich Chelsea Wategos Aufforderung »Fuck Hope« lese, weil sie als indigene Feministin, die »wieder einen Tag in der Kolonie« lebt, einen weiteren Tag, jeden neuen Tag, und erkennt, wie Hoffnung benutzt werden kann, um Menschen von der Gewalt der Gegenwart abzulenken, mit leeren Versprechungen auf das, was kommen wird, eine »Veränderung ohne Veränderung«.[72] Um Veränderung möglich zu machen, müssen wir vielleicht wütend darüber werden, wie Veränderung selbst benutzt werden kann, um uns von dem fernzuhalten, was wir *jetzt* brauchen.

Was uns Freude bereitet, uns Vergnügen verschafft, unsere Last erleichtert, ist auch jetzt noch von Bedeutung. Es kann Energie (auch das Lernen) darin geben, anders zu leben, anders zu sein, unsere Körper auf andere Weise zu bewohnen, indem wir nicht versuchen, weniger Raum einzunehmen, indem wir zu unserem Standpunkt stehen oder unsere Körper zurückfordern, ›unsere Körper, wir selbst‹, um den Titel eines alten feministischen Buches zu verwenden. Ich habe nicht nur *Bücher* in mein Survival-Kit gepackt, ich habe auch *Körper* hineingelegt. Und ich habe *Leben* hineingelegt. Als feministische Spaßverderber:in zu leben, heißt, herauszufinden, was du benötigst, um dein feministisches Leben zu leben. Ich denke an die Luft, die wir atmen, die Nahrung, mit der wir uns ernähren, die Art, wie wir unsere Vergangenheiten verarbeiten, den Geruch der Gewürze. Und ich denke auch daran, wen wir brauchen, unsere Freund:innen, unsere Begleiter:innen. Ich denke an mein Überleben und ich denke dabei an Mulka, das Pferd, das in meiner Kindheit in mein Leben trat, das mir einen anderen Ort schenkte, an den ich gehen

72 Watego, C.: Another Day in the Colony. Brisbane 2021, 198.

konnte, wo ich sicher war, und ich denke an Poppy und Bluebell, unsere geliebten Hunde und was für eine Freude es ist, ihr Mensch zu sein, mit ihnen spazieren zu gehen.

Unsere Körper erzählen uns nicht nur etwas über die Grenzen dessen, was wir tun können, sondern auch, was wir nicht tun können. Durch unsere Körper *können wir das tun, was wir können.* Wir reden. Wir gehen. Wir tanzen. Ich denke an die Lesbian-Lives-Konferenzen, die ich all die Jahre über besucht habe. Wir haben dort so viel geredet, aber das, woran ich mich am meisten erinnere, ist das Tanzen. Ich tanzte mit meiner Freundin Nila auf diesen Konferenzen, tanzen kann nämlich *queer* sein oder auch *crip*, je nachdem, wie wir uns zusammen bewegen, mit unseren unterschiedlichen Körpern. In der wunderschönen Trauerfeier beschrieb Nim Ralph Nilas Tanzstil: »Nila hatte sich der Entdeckung der Freude an körperlicher Bewegung und dem kollektiven Schwitzen verschrieben. Nila war ein:e Meister:in des abgestimmten Tanzes. Ich schaute oft über die Tanzfläche und sah Nila gekonnt im Rollstuhl atmosphärisch schwingen und Figuren mit Unterstützung von Nilas Stocks formen, oft indem Nila sich von einem Punkt an der Wand abstieß.«[73] Durch das Tanzen können wir uns selbst anderen nähern und queere Formen bilden, durch die Wiederverwendung von Techniken, die bereits andere bei ihrem Gang durch die Welt unterstützten. Oder wir denken an die der Anarchistin Emma Goldman zugeschriebene Aussage: »Wenn ich nicht tanzen kann, ist es nicht meine Revolution.« Sie bekräftigt die Freiheit zu tanzen, als ihr ein Junge »mit ernstem Gesicht« sagt: »Es gehört sich nicht für eine Agitatorin zu tanzen«.[74] Goldman tanzt. Und indem sie tanzt, bestätigt sie den Tanz als affektive Rebellion gegen das, was sich gehört. Wir werden zu Außerirdischen gemacht, nicht nur, weil wir nicht am Glück teilhaben, weil wir nicht an den richtigen Stellen lachen, sondern auch, weil wir fröhlich sind, wenn von uns verlangt wird, traurig oder ernsthaft zu sein. Es kann sein, dass uns gesagt wird, wir wären albern. Albern (silly) kommt ursprünglich von ›gesegnet, glücklich, wonnig‹. Das Wort hat sich über die Zeit verändert, von ›gesegnet‹ zu ›fromm‹, zu ›unschuldig‹, zu ›harmlos‹, zu ›beklagenswert‹, zu ›schwach‹ und ›schwachsinnig‹. Ja, das Wort albern (silly) hat auch eine Spaßverderber:innen-Geschichte.[75]

---

73 Ralph, N.: https://disabilityarts.online/magazine/news/nila_gupta_memorial/.

74 Goldman, E.: Living My Life, Vol. 1. New York: Cosimo Publications (2008), 56.

75 AdÜ: DWDS albern Adj. ›kindisch, töricht, unseriös‹. Ahd. *alawāri* ›freundlich, wohlwollend‹ (10. Jh.), mhd. *al(e)wære* ›schlicht, einfältig‹, anord. *ǫlværr* ›freund-

Die Figur der feministischen Spaßverderber:in kann uns auch etwas über soziale Gefühle oder gemeinsame Gefühle beibringen. Das scheint überraschend: Sah es doch so aus, als ob die feministische Spaßverderber:in eine *antisoziale Figur* sei, die sich gegen andere auflehnt, gegen den Strom des menschlichen Miteinanders schwimmt. Die feministische Spaßverderber:in lehrt uns aber, vorsichtig zu sein, wenn es um die Idealisierung sozialer Erfahrungen geht, da sie ein anderes Verständnis des Sozialen modelliert. Wir behandeln Trennungen nicht als Beweis des Scheiterns einer sozialen Verbindung, die überwunden werden muss, wenn wir zusammenbleiben wollen, sondern als Teil einer sozialen Erfahrung, wie wir voneinander lernen können. Nähe wird manchmal als eine Lösung für soziale Gegensätze betrachtet, als ob sich näherzukommen bedeuten würde, dass wir eins sind. Nähe ist keine Lösung, sondern ein Zustand. Wir sind nicht gänzlich präsent miteinander, so wie wir nicht gänzlich präsent mit uns selbst sind.

Die soziale Natur von Gefühlen macht dies noch komplizierter. Zu Aliens gemacht zu werden, heißt auch, diesen Schwierigkeiten unsere ganze Aufmerksamkeit zu schenken. Wir kennen die Bedingungen, die mit der Anforderung einhergehen, so zu fühlen wie andere Leute oder zum ›richtigen‹ Zeitpunkt froh oder traurig zu sein. Das heißt nicht, dass wir nicht wissen, wie wertvoll es sein kann, wenn andere Leute mit uns gemeinsam feiern, wenn Dinge gut für uns laufen, oder mit uns traurig sind, selbst wenn sie es selbst nicht sind. Wir wissen ebenso, dass einige Leute ihre Distanz zu anderen rechtfertigen, zu denen, die traurig wirken oder als traurig angesehen werden, indem sie aus Angst so tun, als ob deren Traurigkeit ansteckend sei. Wir hören vielleicht auch mit Bedenken das alte Sprichwort ›Elend sucht Elend‹, behalten dann unsere Traurigkeit für uns selbst, um unsere Gefährt:innen zu schützen. Wenn Gefühle geteilt werden, führt das bei einigen von uns dazu, noch isolierter zu werden. Wir lernen, anderen traurigen Leuten zuzuhören, ohne selbst traurig zu werden, oder versuchen zumindest, nicht so zu erscheinen. Wir lernen, anderen Leuten Raum zu geben, ihre Traurigkeit auszudrücken, ohne niedergedrückt zu werden von der Sorge, dass sie vielleicht weitergegeben werden könnte. Wir lernen, unserer eigenen Traurigkeit zuzuhören. Wir können jemanden anrufen, weil wir ein wenig aufgemuntert

---

lich‹ sind Zusammensetzungen des unter wahr (s. d.) behandelten Adjektivs mit verstärkendem germ. *:ala-* (s. all); vgl. got. *allawērei* ›Redlichkeit‹. Vgl. https://www.dds.de/wb/albern Für die englische Version: https://www.etymonline.com/word/silly#etymonline_v_23518.

werden wollen. Oder wir können die Anstrengung, dass jemand uns aufmuntern möchte, als Druck erfahren, als ob es eine angemessene Zeit gäbe, die jemand traurig sein oder trauern darf, und wir diese Zeit schon überschritten hätten. Und so lernen wir mit der Zeit, uns Zeit zu geben, um zu erklären, was wir brauchen. Wir machen es nicht immer richtig. Selbst wenn wir ein Spaßverderber:innen-Projekt teilen, oder vielleicht auch, weil wir es teilen, ist uns unsere Unterschiedlichkeit bewusst.

Als feministische Spaßverderber:in zu überleben, heißt, sich auch für das Überleben anderer feministischer Spaßverderber:innen einzubringen. Wir versuchen nicht, die Wogen zu glätten. Wir kommen uns in die Quere. Solidarität ist ein holpriger Weg. Zwei der am häufigsten aus meiner eigenen Arbeit zitierten Sätze handeln von Solidarität. Lasst sie mich nochmals mit euch teilen:

> »Solidarität unterstellt nicht, dass unsere Kämpfe die gleichen Kämpfe sind, oder dass unsere Schmerzen die gleichen sind, oder dass wir auf die gleiche Zukunft hoffen. Solidarität bedeutet Verbindlichkeit und Arbeit, wie auch die Anerkennung, dass, auch wenn wir nicht die gleichen Gefühle haben oder die gleichen Leben oder die gleichen Körper, wir dennoch auf gemeinsamem Boden leben.«[76]

In Solidarität miteinander zu leben, heißt nicht, sich am gleichen Ort zu befinden, selbst wenn wir das gleiche Thema behandeln. Solidarität muss verwirklicht werden, nicht vorausgesetzt. In anderen Worten, Solidarität verlangt, die Beziehung zu den Spaßverderber:innen zu verändern. *Sie kommen an, bevor wir da sind.*

Diese Ankunft kann Freude bereiten, Freude am Überleben. Wir können noch einmal zu Rajni Shahs Beschreibung der Gründung einer Spaßverderber:innen-Lesegruppe zurückkommen. Rajni schreibt vom Überleben: »Kürzlich habe ich Zeit mit einigen der Spaßverderber:innen verbracht und wir haben über die Arbeit, die wir geschafft haben, reflektiert. Ein Gedanke war: Wir haben überlebt. Es war eine Feier. Überleben als Feier. Wir alle wussten, was das bedeutet. Weiterzumachen, überlebt zu haben, heißt, dass wir die Arbeit tun.« Wenn wir feiern, wenn wir fröhlich sind, heißt das etwa, dass wir aufhören, Spaßverderber:innen zu sein? Nein. Freude ist zweifellos auch ein Teil davon, es zu überleben, Freude am Spaßverderben. Wir empfinden Freude am Spaßverderben. Ich denke an all die Briefe, die mir von feministischen Spaßverderber:innen geschickt wurden, wie wir zueinandergefunden haben.

---

76 Ahmed, S.: The Cultural Politics of Emotion. Edinburgh 2004, 189.

Ich denke daran, was ich daraus gelernt habe, die Gestalt der feministischen Spaßverderber:in vor all den Jahren eingeführt und sie an die Arbeit geschickt zu haben. Wenn ich diese Gedanken denke, dann fühle ich *Spaßverderber:innen-Freude* (*killjoy-joy*). Vielleicht finden wir *Spaßverderber:innen-Freude* im Widerstand, *Spaßverderber:innen-Freude* bei der Vereinigung unserer Kräfte, *Spaßverderber:innen-Freude* im Experimentieren mit dem Leben, der Öffnung dafür, wie wir sein sollen, durcheinander, miteinander. *Spaßverderber:innen-Freude* ist eine ganz besondere Art der Freude.

Und zum Schluss: Auch wenn ich dir einige Tipps gegeben habe, um als feministische Spaßverderber:in zu überleben, lass mich noch einmal betonen, dass eine feministische Spaßverderber:in ein Weg sein kann, wie wir überleben. Die feministische Spaßverderber:in einzufordern, klingt selbstermächtigend und belebend. *Und das kann es auch sein.* Die feministische Spaßverderber:in einzufordern, klingt ermüdend, schwierig und schmerzhaft. *Und das kann es eben auch sein.* Die feministische Spaßverderber:in lehrt uns, dass es nicht zwei verschiedene Geschichten des Feminismus gibt, die, die aus Empowerment und Selbstbestimmung, Energie und Hoffnung besteht, und die andere, die etwas über Schmerz, Erschöpfung und Schwierigkeiten erzählt; es sind *zwei Seiten der gleichen Geschichte.* Wir werden nicht durch die Distanz zu dem, was schmerzhaft ist, ermächtigt, sondern indem wir uns durch sie hindurcharbeiten und einen klareren, schärferen Blick dafür bekommen, wer wir sind und etwas über die Welt erfahren, in der wir leben wollen. *Spaßverderben ist ein Projekt, das die Welt verändert.* Es ist das, was wir präsentieren (die feministische Spaßverderber:in als Kulturkritiker:in), was wir wissen (die feministische Spaßverderber:in als Philosophin) und das, was wir machen (die feministische Spaßverderber:in als Poetin), das, was wir aufbrechen (die feministische Spaßverderber:in als Aktivistin). Diesen verschiedenen Herangehensweisen des Spaßverderbens als Welten veränderndes Projekt, wende ich mich nun zu.

3
Die feministische Spaßverderber:in als Kulturkritiker:in

Wenn ich über die feministische Spaßverderber:in spreche, dann platziere ich sie gerne dort, wo wir zu einer werden, an einem Tisch inmitten einer hitzigen Diskussion. Wenn wir an die feministische Spaßverderber:in als Kulturkritiker:in denken, stellen wir sie uns in einem Sessel vor, während sie einen Film oder ein Objekt aus der Distanz betrachtet. Aber in dem Moment, wenn die feministische Spaßverderber:in zur Kulturkritiker:in wird, dann sitzt sie an diesem Tisch, inmitten einer neuen hitzigen Diskussion.

Ich erinnere mich an eine solche Diskussion, die ich über den Film *Kramer gegen Kramer* (1979, Regie: Robert Benton) geführt habe. Die Handlung des Films lässt sich kurz zusammenfassen: Nachdem seine Frau ihn verlassen hat, wird ein arbeitssüchtiger Marketingexperte aus Manhattan dazu gezwungen, etwas über die von ihm vernachlässigten Aufgaben als Elternteil zu lernen, doch ein hitziger Sorgerechtsstreit um den kleinen Sohn des Paares vertieft die Wunden, die durch die Trennung hervorgerufen wurden. Ich erinnere mich, dass ich, nachdem ich den Film mit meiner Familie angesehen hatte, infrage stellte, warum die Ehefrau und Mutter dämonisiert wird und ihre Wünsche als selbstsüchtig dargestellt werden. Ich habe auf diesen Punkt, diesen offensichtlich feministischen Punkt, hingewiesen. Und dann folgte ein Aufstand, und was für ein Aufstand! »Oh, kannst du uns nicht einmal einfach einen netten, hinreißenden Film genießen lassen? Oh, kannst du nicht die spezielle Beziehung zwischen Vater und Sohn erkennen, diese Frühstücksszenen, wie berührend! Oh, wie grausam von der Mutter, sie erst beide im Stich zu lassen und dann zu erwarten, dass sie das Sorgerecht für ihren Sohn bekommt!« Diese erste Äußerung ist eine Erklärung dessen, was folgt: Fragen darüber aufzuwerfen, wie Frauen dargestellt werden, wird als das *Verhindern* angesehen, dass andere diese Darstellung genießen können. Was ist das für ein Genuss, der so sehr davon abhängt, dass andere ihm zustimmen, so labil, dass ihn schon eine Frage verdirbt? Die feministische Spaßverderber:in als Kulturkritiker:in erscheint als diejenige, die Fragen stellt oder diejenige, die sofort vollständig ausgearbeitete Kritiken vorlegt, nur um anderen den Spaß zu verderben.

Natürlich, so könnten wir antworten, kann ich etwas kritisieren und trotzdem genießen. Oder wir könnten antworten, dass Freude nicht unbedingt bedeutet, dass ich mich mit etwas komplett identifizieren muss, denn dann wird Freude zu etwas Oberflächlichem. Etwas zu idealisieren (»dieser nette, hinreißende Film«) kann über so viel hinweggehen, was eben auch darin enthalten ist. Die feministische Spaßverderber:in als Kulturkritiker:in kann mehr sagen, weil sie bereit ist, alles, was Freude macht, infrage zu stellen. Wir lernen etwas über die Politik der Freude, dadurch, wie die feministische Spaßverderber:in auftaucht. Wenn Freude als unschuldig getarnt wird, dann beschert uns die feministische Spaßverderber:in den Verlust der Unschuld. Die feministische Filmkritikerin Judith Mayne beschreibt ihre Erfahrung, als sie *Kramer gegen Kramer* gesehen hat:

> »Wie die meisten Leute im Kino war ich berührt von *Kramer gegen Kramer*, ich war fasziniert von dem Film, bewegt an den passenden Stellen. Aber als nach dem Ende das Licht anging, hatte ich das Gefühl, reingelegt worden zu sein. Was mich daran interessierte, war der Moment, meine Nase lief noch wegen all der Emotionalität, als etwas in mir sagte: Das ist erschreckend, ich war gerade noch ergriffen von einem Film und nun kommt die Ablehnung. Ich befürchte, dass das Ergreifende und die Ablehnung für so viele Zuschauer:innen, Feminist:innen inbegriffen, enger miteinander zusammenhängen, als die meisten von uns wahrhaben wollen.«[77]

Es kann dir von einem Moment auf den anderen klar werden. Während deine Nase noch trieft, bemerkst du, dass du manipuliert wurdest, damit du so fühlst. Für Mayne ist der »Moment der Ablehnung« nicht einer, der das vorhergehende Ergriffensein ausgleicht, sondern tief damit verbunden ist. Diese tiefe Verbundenheit ist eine Quelle der Uneindeutigkeit, Gefühle, die dich in unterschiedliche Richtungen drängen, das Entsetzen über das Gefühl, bewegt zu sein, sie alle koexistieren in derselben Person. Der Auftritt der fe-

77 Mayne, J.: »The Woman at the Keyhole. Women's Cinema and Feminist Criticism«, *New German Critique*, Spring-Summer, 23 (1991), 40f.

ministischen Spaßverderber:in kann ein Hindernis sein und ein Gefühl der Behinderung.

Eine feministische Spaßverderber:in zu sein, heißt aber nicht, dass du keine Freude fühlen kannst in Bezug auf Objekte, die du infrage stellst oder kritisierst. Die feministische Spaßverderber:in kann verbunden sein mit dem, was die feministische Autorin Roxanne Gay eine »schlechte Feministin« nennt. In ihrem bewegenden Bericht über ihre eigene feministische Laufbahn beschreibt Gay, wie sie zuerst den Feminismus ablehnen musste, weil sie angenommen hatte, dass es bedeuten würde, alles aufzugeben, was sie wollte, um eine Feministin zu sein: »In meinem Kopf bedeutete das, dass ich nicht zugleich Feministin sein konnte und sexuell offen.« Für Gay bedeutet es ein ziemliches Durcheinander, eine schlechte Feministin zu sein. Es kann heißen, fragwürdige Genderpolitik zu kritisieren und zugleich Musik zu mögen, die fragwürdige Genderpolitik transportiert. Gay hat sich »oft beim Mitsingen eines mich selbst erniedrigenden Textes erwischt«.[78] Ich bewundere Gay, dass sie unterstreicht, was sie als Feministin *weiß*. Du kannst wissen, dass etwas problematisch ist, ohne es sofort zu vermeiden. Du kannst wissen, dass etwas problematisch ist und es mögen. Eine feministische Spaßverderber:in zu sein, heißt nicht, sich über oder außerhalb von etwas zu positionieren, das du infrage stellst. Wenn das Licht angeschaltet wird oder wenn du den Text hörst, kannst du immer noch von dem getroffen werden, was du hörst. Wenn du auf das zurückschaust, wovon du bewegt wirst, legst du den Akzent auf das Wissen, so wie es Gay macht, und daraus lernst du mehr über eine Sache. Wenn wir Spaß verderben, lernen wir etwas darüber, Spaß zu haben.

Mein letzter Spaßverderber:innen-Überlebenstipp war, **alles zu fühlen**. Eine feministische Spaßverderber:in-Kritiker:in zu werden, beginnt oft mit einem Gefühl. Wir fühlen nicht, was andere fühlen oder wir fühlen etwas, das wir nicht fühlen sollten. So landen wir dann dabei, über Gefühle nachzudenken und sie zu einer Ressource zu machen. Gefühle zu einer Ressource zu machen, bedeutet, sie nicht nach innen, sondern nach außen zu richten, *in Richtung der Dinge*. Wir schauen uns etwas genauer an, weil wir von etwas nicht auf die ›gleiche‹ oder ›richtige‹ Art und Weise berührt werden. Das kann heißen, dass eine feministische Spaßverderber:in zu sein, bedeutet, eine Fähigkeit zu besitzen. Am Anfang ist es eine instinktive Reaktion, ein Nein, eine Frage, eine Entrüstung, eine Zurückweisung. Mit der Zeit lernen

78 Gay, R.: »Bad Feminist«. München 2019, 5.

wir, *eine solche Reaktion zu erklären*. Manchmal erklären wir die Reaktion, indem wir die feministische Spaßverderber:in selbst finden, die oft in einer Geschichte als Widerstand für ein glückliches Ende auftaucht. In diesem Kapitel beginne ich mit der Überlegung der narrativen Funktion der feministischen Spaßverderber:in, bevor ich eine längere Meditation über Glück anbiete, wie es zu einer Geschichte wird, die wir uns über uns selbst erzählen.

Ich habe mir *Kramer gegen Kramer* noch einmal angesehen, während ich dieses Handbuch schrieb. Es fühlte sich an, wie an den Familientisch zurückzukehren. Und als ich den Film erneut angeschaut habe, realisierte ich, dass Joanna Kramer als feministische Spaßverderber:in dargestellt wird, nicht nur, weil ihre Unzufriedenheit zum Zusammenbruch der Ehe und der Familie führt, sondern auch, weil ihre Unzufriedenheit *explizit* mit Feminismus in Verbindung gebracht wird. Ich hatte diese Verbindung nicht in Erinnerung, trotz des Streits, den ich mit meiner Familie vor vielen Jahren hatte!

Im Film gibt es nur kleine Verweise auf Feminismus, die jedoch inhaltlich gesehen von großer Bedeutung sind. Ted kommt nach Hause, Joanna sagt, sie verlässt ihn. Er ist wütend, er ist gerade befördert worden, was er eigentlich feiern wollte. Joanna hat eine Freundin, ihre Nachbarin Margaret. Der Film beginnt damit, dass Joanna Ted verlässt und aus der Wohnung geht, und es ist Margaret, die Ted die Gründe dafür nennt: »Joanna ist eine sehr unglückliche Frau.« Margaret beobachtet auch Teds Reaktionen; seine Reaktion auf Joannas Auszug verkörpert die Gründe, warum sie geht, macht ihr Gehen zu einer Frage, wie es ihn betrifft, wie es ihn um eine Feier beraubt. Als Ted seinem Chef erklärt, warum Joanna ihn verlassen hat, bezieht er sich auf Margaret: »Sie hat nur ihre Freundin Margaret, die unter uns wohnt und weißt du, da geht's natürlich ... (er gestikuliert mit der Hand, um Geschwätzigkeit anzudeuten) ... um Emanzenkram.« Wenn Joanna als Spaßverderber:in dargestellt wird, wenn ihre Unzufriedenheit sie davon abhält, sich um Teds Glück/lichsein zu kümmern, dann ist sie infiziert, so wird unterstellt, von Margaret und durch Margaret, vom Feminismus. Feminismus wird als Infektion präsentiert, die Unglück/lichsein verbreitet.

SPAẞVERDERBER:INNEN-MAXIME: WERDE ZU EINER FEMINISTISCHEN INFEKTION!

Die Figur der feministischen Freundin ist daher entscheidend. Am Ende des Films wandelt sich Margarets Einstellung. Sie ist es nun, die Ted zuhört, die ihn versteht. Wenn Margaret von ihrer Sorge über Joannas Unglück/lichsein zu Teds Glück/lichsein hinübergezogen wird, dann werden auch unsere Sympathien in diese Richtung gelenkt.

Obwohl uns der Film von Joanna wegführt, gibt er ihr aber in kurzen Momenten eine Geschichte. Die Einblicke werden als Reden präsentiert, von denen die erste an Ted gerichtet ist und die zweite vor Gericht im Sorgerechtsfall gehalten wird. Als sie und Ted ihr erstes Treffen haben, wenn sie ihm sagt, sie liebe ihren Sohn, hat sie eine Rede vorbereitet: »Mein ganzes Leben fühlte ich mich wie jemandes Ehefrau, jemandes Mutter oder jemandes Tochter.« Es ist eine ernste Rede darüber, wie Frauen verschwinden, indem sie zu Verwandten werden. Es ist auch eine Spaßverderber:innen-Rede darüber, wie die Fürsorge für sein Glück/lichsein auf ihrem eigenen Verschwinden basiert. Doch es ist Ted, der durchdreht, er wirft ein Glas an die Wand. Wir hören das Splittern. Das Zersplittern zu hören, kann mehr als das Geräusch von zerbrochenem Glas sein. Worte können zersplittern, Dinge auch, Beziehungen ebenso.

Es gibt so vieles, was du nicht sagen solltest, wenn das Projekt darin besteht, Dinge zusammenzuhalten, uns zusammenzuhalten. Und tatsächlich haben wir aufgrund Meryl Streeps Eingriff in die Erzählung der Geschichte überhaupt so viel über Joannas Geschichte gehört. Streep musste für ein anderes Drehbuch kämpfen, was in der Praxis bedeutete, gegen die Männer zu kämpfen, die die Kontrolle über das Drehbuch hatten, um auch nur einen flüchtigen Blick auf eine andere Geschichte zu erzählen:

> »Als Dustin [Hoffman] sie fragte, was sie von der Geschichte halte, sagte sie ihm unmissverständlich ihre Meinung. Sie hatten die Figur komplett falsch dargestellt, beharrte sie. Die Gründe für ihr Verlassen von Ted sind zu vage. Wir sollten verstehen, warum sie für das Sorgerecht zurückkehrt. Wenn sie Billy in der letzten Szene aufgibt, sollte es im Interesse des Jungen sein, nicht in ihrem. Joanna ist nicht die Böse; sie spiegelt einen realen Kampf wider, den Frauen im ganzen Land durchmachen, und das Publikum sollte etwas Mitgefühl für sie empfinden.«[79]

Während Ted auf die Frauenbewegung anspielt, als Grund, warum Joanna ihn verlassen hat, bezieht sich Hoffman auf den Feminismus als Streeps Grund, das Drehbuch ändern zu wollen: »Meryl, warum hörst du nicht auf,

---

79 Zit. n. Shulman, M.: »How Meryl Streep Battled Dustin Hoffman, Retooled Her Role, and Won Her First Oscar«, *Vanity Fair* (2016); https://www.vanityfair.com/hollywood/2016/03/meryl-streep-kramer-vs-kramer-oscar.

mit der Fahne des Feminismus zu wedeln, und *spielst einfach nur die Szene?*«, fragte er.[80] Wenn Meryl Streep sich für Joanna einsetzen musste, damit sie etwas Mitgefühl bekommt, so musste sie auf die gleiche Art und für das Gleiche kämpfen wie Joanna.

Vielleicht fühlt es sich darum so an, als würde man mit einer Kritik des Films gegen eine Mauer der Sympathie stoßen. Das Wort ›Sympathie‹ kommt vom Wort ›Pathos‹, Sympathie als Zusammengehörigkeitsgefühl oder Mitgefühl. Wir sollen mit Ted mitfühlen, weil die Geschichte aus seiner Sicht erzählt wird, Sympathie wird zur Sympathie mit ihm (*Himpathy*), um einen nützlichen Begriff der Feministin Kate Manne zu benutzen.[81] Sympathie ist ein Mittel, wie die Erzählung der Geschichte Ted in den Mittelpunkt stellt. Es geht um sein Leben, seine Liebe, seinen Verlust. Das, was ihm nahesteht, ist uns nah, was weit von ihm entfernt ist, bleibt weit von uns entfernt. Mitgefühl mit feministischen Spaßverderber:innen zu haben, zeigt, wie wir zu spaßverderbenden Kritiker:innen werden, wie wir uns selbst erlauben, vom Leid einer Situation angesteckt zu werden, um die Welt aus ihrer Sicht zu sehen.

Dein Mitgefühl auf die falsche Art und Weise oder den falschen Charakteren zu schenken, hat Konsequenzen. Um zu Joannas Rede zurückzukehren: Tatsächlich war das Glas, das gegen die Wand geworfen wird, nicht im Drehbuch vorgesehen. Es war Hoffman, der etwas in die Geschichte geworfen hat, um eine Reaktion zu erhalten, einen Einfluss des Realen in der Fiktion, um die Wut gegen die Frau darzustellen, um die Geschichte zu erzählen oder eben nur mehr von ihrer Geschichte, ausgedrückt durch ein unerwartetes Zersplittern. Der *Punkt des Zersplitterns*, dieser Eingriff ins Reale, ist eine Bestrafung. Die feministische Spaßverderber:in funktioniert als ein *Frühwarnsystem*. Das Schicksal der feministischen Spaßverderber:in wird dazu benutzt, uns vom Feminismus abzuschrecken, als ob zur Feminist:in zu werden, hieße, in die falsche Richtung zu gehen. Warnungen können Drohungen sein. Sympathie für sie zu empfinden, bedeutet, vom gleichen Schicksal bedroht zu sein.

Über das Glück/lichsein lernen wir sehr viel durch die Art, wie wir von seinem Verlust bedroht werden. Eine feministische Spaßverderber:in zu werden, heißt daher, fähig zu werden, *Glück/lichsein lesen zu können*. Wir lernen, wie wir Glück/lichsein lesen sollen, was den Umfang unserer Kritik erweitert,

80 Shulman: »How Meryl Streep Battled«.

81 Manne, K.: Down Girl. Die Logik der Misogynie. Frankfurt a.M. 2019.

vom Schauen von Filmen über die Wahrnehmung anderer kultureller Objekte bis hin zum täglichen Leben. Was meine ich, wenn ich sage: ›Glück/lichsein *lesen*‹? Ich meine damit, dass Glück/lichsein oft die Form einer Geschichte annimmt, mit einem Anfang, einem Hindernis, einem Ende. Glück/lichsein kann beides sein, die Geschichte und das Ende der Geschichte. So unterschiedlich es auch als Idee gewesen sein mag, wird in der Regel angenommen, dass Glück/lichsein das ist, was wir alle wollen, uns wünschen oder anstreben. Die Ökonomen Bruno S. Frye und Alois Stutzer haben es einfach auf den Punkt gebracht: »Alle wollen glücklich sein. Es gibt wahrscheinlich kein anderes Ziel im Leben, das so einen hohen Grad der Zustimmung erzielt.«[82] Selbst wenn wir unterschiedliche Dinge wollen, wird angenommen, dass wir alle nach Glück streben. Glück/lichsein wird zu einem Behältnis für die Vielfalt aller menschlichen Bedürfnisse.

Klassischerweise wurde Glück/lichsein als ein Ziel und nicht als ein Mittel betrachtet. In der *Nikomachischen Ethik* beschreibt Aristoteles Glück/lichsein als das höchste Gut, als »das, worauf alle Dinge abzielen«.[83] Glück/lichsein wird als unabhängiges Gut beschrieben, als etwas, das wir immer um seiner selbst willen wählen. Andere Dinge (wie Ehre, Lust und Intellekt) sind eher Werkzeuge, die »man erwerben oder tun kann, und [sie wären] uns wie ein Muster, mit dessen Hilfe wir auch das für uns Gute besser erkennen, und, wenn wir es erkannt, erlangen können.«[84] Ein instrumentelles Gut ist das, was zum Glück/lichsein führt. Glück/lichsein kann als ein Ziel verstanden werden, nicht nur im Sinne des letzten Teils einer Geschichte, sondern im Sinne dessen, was wir zu erreichen versuchen, als der Zweck des Daseins. Die Spaßverderber:in wäre eine Abweichung von diesem Punkt, diejenige, die dem Erreichen im Weg steht oder die Realisierung des ersehnten Ausgangspunktes verhindert. Das ist eine ziemliche Ansage. Es ist die zielgerichtete Natur des Glück/lichsein, die es zu einem so mächtigen Werkzeug macht.

82 Frey, B. S./ Stutzer, A.: Happiness and Economics: How the Economy and Institutions Affect Human Well-Being. New Jersey: Princeton University Press (2002), vii.

83 Aristoteles: Nikomachische Ethik. Nach der Übersetzung von Eugen Rolfes, bearbeitet von Günther Bien. Hamburg 1995, 4. Aristoteles definiert Glück nicht als ein Gefühl (auch wenn Gefühl in seiner Ethik eine Rolle spielt), sondern als Tugend. Das griechische Wort Eudämonia wird manchmal mit *dem Guten* übersetzt. Die Assoziation des Glücks als Gefühl ist eine moderne Interpretation seit dem 18. Jahrhundert. Glück wurde zu einem bedeutungsvolleren Wort, da es sowohl eine moralische als auch emotionale Bedeutung bekam.

84 Aristoteles: Nikomachische Ethik, 9.

Einige Dinge werden ›gut‹, weil sie in die Richtung des Glück/lichseins deuten. Mary Wollstonecrafts *Ein Plädoyer für die Rechte der Frau*, zuerst publiziert im Jahr 1792, ist ein Appell der Gleichberechtigung: »Überlegen Sie, ich wende mich an Sie als Gesetzgeber, ob es nicht widersprüchlich und ungerecht ist, die Frauen zu unterwerfen, wenn die Männer für ihre Freiheit kämpfen und selbst für ihr Glück urteilen dürfen, obwohl Sie fest davon überzeugt sind, dass Sie so handeln, wie es für ihr Glück am besten ist?«[85] Ich höre Wollstonecraft als feministische spaßverderbende Kritiker:in, die zeigt, wie die Unterwerfung der Frau sich auf den männlichen Glauben stützt, zu wissen, was uns glücklich macht.

Wollstonecrafts Kritik daran, das Glück/lichsein zu benutzen, um die Unterwerfung der Frau zu rechtfertigen, richtete sich gegen Jean-Jacques Rousseau und insbesondere gegen sein Buch *Émile*, eines der einflussreichsten Bücher zur Moralphilosophie und Erziehung jener Zeit. In diesem Buch stellt Rousseau zwei Schüler:innen vor, Émile und Sophie, die später Émiles Ehefrau wird. Rousseau bietet eine Beschreibung der tugendhaften Frau an, zu der Sophie werden soll:

> »Sophie liebt die Tugend; diese Liebe ist ihre beherrschende Leidenschaft geworden. Sie liebt sie, weil es nichts Schöneres gibt als die Tugend; sie liebt sie, weil die Tugend den Ruhm der Frau ausmacht, und weil eine tugendhafte Frau ihr fast einem Engel gleich scheint; sie liebt sie als den einzigen Pfad wahren Glücks, und weil sie im Leben einer ehrlosen Frau nur Elend, Verlassenheit, Unglück, Schimpf und Schande sieht; endlich liebt sie sie, weil sie ihrem achtbaren Vater und ihrer zärtlichen Mutter teuer ist: sie wollen nicht nur in ihrer eigenen Tugend glücklich sein, sondern auch über die der Tochter, und deren größtes Glück ist die Hoffnung, die Eltern glücklich zu machen.«[86]

Es wird schwer sein, ein klareres Beispiel für den genderspezifischen Charakter der moralischen Ökonomie des Glück/lichseins zu finden. Die gute Frau liebt die Tugend als Weg zum Glück/lichsein; Unglück und Schande folgen aus der Ehrlosigkeit. Damit eine Tochter glücklich sein kann, muss sie gut sein, weil gut sein das ist, was ihre Eltern glücklich macht. Und die Tochter kann nur dann glücklich sein, wenn sie wiederum glücklich sind. *Bedingtes*

85 Wollstonecraft, M.: Ein Plädoyer für die Rechte der Frau. Dinslaken 2023, 10.

86 Vgl. Rousseau, J.-J.: Émile oder Über die Erziehung. Herausgegeben, eingeleitet und mit Anmerkungen versehen von Martin Rang, unter Mitarbeit des Herausgebers aus dem Französischen übertragen von Eleonore Sckommodau. Stuttgart 1968, 795f.

Glück/lichsein ist das, was das Glück/lichsein einer Person zur Bedingung für andere macht. Wenn einige Leute wichtiger sind als andere, *dann ist ihr Glück/lichsein wichtiger*. Für die, die an zweiter Stelle kommen, heißt das, dass deren Glück/lichsein auf andere Menschen oder Dinge ausgerichtet ist. Die Tochter stellt das Glück/lichsein ihrer Eltern an erste Stelle, indem sie heiratet; wenn sie dann verheiratet ist, stellt sie das Glück/lichsein ihres Ehemanns an erste Stelle. Dass die Begründung des Glück/lichseins in seinem Verschwinden liegt, war dann Jahrhunderte später der Inhalt von Joannas Rede.

An einem Punkt der Geschichte wird Sophie fehlgeleitet. Ihre Vorstellung und ihre Wünsche wurden durch das Lesen zu vieler Bücher in Gang gesetzt. Rousseau nennt sie »die Unglückliche, niedergedrückt von ihrem geheimen Kummer«.[87] In Wirklichkeit bleibt Sophies Trauer kein Geheimnis, wir finden heraus, dass sie vernarrt in Telemach war, einen Helden aus der griechischen Mythologie. Der Inhalt bietet also implizit die Diagnose an, dass Lesen das Glück/lichsein von Mädchen gefährde, da sie durch die Flucht aus der Realität ihren Bezug zu den echten Objekten verlieren. Es gibt jedoch eine Lösung für Sophie: »Geben wir unserem Émile seine Sophie: Schenken wir dieses liebenswerte Mädchen dem Leben wieder und geben wir ihm eine weniger lebhafte Fantasie und eine glücklichere Bestimmung.«[88]

Rousseau bezaubert die feministische Spaßverderber:in nur, um sie ruhig zu stellen. Sophies »glücklicheres Schicksal« ist es, vergeben zu werden. Rousseau beansprucht, dass der Weg der Natur der Weg des Glück/lichseins sei, jede Abweichung davon führe zu Unglück/lichsein. Glück/lichsein ist das, wodurch die Einschränkung der Möglichkeiten nötig wird. Diese Einschränkungen beziehen sich aber nicht nur auf das Geschlecht. Glück/lichsein wurde dazu benutzt, um die Beschränkungen der Bildung für verschiedene Klassen von Menschen zu rechtfertigen. Zum Beispiel das Konfessionsschulgesetz von 1807. Es hätte die Bildung von Kindern aus der Arbeiterklasse ermöglicht und wurde aus diesem Grund abgelehnt. Ein Politiker argumentierte, dass »den Armen aus der Arbeiterklasse Bildung zu geben, nachteilig für deren Moral und Glück/lichsein [sei], denn es [würde] sie lehren, ihre Lebenssituation zu verachten«. Stattdessen sollten sie »gute Dienende in der Landarbeit und anderen arbeitsreichen Anstellungen sein, zu

87 Rousseau: Émile, 810.
88 Rousseau: Émile, 812.

denen ihre Stellung in der Gesellschaft sie bestimmt hat.«[89] Glück/lichsein wurde als etwas angesehen, das die Akzeptanz der eigenen Lebenssituation ermöglichte und als notwendig, um die soziale Ordnung aufrechtzuerhalten. Wir beginnen zu verstehen, warum Feminist:innen so auf einer Kritik des Glück/lichseins bestanden haben. Die Geschichte des Glück/lichseins kann *glücklich* erzählt werden, als Geschichte einer guten Sache, wenn diese Kritik ausgeklammert wird, weswegen feministische Spaßverderber:innen einen sehr klaren Blick auf diese Geschichte anbieten.[90] Simone de Beauvoir schrieb 1949: »Man weiß [...] nicht recht, was das Wort ›Glück‹ bedeutet. Wenn Glück für eine gute Sache gehalten wird, ist es schwierig zu sagen, was Glück ist, oder es zu messen. So könnte Glück auch bedeuten, auf welche Art und Weise es einer Situation auferlegt wird, als gut zu erscheinen.«[91] Ann Oakley schreibt: »Glück/lichsein kann ein verschleiernder Begriff für Konservativismus sein« und dass »zahllose Übel« durch dieses Wort geduldet wurden.[92] Die feministische Spaßverderber:in als Kulturkritiker:in bietet nicht einfach eine andere Definition dessen, was Glück/lichsein ist, aus der Sicht derer, die als zweitrangig oder nachrangig angesehen werden, sondern untersucht, was Glück/lichsein *bewirkt* oder wozu es *verwendet wird.*

Das zeigte de Beauvoir. Sie legte dar, wie Frauen eine Erfahrung von Glück/lichsein als frei gewählt erfuhren, aufgrund der Art, wie es ihnen auferlegt wurde. Dies ist die Grundlage ihrer existenziellen Kritik am Glück/lichsein als bösem Glauben; Frauen lernen, eine ihnen auferlegte Einschränkung als etwas zu erleben, das sie für ihr eigenes Glück/lichsein gewählt haben. De Beauvoir erkundet, wie sich Frauen an eine Situation anpassen, indem sie die Hausarbeit genießen: »Das kleine Mädchen vergnügt sich gern damit, das Silberzeug blank zu reiben.«[93] In anderen Worten, das Mädchen, das eine Frau wird, lernt, den Haushalt zu lieben. »Durch die häusliche Ar-

89 »Parochial Schools Bill«, *Commons and Lords Hansard*, Bd. 9 (13. Juni 1807), 788-806; http://hansard.millbanksystems.com/commons/1807/jun/13/parochial-schools-bill.

90 Auch wenn es eine Reihe neuerer Kritiken des Glücks gibt, gibt es dort keine Anerkennung der langen feministischen Tradition, vgl. z. B. Davies, W.: The Happiness Industry. London 2015.

91 De Beauvoir, de S.: Das andere Geschlecht. Sitte und Sexus der Frau, aus dem Französischen von Eva Rechel-Mertens und Fritz Montfort. Reinbek ^{2}1998, 21.

92 Oakley, A.: Sex, Gender and Society. London ^{2}2016, 139.

93 De Beauvoir: Das andere Geschlecht, 428.

beit macht sich die Frau in der Tat ihr ›Nest‹ zu eigen.«[94] Die Zustimmung zur ihrer eigenen Beschränkung, der Hausarbeit, muss für sie deshalb wenigstens »einen Funken Freude oder Genuss auf irgendeine Art beinhalten«.[95] De Beauvoir schließt daraus auf eine feministische Spaßverderber:innen-Art Folgendes: »Ständig auf der Stelle tretend [...] [verbraucht] sich die Hausfrau.« Es wird somit sehr viel Energie verschwendet, ohne dass sie irgendwohin gelangt. Sich an eine Situation anzupassen, heißt, sein Glück/lichsein darin zu finden. Wenn wir an die uns auferlegten Grenzen *angepasst* sind, die von einem existierenden Regelwerk getroffen werden, dann werden diese Grenzen nicht länger als Grenzen wahrgenommen. Wir werden zu feministischen Spaßverderber:innen, wenn wir es zurückweisen, uns an Situationen anzupassen, die uns auferlegt wurden.

SPAẞVERDERBER:INNEN-MAXIME: SEI UNANGEPASST, PASS DICH UNGERECHTIGKEIT NICHT AN!

Natürlich werden feministische Spaßverderber:innen dann, wie im Einführungskapitel ausgeführt, als diejenigen dargestellt, die Veränderungen erzwingen wollen. Ein Teil der Geschichte ist es, das Versäumnis zu erkennen, dass es die uns auferlegte Natur ist, die wir versuchen zu ändern. Glück/lichsein ist wichtig für *dieses* Auferlegte. Wir werden dadurch zu feministischen Spaßverderber:innen, dass wir eine Situation nicht akzeptieren, von der uns erzählt wurde, sie sei notwendig für unser Glück/lichsein, d.h. dass schon die Frage, warum *hier* Glück/lichsein erwartet wird, ausreicht, um zur feministischen Spaßverderber:in zu werden. Erinnere dich nur daran, dass der Hochzeitstag oft als der ›glücklichste Tag deines Lebens‹ beschrieben wird, schon bevor er überhaupt passiert. Eine Erwartung kann zu einer Geschichte werden, zu einem Märchen, oftmals in Form eines Prinzen. Es kann sein, dass wir als feministische Spaßverderber:innen darauf hinweisen, wie alte Märchen in romantische Komödien verwandelt werden, die uns weiterhin erzählen und beibringen, dass selbst wenn Mädchen viele andere Dinge ersehnen, ein Prinz immer noch das ist, was sie *wirklich* glücklich machen wird. Nicht alle von uns wollen das, von dem uns erzählt wird, es mache uns glücklich. Es kann

94 De Beauvoir: Das andere Geschlecht, 426.
95 De Beauvoir: Das andere Geschlecht, 428.

sein, dass wir keinen Prinzen wollen. Es kann sein, dass wir der Prinz sein wollen. Es kann sein, dass wir nicht wollen, dass es Prinzen gibt.

Kehren wir zurück zum bedingten Glück/lichsein. Es ist nachvollziehbar und verständlich, dass du diejenigen, die du liebst, glücklich wissen willst – oder zumindest für sie willst, was sie für sich selbst wollen. Was ist aber, wenn du jemanden glücklich wissen willst, aber das, was sie glücklich macht, nicht willst? Sagen wir, deine Eltern würde es glücklich machen, dass du heiratest und Kinder bekommst. Sagen wir, du möchtest ihnen das gerne geben, selbst wenn es nicht das ist, was du willst. Dann kann es sein, dass du es versuchst und dich selbst zu überzeugen versuchst, dass das, was sie wollen, das ist, was du auch willst.

SPAẞVERDERBER:INNEN-WAHRHEIT: ES KANN NICHTS GEBEN, WAS WENIGER ÜBERZEUGEND IST, ALS DIE ANSTRENGUNG, ÜBERZEUGT ZU SEIN

Dich selbst überzeugen zu wollen, etwas Bestimmtes zu fühlen, ist das, was die Soziologin Arlie Hochschild »emotionale Arbeit« nennt. Eines ihrer Beispiele ist die Braut, die an ihrem Hochzeitstag nicht glücklich ist: »Sie bemerkt den Unterschied zwischen dem idealen Gefühl und dem tatsächlichen Gefühl, das sie aushält; die Braut spornt sich selbst an, glücklich zu sein.«[96]

Aus diesem Beispiel lernen wir, dass es möglich ist, sein eigenes Glück/lichsein nicht ganz anzunehmen oder sogar davon entfremdet zu sein. Vielleicht strengst du dich an, andere davon zu überzeugen, dass das, was sie für dein oder ihr Glück/lichsein halten, noch etwas Zeit braucht. Du könntest sagen, dass du Kinder haben willst, nur noch nicht jetzt, und versuchst so, ihre Hoffnungen auf Glück/lichsein in eine glückliche ferne Zukunft zu verschieben. Aber dann könnten dir immer mehr Fragen gestellt werden. Wann heiratest du? Wann bekommst du Kinder? Manchmal können Fragen Warnungen sein: Warte nicht zu lange, die Zeit läuft ab! Einige von uns, auch Feminist:innen und queere Menschen, wollen Kinder. Einige von uns wollen keine.

Wenn du klar sagst, nein, nein, ich möchte keine Kinder, dann kann es sein, dass du einer Trauer begegnest, als ob du jemandem eine Zukunft vorenthältst, die diese Person sich für sich selbst vorgestellt oder erträumt hatte,

96 Hochschild, A.: The Managed Heart. Commercialization of Human Feeling. Berkeley ²2003, 59f.

als ob du ihr ihre Enkel stehlen würdest. Etwas weiter vorne hatte ich angemerkt, dass Spaßverderber:innen als diejenigen erscheinen können, die die Vergangenheit gestohlen hätten. Spaßverderber:innen können auch als diejenigen erscheinen, die die Zukunft stehlen.

Schau dir den Satz »Ich möchte nur, dass du glücklich bist« genau an. Wenn Eltern das zu einem Kind sagen, scheint es zu bedeuten: »Ich möchte, dass du tust, *was auch immer* dich glücklich macht.« Und doch sagte meine Mutter »Ich möchte doch nur, dass du glücklich bist« oft in einem verärgerten Tonfall, weil sie von etwas enttäuscht war, von etwas, das ich gemacht oder gesagt hatte. Mit anderen Worten, den Wunsch, Glück/lichsein für mich zu wollen, sprach sie dann aus, wenn meine Handlungen ihr eigenes Glück/lichsein gefährdeten. Selbst wenn sie sagen, sie wollen *dein* Glück/lichsein, kann es unklar sein, über *wessen* Glück/lichsein sie eigentlich sprechen. Der Wunsch nach dem Glück/lichsein einer anderen Person kann eine Anweisung sein, auch wenn es so scheint, als hätte sie die Freiheit, für sich selbst zu entscheiden, was sie glücklich macht. Als ich mich mit etwa dreißig Jahren geoutet habe, begann ich, lesbische und schwule Literatur zu lesen. Und ich stellte fest, wie oft der Satz »Ich möchte doch nur, dass du glücklich bist« von Eltern gegenüber ihren queeren Kindern wiederholt wurde. Schauen wir uns den folgenden Dialog aus dem Roman *Annie on My Mind* von Nancy Garden an:

> »›Lisa‹, sagte mein Vater, ›ich habe dir versprochen, dass ich dich unterstütze, und das werde ich tun. Und ich merke, dass wir gerade alle zu aufgebracht sind, um das weiter zu diskutieren, darum werde ich dich und deine Mutter in ein paar Minuten zum Mittagessen ausführen. Aber Schatz, ich weiß, man sagt das nicht mehr, aber vielleicht liebe ich deine Mutter, dich und Chad nur so sehr und kann mir deshalb nicht vorstellen, dass queere Menschen so richtig glücklich werden können, ohne Kinder und ohne ein richtiges Familienleben. Schatz, du wirst sicherlich eine verdammt gute Architektin, aber ich möchte, dass du auch auf andere Weise glücklich bist, wie deine Mutter es ist, mit einem Ehemann und Kindern. Ich weiß, dass du beides haben kannst …‹, ›Ich bin glücklich‹, versuchte ich ihm mit meinen Augen zu sagen, ›ich bin glücklich mit Annie; sie und meine Arbeit sind alles, was ich je brauchen werde; sie ist auch glücklich – wir waren es beide, bis das hier passierte.‹«[97]

Der Vater sagt ihr, dass er sie unterstützen werde. Aber dann fällt er das Urteil, dass queere Menschen nicht wirklich glücklich sein könnten. Er ist unglück-

97 Garden, N.: Annie on My Mind. New York: 1982, 191.

lich darüber, dass sein Kind queer ist, weil er unglücklich darüber ist, dass sein Kind unglücklich sein wird. Es wird angenommen, dass queer zu sein bedeutet, etwas aufzugeben, was dich glücklich macht, »einen Ehemann, Kinder«. Aber die Tochter ist glücklich. Ihre Partnerin ist auch glücklich. Sie sind beide glücklich, »bis das hier passierte«. Dadurch, dass der Vater die Unterstützung für die Entscheidung seiner Tochter zurückzieht, aus Furcht vor ihrem Unglück/lichsein, schafft er genau das Unglück/lichsein, das er befürchtete.

Selbst glückliche queere Personen werden an dieser Stelle unglücklich.

Wenn die Idee, dass queere Menschen nicht glücklich sein können, etwas ist, was ›man nicht mehr sagt‹, dann ist es immer noch eine Idee, die weit verbreitet ist. Einige Menschen distanzieren sich zwar von homofeindlichen Urteilen, dass etwas falsch daran wäre, homosexuell zu sein, sind dann aber beunruhigt über das Unglück/lichsein ihrer Kinder. Ein Kommentar, der mir gegenüber einmal am Tisch von einem Familienmitglied gemacht wurde, war: »Es ist selbstsüchtig von Homosexuellen, Kinder haben zu wollen.« Das Familienmitglied, das diesen Kommentar abgab, machte sich Sorgen darüber, dass Kinder gleichgeschlechtlicher Paare Sticheleien ausgesetzt sein könnten.

Sie hielt queere Menschen nicht für krank oder pervers. Vielmehr machte sie sich Sorgen darüber, dass die Kinder darunter leiden könnten, weil andere Menschen sie verurteilen. Diese Sorge um die Kinder kann trotzdem die Grundlage für ein Urteil über homosexuelle Menschen sein, über die von uns, die Kinder wollen, dass sie selbstsüchtig seien, als ob wir unser Glück/lichsein über das ihre stellen würden.

Es scheint vielleicht so, als ob die Bedenken über ein mögliches Unglück/lichsein der Kinder aus queeren Familien weniger schädigend wäre als Homofeindlichkeit, die zuerst da war und homosexuelle Menschen als Perverse darstellt, die gezüchtigt werden müssten. Glück/lichsein für seine Kinder zu wollen, scheint dennoch aus der Sorge um sie zu kommen. Aber die Annahme der Perversion und des Unglück/lichseins sind wesentlich miteinander verbunden. Die Psychologen Michael Schroeder und Ariel Shidlo untersuchten zum Beispiel, wie Mediziner:innen dieses Argument – dass homosexuelle Menschen unvermeidlich unglücklich sein würden – benutzten, um die sexuelle Konversionstherapie zu rechtfertigen.[98] Die Gewalt der Konversion

98 Schroeder, M. / Shidlo, A.: »Ethical Issues in Sexual Orientation Conversion Therapies. An Empirical Study of Consumers«, in: A. Shidlo / M. Schroeder / J. Drescher (Hg.): Sexual Conversion Therapy. Ethical, Clinical, and Research Perspectives. Philadelphia 2002, 134f.

bestand in dem Versuch, ein unglückliches queeres Kind in einen glücklichen heterosexuellen Menschen zu verwandeln. Mit anderen Worten: Konversionstherapie wurde mit der Sorge um das Glück/lichsein gerechtfertigt.

In Großbritannien gibt es immer noch einen Kampf darum, die Konversionstherapie für illegal zu erklären.[99] Und die Schlüsselfiguren, die diesen Anstrengungen widerstehen, tun dies aus einer vermeintlichen Unterstützung für lesbische und schwule Menschen, weil sie den Nutzen der Therapie nicht leugnen wollen, um trans Kinder von ihrem Selbstverständnis, trans zu sein, abzubringen. Die trans Wissenschaftlerin und Aktivistin Julia Serano zitiert eine Passage der Historikerin und Bio-Ethikerin Alice Dreger:

> »Wenn der:die Mediziner:in denkt, der:die Patient:in könnte ein schwuler Junge sein, der mit guter familiärer und sozialer Unterstützung zu einem gut angepassten schwulen Mann heranwachsen könnte, ohne dass eine Geschlechtsumwandlung oder lebenslange Hormontherapie nötig sein würden, dann müsste der:die Mediziner:in das Kind und sein Selbstverständnis nicht ›ändern oder lenken‹. Aber wenn er:sie das Verständnis des Kindes ›nicht ändert oder lenkt‹, weil er:sie die transgender Identität ›bejaht‹, sobald sie sich zeigt, könnte er:sie tatsächlich eine transgender Identität anregen oder festlegen.«[100]

Wie Serano aufzeigt, ist der einzige gut angepasste Erwachsene, der in diesem Abschnitt auftaucht und als akzeptabel gilt, ein schwuler Mann. Bei einer trans Frau würde dies nicht nur mit großem Aufwand, sondern auch fälschlicherweise »festgelegt« werden, durch das Unvermögen, das Kind zu »verändern oder zu lenken« und damit erneut »umzuorientieren«. Anstelle der Umwandlung eines unglücklichen Kindes in einen glücklichen Heterosexuellen, wandelt der Therapeut, der die Konversionstherapie anwendet, womit die Gewalt mit der Sorge um das Glück/lichsein gerechtfertigt wird, lieber ein unglückliches trans Kind in einen glücklichen Homosexuellen um.[101] So-

---

99 Während ich dieses Handbuch schrieb, plante die britische Regierung, den Einsatz der Konversionstherapie zu verbieten, aber mit Ausnahmen und ohne den Einsatz der Konversionstherapie für trans Personen zu verbieten.

100 Serano, J.: »Alice Dreger's disingenuous campaign against transgender activism« (2015); http://juliaserano.blogspot.com/2015/04/alice-dreger-and-making-evidence-fit.html.

101 Nicht alle Argumente für die Konversionstherapie drehen sich um die Sorge um Glück. Kürzlich sprach sich eine »genderkritische« Feministin dafür aus, wir sollten versuchen, die Zahl, der Personen, die sich einer Geschlechtsumwandlung unterziehen zu »reduzieren«, weil jede Person, die sich ihr unterzieht, »geschädigt« würde

mit ersetzt Transfeindlichkeit die Homofeindlichkeit in genau der gleichen Art und Weise. Es wird sehr viel Gewalt mit der Sorge um das Glück/lichsein gerechtfertigt.
Der Satz »Ich möchte nur, dass du glücklich bist« kann manchmal auch den Wunsch ausdrücken, queere und trans Kinder vor dem Schmerz der Zurückweisung zu bewahren. Nehmen wir den Film *Everybody's Talking About Jamie* (2021, Regie Jonathan Butterell), der aus einem Theaterstück entstanden ist, das selbst wiederum auf der BBC-Dokumentation *Jamie: Drag Queen at 16* basiert.[102] Jamies Mutter liebt und unterstützt ihren queeren Sohn, der eine Drag Queen sein möchte. Sie sagt zu ihrem Sohn »Ich möchte nur, dass du glücklich bist«, nicht weil sie möchte, dass ihr Kind hetero ist oder dass es hetero wird und seine Wünsche und Träume aufgibt. Die Mutter liebt ihr Kind nicht trotz, sondern für sein Queersein, seine Ausgelassenheit, seinen Widerwillen, Möglichkeiten aufzugeben, indem es einem schmalen Pfad folgt. Sie sagt »Ich möchte nur, dass du glücklich bist«, als Jamie sauer auf sie ist, da er herausgefunden hat, dass sie ihm verheimlicht hat, dass sein Vater ihn ablehnt und sie ihm in seinem Namen Briefe geschrieben und Blumen geschickt hat. Da sie den Vater nicht dazu bringen kann, seinen Sohn zu akzeptieren und ihn nicht von seiner Homofeindlichkeit abhalten kann, versucht sie zu verhindern, dass der Sohn davon erfährt. Es funktioniert nicht, nicht nur, weil Jamie herausfindet, dass die Mutter die Briefe geschrieben hat, sondern weil die Unkenntnis darüber, dass du zurückgewiesen wirst, die Zurückweisung nicht aufheben kann. Es liegt so viel Trauer in der Zurückweisung. Wir trauern um die Beziehung, die wir nicht hatten. Wir trauern um die Beziehung, die wir nicht haben werden. Es kann Trauer in der Notwendigkeit liegen,

---

und zu einem »riesigen Problem« für die gesunde Welt, »egal, ob sie zufrieden mit ihrer Umwandlung sei oder nicht oder ob sie sie wieder rückgängig machen würde«. Diese moralische Gleichgültigkeit gegenüber trans Personen ist mehr als nur grausam. Das zeigt uns die Gewalttätigkeit der Annahme, Geschlecht sei Schicksal – die Sprecherin machte trans Personen zum Problem, weil sie »abgekoppelt« von »ihrem wahren Geschlecht« seien. Eine Möglichkeit, eine Gruppe von Personen loszuwerden, ist, es schwierig für sie zu machen, ihre Identität zu bewahren oder zu ihren eigenen Bedingungen zu leben.

102 Die Geschichte basiert auf einer realen Begebenheit und dem Leben von Jamie Campbell im County Durham. Jamie reflektiert hier darüber, wie seine eigene Geschichte zu einem West-End-Musical wurde: https://www.bbc.co.uk/bbcthree/article/ e3ebeab8-a351-4289-8b44-7be088b365d4.

nicht von der Trauer überwältigt zu werden. Wir müssen uns hindurcharbeiten, auch wenn wir davon überwältigt werden.
Die Anstrengung, jemanden vor dem Unglück/lichsein beschützen zu wollen, führt nicht zum Glück/lichsein. Audre Lordes Arbeit hilft dabei, zu verstehen, warum dies so ist. Lorde schlägt vor: »›Die Sonnenseite des Lebens‹ ist ein Euphemismus, der genauso wie oberflächliche Spiritualität dazu dient, gewisse Realitäten zu verschleiern, deren unverhohlene Betrachtung sich als bedrohlich oder gefährlich für den Status quo erweisen könnte.« Sie geht weiter von dieser Beobachtung hin zu einer breiteren Kritik des Glück/lichsein als eine Verschleierung: »Suchen wir lieber ›Freude‹ statt wertvolle Nahrung und saubere Luft und eine gesündere Zukunft aus einer lebensfähigen und lebenswerten Erde! Als könnte pures Glück uns vor den Folgen des Profit-Wahnsinns bewahren!« Sie schreibt, schon der Gedanke, dass unsere erste Verantwortung in unserem Glück liege, müsse durch politischen Kampf abgelehnt werden. »Habe ich wirklich die Ausbreitung von radioaktiver Energie, Rassismus, Frauenschlächterei, chemischer Nahrungsvergiftung, Umweltverschmutzung, Mißbrauch und seelischer Zerstörung unserer Kinder bekämpft, nur um meiner dringendsten und vornehmsten Verantwortung auszuweichen: glücklich zu sein?«[103] Lorde hat uns die Antwort auf ihre Frage gegeben.

SPAßVERDERBER:INNEN-WAHRHEIT: WENN GLÜCKLICH/SEIN BEDEUTET, VOR DER GEWALT WEGZUSCHAUEN, DANN IST GLÜCK/LICHSEIN GEWALT

Das ist Lordes Wahrheit. *Das Handbuch für die feministische Spaßverderber:in* zeigt uns, was wir von Lorde lernen können. Lorde schrieb als Krebspatientin über die Anweisung, positiv zu sein, als ob man sich durch bessere Gefühle selbst heilen könnte. Die andere Seite dieser moralischen Argumentation ist, dass wenn es dir nicht besser geht, es daran liegt, dass du bei dem Versuch, dich selbst zu heilen, versagt hast. Die Aufforderung, positiv zu bleiben, macht eine Person nicht nur zum Problem, sondern auch zur Lösung, als ob du selbst aufhören könntest, krank oder arm zu sein oder diskriminiert zu werden, nur dadurch, dass du eine positivere Einstellung annimmst. Die Aufforderung, positiv zu bleiben, ist grausam. Wenn die ›Verschleierung bestimmter Lebensrealitäten‹ aus Sorge geschieht, dann ist Sorge grausam. In *Zami* gibt sie uns ein

103 Lorde, A.: Auf Leben und Tod. Krebstagebuch. Frankfurt a.M. 2000, 79.

Beispiel, wie ihre Mutter vorgab, dass Menschen, die ihre Tochter anspuckten, nur »in den Wind spuckten«. Lorde schreibt:

> »Es kam mir nie in den Sinn, sie anzuzweifeln. Erst Jahre später sagte ich einmal in einer Unterhaltung zu ihr: ›Ist dir aufgefallen, wie viel seltener die Leute jetzt in den Wind spucken als früher?‹ Und der Gesichtsausdruck meiner Mutter sagte mir, dass ich in eines jener geheimen Fettnäpfchen getrampelt war, über die niemals gesprochen werden durfte. Das war für meine Mutter so typisch, als ich klein war; wenn sie weiße Menschen nicht daran hindern konnte, ihre Kinder zu bespucken, weil sie Schwarz waren, bestand sie darauf, dass es sich um etwas anderes handelte.«[104]

Lordes Mutter versucht, ihr Kind vor dem Schmerz des Rassismus zu beschützen, indem sie ihn verschleiert. Wenn Audre ihre Mutter fragt, »Ist dir das aufgefallen?«, hat sie sich an den geheimen Ort des Schmerzes herangetraut. Glücklich/sein wird manchmal benutzt, um diese geheimen Orte des Schmerzes zu verbergen. Es kommt so viel zum Vorschein, wenn die Fassade fällt.

Die Fassade fällt. Lasst uns an das gewöhnliche Bild einer glücklichen Familie denken. Ein Bild kann poliert werden. Polieren ist eine Aktivität, eine Arbeitsform. Etwas zu verbergen, ist Arbeit am Erscheinungsbild. Erinnern wir uns noch einmal an de Beauvoirs Beschreibung, wie Mädchen lernen, es zu genießen, Silberzeug zu polieren. Es ist dabei wichtig, zu berücksichtigen, dass de Beauvoir über Frauen aus der Mittelschicht spricht, die nicht außerhalb des Hauses arbeiten müssen. Anne McClintock macht in ihrem Buch *Imperial Leather* ausdrücklich Klasse in der Beschreibung des Polierens zum Thema: »Frauen aus der Mittelschicht, die tatsächlich den ganzen Tag mit Schrubben zubringen, mit Putzen, Polieren und Schaben, verwenden eine erheblich längere Zeit darauf, die Spuren ihrer Arbeit zu verwischen.«[105] Beim Polieren geht es um mehr als nur um die Entfernung von Staub und Schmutz, es vernichtet die Spuren selbst. Claudia Rankine beschreibt, wie eine schwierige Diskussion über Rassismus von einer weißen Frau mit den Worten »Wenden wir unsere Aufmerksamkeit nun den Dessert-Schalen zu« beendet wurde. Sie erklärt dies »als die hellseherische Geste, die ich so oft bei weißen Frauen in alten Filmen gesehen habe, Frauen, die von glänzenden Objekten überwältigt werden«[106].

---

104 Lorde, A.: Zami. Eine neue Schreibweise meines Namens. Eine Mythobiografie. Münster 2012, 22

105 McClintock, A.: Imperial Leather. Race, Gender and Sexuality in the Colonial Context. London 1995, 75.

106 Rankine: Just Us, 151.

Ein glänzendes Objekt kann uns von etwas ablenken, oder durch etwas. Wenn wir die Oberflächen nicht polieren, dann *begegnen wir dem Realen, allem*, was entfernt wurde, um diesen Eindruck zu erschaffen. Indem wir Glück/lichsein sehen, es nicht nur sehen, sondern durchschauen, kommen wir dazu, so vieles andere zu sehen. Die Realität kann als oder in dem auftauchen, was Lorde die »geheimen Orte des Schmerzes« nennt.

Etwas zu polieren, heißt, eine glänzende Reflexion zu erschaffen. Ein Lächeln kann auch so ein Glänzen sein. Wie oft wurde mir gesagt, dass ich eine Fotografie ruiniert habe, weil ich nicht genug gelächelt habe oder weil ich so geschaut habe, wie ich mich fühlte, mürrisch. So viele Abendessen ruiniert, und so viele Fotografien. Für die Familie hieß glücklich zu sein, dass ich bändigen sollte, wie ich mich fühlte. Während ich dieses Handbuch schreibe, denke ich darüber nach, wie viel in ein glückliches Erscheinungsbild investiert werden kann.

Als meine Eltern sich trennten, war das eine große Erleichterung. Mein Vater war nicht mehr da. Nachdem er gegangen war, stimmte meine Mutter zu, dass wir alle Weihnachten in seinem neuen Haus mit seiner neuen Partnerin verbrachten. Es wurde uns Kindern als Geschenk präsentiert, als ob uns dann der Feiertag nicht aufgrund der Trennung verdorbenen würde. Ich wollte ihr so gerne mitteilen, wie ich mich fühlte, dass ich nicht dort hingehen wollte, aber ich habe es nicht gesagt. Ich konnte es nicht, vielleicht, weil ich fühlte, dass sie es nicht ertragen hätte. Ich erinnerte mich an die Trauer an diesem Tag, daran, zurückzukommen, an diesen Tisch, an diesen Ort.

Ich kenne diese Geschichte gut. Wir erzählen manchmal andere Geschichten, wenn wir in die Vergangenheit zurückschauen. Meine Mutter war Hausfrau. Ihre Aufgabe war es, für das Glück/lichsein anderer zu sorgen, ihres Ehemanns und ihrer Kinder. Und sie wurde Hausfrau, weil sie ihre eigene Karriere aufgeben musste, ihren Beruf als Krankenschwester, nachdem sie mit neunundzwanzig Jahren krank geworden war. Ich denke, meine Mutter konnte mit ihrem eigenen Unglück/lichsein umgehen, sie fand Trost in der Erfahrung der Aufopferung. Ich habe weiter vorne bereits erwähnt, dass es schwierig sein kann, zu unterscheiden, welches Glück/lichsein sie genau möchten, wenn sie vorgeben, dein Glück/lichsein zu wollen. Für meine Mutter hieß das, dass ihr eigenes Glück/lichsein auf unserem beruhte. Vielleicht brauchte sie die Illusion des Familienglücks und unseres Glück/lichseins, um darin einen Platz zu finden, einen Ersatz für das, was sie aufgegeben hatte. Im Rückblick denke ich, das ist der Grund dafür, dass sie es schwierig fand, wenn ich aufstand oder meinem Vater widersprochen habe. Das ließ ihre Illusion zerbrechen. Für meine Mutter wäre es ein zu großer Verzicht gewesen, die Illusion unseres Glück/lichseins aufzugeben.

Meine Mutter war nicht bereit dazu, die Illusion des Familienglücks zerbrechen zu sehen. Vielleicht war es für sie wichtig, dass alle noch einmal zusammenkamen, um nicht selbst zu zerbrechen. Wenn ich darüber nachdenke, was sie vielleicht hätte tun müssen, dann gibt mir das mehr Raum, ich kann dann atmen, wenn ich an diesen Tag denke. Es gab viele Belastungen und Spannungen in der Ehe meiner Eltern: ihre Krankheit, das Leben in einem Land ohne einen größeren Verwandtenkreis, ein multiethnisches Paar zu sein, mit verschiedenen Religionen, er ein pakistanischer Muslim, sie eine weiße christliche Frau. Als meine Eltern sich scheiden ließen, wurde meine Mutter aufgrund ihrer Behinderung zur Frührentnerin, mit begrenzten finanziellen Möglichkeiten, mein Vater blieb ein wohlhabender Mann. Zu einer anderen Zeit, an einem anderen Tisch, einem Familientisch, sagte der Vater einer anderen Person: »Scheidung diskriminiert Männer.« Das war einer der unvergesslichen Kommentare, die ich eingangs erwähnt hatte. Ich war so wütend, als er das sagte, weil ich von seiner Tochter wusste, dass das auf ihn nicht zutraf und es traf ganz sicher nicht auf meinen Vater zu. Ich beziehe mich auf diese Unwahrheiten, weil wir sie manchmal kennen, weil wir sie fühlen. Es war nicht wahr. Ich erhielt schon an dieser Stelle meine Berufung als feministische Spaßverderber:in. Ich wusste, dass das nicht gut enden würde, wenn ich zum Ausdruck brachte, was ich dachte. Ich konnte kein Entschuldigungsschreiben benutzen. Ich konnte nicht ruhig bleiben. Ich brachte etwas zum Ausdruck. Dieses Gespräch endete nicht gut.

Manchmal ist es gut, wenn Dinge nicht gut enden. Ein anderer unvergesslicher Kommentar, der in meiner Anwesenheit von Freunden, Familie und Bekannten gemacht wurde, war: »Das passiert eben, wenn du einen Muslim heiratest.« Dieser Kommentar wurde tatsächlich gegenüber meiner Mutter von einem Freund der Familie abgegeben, nachdem mein Vater sie verlassen hatte, Mitte der 1980er-Jahre. Solange meine Eltern noch zusammen waren, hatte der Freund niemals etwas dazu gesagt, dass mein Vater Muslim war. Als meine Eltern sich trennten, sagte er dann etwas. Vielleicht schwieg er früher aus Höflichkeit. *Höflicher Rassismus* ist manchmal nur sehr schlecht durch die Fassade der Höflichkeit maskiert. Das Wort *höflich (polite)* hat seinen Ursprung im Wort *polieren (polish),* etwas glätten, etwas blank reiben. Rassismus kommt sehr schnell zum Vorschein, wenn die Maske fällt, wenn etwas nicht funktioniert, wenn Dinge nicht mehr glatt laufen. Rassismus kann dann als Erklärung herangezogen werden, warum etwas nicht funktioniert hat, etwas zerbrochen ist. Als ob meine Mutter durch die Heirat mit einem Muslim aus etwas ›herausgeheiratet‹ und das nun selbst zu verantworten habe.

Es kann schmerzhaft sein, gesagt zu bekommen, dass eine Trennung die unvermeidbare Folge eines Bekenntnisses sei, das du gemacht hast. Diese Trennung wird dann zu deinem Schicksal. Es kann anstrengend sein, es nicht anzunehmen, nicht zu beginnen, schwierige Dinge zu erklären, die uns geschehen sind, mit den Begriffen, die nun einmal zur Verfügung stehen. Meine Mutter sagte zu mir viele Jahre später: »Enoch Powell hatte recht.« Als sie das sagte, hörte ich Powells Worte, seine berüchtigte Rivers of Blood-Rede, seine rassistische Prognose der schrecklichen und grässlichen Konsequenzen der Migration. Meine Mutter sagte dies zu mir, kurz nachdem ich ein Gespräch über Multikulturalismus und das Versprechen des Glück/lichseins auf einer Konferenz gehalten hatte. Ich war so aufgeregt, voll von Spaßverderber:innen-Freude, da es die erste Konferenz in Australien war, an der ich jemals teilgenommen hatte, wo ich eine von vielen People of Color war (und nicht, wie so oft, die einzige). Aborigines-Wissenschaftler:innen waren nicht nur anwesend, sondern hatten die Keynote-Vorträge gehalten. Ich war am Boden zerstört, als meine Mutter das sagte.

Einige Jahre später sagte meine Mutter, dass das nicht das war, was sie gemeint hatte. Sie sprach von dem Rassismus, den sie und mein Vater als ein mixed-race Paar in den 1960ern in England erlebt hatten. Manchmal hilft es, diese schwierigen Räume zu verstehen, wenn Weißsein zu Hause ist, aber du selbst nicht weiß bist, anderen zuzuhören und von ihnen zu lernen. Die Schwarze feministische Gelehrte Gail Lewis schrieb einen Artikel über ihre Beziehung zu ihrer weißen Mutter, den sie an ihre Mutter richtete. Über die Jahre habe ich so viel von Lewis gelernt, nicht zuletzt die Lektion darüber, wie Intimität in mixed-race Familien »kompliziert und ambivalent« ist, und Solidarität beinhaltet, aber auch andere Dinge wie »rassistische Spaltung und Feindschaft«, die nicht nur von außen kommen.[107]

Auch andere Sachen. So viele andere Sachen. Familien können Kontaktstellen sein, an denen viele Unterschiedlichkeiten aufeinanderprallen. Und ich denke wieder an meine Mutter und wie es für sie wohl war, drei Töchter

---

107 Lewis, G.: »Birthing Racial Difference: Conversations with My Mother and Others«, *Studies in the Maternal* 1: 1; https:// doi.org/10.16995/sim.112, 13.

zu haben, die zur Universität gegangen sind und sie nicht. Ich frage mich, ob meine Freude als Spaßverderber:in an jenem Tag, das intellektuelle Hochgefühl, das ich durch dieses Ereignis hatte, hätte überlaufen können, in Übermut, in einem Mangel an Bewusstsein dafür, wie viel Raum ich einnahm. Dies sind spekulative Gedanken, vorsichtige Erinnerungen. Meine Mutter muss ihre eigene Geschichte erzählen. Ich kann ihre Geschichte nicht erzählen. Und doch, durch das Erzählen unserer Geschichten erzählen wir uns gegenseitig unsere Geschichten in den Worten, die wir teilen. Ja, manche Sätze können uns treffen. Vielleicht stammte dieser Satz nicht von ihr, sondern war ein Echo dessen, was andere gesagt hatten, was dieser Freund der Familie gesagt hatte, ein Bruch, der durch die Heirat der falschen Person kam, der falschen Art von Person, zu viel und zu viele der falschen Art von Menschen, gemischt, durcheinander, das Auseinanderbrechen einer Nation, der Zusammenbruch einer Ehe, der Verlust einer Beziehung, einer Hoffnung auf Glück, auf Weißsein, Ströme von Blut, die Heimkehr.

Ja, es war erschütternd, das zu hören. Mit der Zeit sammeln wir die Stücke auf und finden in ihrer Schärfe Einsicht. Durch das Glück/lichsein hindurchzuschauen, unter die polierten Oberflächen, bedeutete für mich, zu sehen, wo Weißsein zu Hause war. Wir sehen Weißsein, wenn wir durch das Glück/lichsein hindurchsehen. Das bedeutet, *Weißsein zu erkennen*, ist die Hauptaufgabe der feministischen spaßverderbenden Kritiker:in. Ich denke an Toni Morrisons *Sehr blaue Augen*. Der Roman erzählt die Geschichte von Pecola, für die »sehr blaue Augen« das anzeigt, was sie nicht haben kann, was sie nicht werden kann, als ob vom Weißsein entfremdet zu sein, eine Fremde gegenüber dem Weißsein zu sein, hieße, nicht schön zu sein, nicht das zu haben, was dich glücklich machen würde. Pecola sieht sich selbst als Schwarz und hässlich. Sie sieht sich selbst durch die Brille eines anti-Schwarzen Rassismus, der Schwarzsein vom Weißsein entfernt, vom Licht entfernt, vom Wissen, auch vom Glück/lichsein. Sie sieht sich selbst, wie die Welt sie gelehrt hat, sich selbst zu sehen.

Wir lernen von Claudia, der Erzählerin, etwas über Pecola. Claudia könnte als Schwarze feministische Spaßverderber:in beschrieben werden. In einer Szene denkt sie darüber nach, wie ihr eine Puppe geschenkt wurde:

> »Es hatte mit Weihnachten und den Puppen angefangen, die wir geschenkt bekamen. Das große, besondere, liebevolle Geschenk war immer eine große blauäugige Babypuppe. An dem glucksenden Tonfall der Erwachsenen merkte ich, daß ihrer Meinung nach mit der Puppe mein Herzenswunsch

erfüllt wurde. [...] Die anderen Puppen, die mir großes Vergnügen machen sollten, bewirkten genau das Gegenteil. [...] [Ich] zog mit den Fingern die Stubsnase nach, bohrte in den gläsernen blauen Augenbällen, zwirbelte das gelbe Haar. Ich konnte sie nicht liebhaben. Aber ich konnte sie untersuchen, vielleicht entdeckte ich, was alle Welt so liebenswert fand. [...] Ich zerstörte weiße Babypuppen.«[108]

Claudia wusste durch das Gegacker der Erwachsenen, dass sie die weiße Babypuppe lieben sollte. Sie war nicht berührt auf diese Art, auf die richtige Art, sie war sogar auf die falsche Art berührt. Sie pikste und verdrehte die Puppe, anstatt sie zu bemuttern. Eine Art damit umzugehen, die ohne Zweifel als gewalttätig und aggressiv erachtet wird; als Unzufriedenheit, Illoyalität, Undankbarkeit. Die Puppe nicht zu lieben, hieß jedoch, dass Claudia die Puppe untersuchen konnte, um zu lernen, »was die Welt für liebenswert« hielt. Wir lernen, was uns glücklich machen soll, dadurch, dass es uns unglücklich macht. Die Formel für das Glücklichsein, die Morrison untersucht, um sie herauszufordern, heißt: *Glücklichsein = Nähe zum Weißsein.*

Mit dieser Formel können wir so viel erklären. Nicht nur, dass die Figur der feministischen Spaßverderber:in verwendet wird, um bestimmte Dinge zu tun, wenn wir zu Kulturkritiker:innen werden. Im Gegensatz zur feministischen Spaßverderber:in *als* Kritiker:in der Kultur taucht sie *in* der Kultur auf. Wir können zu Sissie zurückkehren, unserer *Sister Killjoy* aus Ama Ata Aidoos gleichnamigem Roman. Wir folgen Sissie auf ihrer Reise von Ghana nach Deutschland, dann nach England. In Deutschland läuft Sissie auf einem Markt herum. Sie sieht »polierten Stahl. Poliertes Blech. Poliertes Messing«. Sissie sah »ihren Schein und Glanz.«[109] Etwas wird glänzend, durch das, was nicht gesehen wird. Sissie sieht, was nicht gesehen wird. Sie sieht dann, wie sie gesehen wird:

»Plötzlich realisierte sie, dass eine Frau einem jungen Mädchen, die ihre Tochter zu sein schien, sagte: ›Ja, das Schwartze (sic!) Mädchen.‹ Durch das bisschen Deutsch, das man ihr für den Weg beigebracht hatte, wusste sie, was ›das Schwartze Mädchen‹ hieß. Sie war verwirrt. Schwarzes Mädchen? Schwarzes Mädchen? Daher schaute sie sich dieses Mal ganz genau um.«[110]

108 Morrison, T.: Sehr blaue Augen. Hamburg 1993, 19ff.

109 Aidoo: Our Sister Killjoy, 12.

110 Aidoo: Our Sister Killjoy, 12.

Als man sie das ›Schwarze Mädchen‹ nannte, war sie verwirrt. Dann sieht sie, dass sie es ist, die gesehen wird. Diese Passage erinnerte mich an die Diskussion des revolutionären Psychoanalytikers Frantz Fanon darüber, von einem weißen Kind als Schwarzer Mann gesehen zu werden, in *Schwarze Haut, weiße Masken*. Fanon zeigt, dass als Schwarz gesehen zu werden, bedeutet, gegenwärtig als furchterregend dargestellt zu werden und eine Geschichte angehängt zu bekommen, die »aus tausend Details, Anekdoten, Erzählungen«[111] gewoben wurde. Eine Geschichte kann es schwierig machen, zu atmen, einen Kreis »enger und enger zu ziehen«.

Als Sissie merkt, dass sie selbst als Schwarzes Mädchen gesehen wird, schaut sie sich um. Erst dann sieht sie das Weißsein. »Und das traf sie. Dass die Menschenmenge, die aus allen Richtungen kam, die Farbe von gepökeltem Schweinefleisch hatte, das aus fremden Ländern auf die Märkte zuhause geliefert wurde.«[112] Für Sissie bedeutet das Sehen von Weißsein, sich zu weigern, davon angezogen zu werden. Unsere *Spaßverderber:innen-Schwester* kommt näher zu sich selbst, näher an ihr Zuhause, in den Gesprächen, die sie mit anderen Schwarzen Menschen darüber hat, warum sie in Europa bleiben. Sissie hört einem angesehenen Doktor zu, der sagt, er bleibe in Europa, »um sie zu lehren, unseren Wert zu erkennen«. Sissie fragt, ob er, wenn er »sie« sagt, »weiße Leute« meine, und er antwortet: »Ja, klar«.[113] Sissie hört die Gewalt in dem »Ja«, den eigenen Wert gegenüber denjenigen nachweisen zu müssen, die ihn aberkannt haben. Sissies Kritik an der Anweisung, positiv zu bleiben, ist eine Kritik daran, was diejenigen, die kolonialisiert wurden, zu tun haben, um von den Kolonisator:innen als wertvoll anerkannt zu werden, was sie von sich selbst entfremdet.

Die Folge davon ist, dass einige sich selbst polieren müssen, sich genießbarer machen müssen, dankbar erscheinen müssen, lächeln, eine »weiße Maske« aufsetzen müssen, um den Begriff von Fanon zu leihen, um integriert zu werden. Somit kommen wir zurück zu der Formel *Glück/lichsein = Nähe zum Weißsein*. Glück/lichsein kann als Technik der Inklusion wirksam sein. Schau dir an, wie Vielfalt verwendet wird, um ein Bild von Organisationen als glücklich darzustellen, diese glänzenden Broschüren mit bunten Gesichtern, die sofort als Beispiele für Vielfalt erkennbar sind. Von People of Color wird

111 Fanon, F: Schwarze Haut, weiße Masken: Aus dem Französischen von Eva Moldenhauer, Frankfurt a.M.: Suhrkamp (1985), 82.

112 Aidoo: Our Sister Killjoy, 12.

113 Aidoo: Our Sister Killjoy, 129.

verlangt, diese lächelnden, farbenfrohen Gesichter anzubieten. Vielleicht ist das Wort *Diversität* schon ein Lächeln, ein Glätten der Erscheinung, Diversität als eine andere Art einer weißen Maske, Diversität als das *maskierte Weißsein*.

Oder wir könnten Diversität auch als *institutionelles Polieren* beschreiben. Ich habe eine Diversitätsbeauftragte interviewt, die mir sagte, sie benutze das Wort Diversität nicht, selbst wenn es zu ihrer Arbeitsbeschreibung gehört. Sie sagt: »Diversität ist wie ein großer, glänzender roter Apfel, richtig? Alles sieht wunderbar aus, aber wenn du diesen Apfel aufschneidest, ist ein verfaulter Kern innen drin und du weißt, dass in Wirklichkeit alles verfault ist und dass darüber nicht gesprochen wird. Es sieht alles wunderbar aus, aber die Ungleichheiten werden nicht angesprochen.« Als ich sie über den glänzenden roten Apfel sprechen hörte, erinnerte mich das an Betty Friedans Kritik des Bildes der glücklichen Hausfrau, deren strahlendes Lächeln eine Infektion verbirgt.[114] Wenn Diversität ein Weg ist, wie Organisationen glücklich erscheinen können, ist Diversität der Weg, um Ungleichheiten »nicht wirklich ansprechen« zu müssen.

Wenn Diversität das ist, was wir sehen, gibt es so vieles, was wir nicht sehen. Diversität kann ein Weg sein, Weißsein nicht zu sehen. People of Color werden aufpoliert, helfen dabei, eine glänzende Spiegelung herzustellen. Ich erwähnte eine Konferenz, bei der ich über Multikulturalismus und das Versprechen des Glück/lichseins referiert habe. Der Vortrag bezog sich vor allem auf den Film *Kick it like Beckham* (Regie: Gurinder Chadha 2002). Tatsächlich war der Film einer der Gründe, warum ich mich entschieden hatte, überhaupt über das Glück/lichsein zu schreiben. Ich war so getroffen und – okay, ich sage es jetzt – *entsetzt* von seinem Happy End. Das explizite Vorhaben des Filmes zeigt auf, dass Töchter frei sein und ihren eigenen Weg des Glück/lichseins finden sollten. Wie der Vater sagt: »Zwei Töchter an einem Tag glücklich gemacht. Was könnte ein Vater noch mehr wollen?« Jess, seine Tochter, ist nicht von Natur aus eine Spaßverderber:in. Sie will Fußball spielen. Sie möchte aber auch ihre Eltern glücklich machen. Sie wollen aber nicht, dass sie Fußball spielt. Daher spielt sie heimlich Fußball. Viele Kinder der zweiten Generation von Migrant:innen könnten etwas aus ihrer eigenen Erfahrung in Jess' Geschichte finden. Wir wissen, wie viel unsere Eltern für unser Glück/lichsein aufgeben haben. Als spaßverderbende Kritiker:innen bemerken wir, was das Hindernis zum Glück/lichsein ist. Im Film ist es der

---

114 Friedan, B.: The Feminine Mystique. Harmondsworth 1965.

Vater, der Jess davon abhält, das zu tun, was sie glücklich machen würde. Er wird damit als Spaßverderber im Film positioniert. Der Vater hält zwei Reden über seine Tochter. In der ersten Rede sagt er: »Als Teenager in Nairobi war ich der beste, schnellste Bowler in unserer Schule. Unser Team gewann sogar den East African Cup. Doch als ich in dieses Land kam, war ich ein Niemand. Und diese verdammten Engländer (gora) im Klubhaus machten sich über meinen Turban lustig und schickten mich weg ... Sie wird genauso enttäuscht werden wie ich.« Die Erinnerung des Vaters an die eigenen Rassismuserfahrungen ist das, was ihn dazu führt, Jess vom Spielen abzuhalten. Am Ende des Films gibt es einen Wandel des Vaters. In der zweiten Rede sagt er: »Als mich diese verdammten Kricket-Spieler aus ihrem Klub warfen wie einen Hund, habe ich mich nicht beklagt. Andererseits schwor ich mir, dass ich nie wieder spielen würde. Wer hat darunter gelitten? Ich. Doch ich möchte nicht, dass Jess auch leidet. Ich möchte nicht, dass sie dieselben Fehler macht wie ihr Vater, ihr Leben so hinnimmt, Situationen hinnimmt. Ich möchte, dass sie kämpft. Und ich möchte, dass sie gewinnt.« In der ersten Rede sagt der Vater, *sie solle nicht spielen*, damit sie nicht leide wie er, in der zweiten sagt er, *sie solle spielen*, um nicht zu leiden wie er. Die zweite Rede unterstellt, dass die Ablehnung, ein Nationalspiel zu spielen, die Wahrheit hinter dem Unglück der Migrant:innen sei: Du leidest, weil du das Spiel nicht spielst; das Nichtspielen wird als Selbst-Ausschluss gelesen. Damit Jess glücklich sein kann, lässt er sein eigenes Leiden los, das Unglück/lichsein, das durch die Akzeptanz des Rassismus ausgelöst wurde.

Wenn der Vater aufhört, an seiner Verletzung festzuhalten, dann lässt er die Tochter los. Jess geht nach Amerika, um ihren Traum zu verwirklichen, eine professionelle Fußballspielerin zu werden. Sie verliebt sich auch in Joe, ihren weißen Fußballcoach. Mixed-race Liebe kann auch als Problem dargestellt werden. Es kann auch ein Problem sein, wenn es als Lösung dargestellt wird. Die Akzeptanz dieser mixed-race heterosexuellen Liebe ist tatsächlich ein herkömmliches Narrativ der Versöhnung, als ob Liebe vorherige Gegensätze überwinden könnte (Liebe als Politur, vielleicht). Die letzte Szene ist eine Kricket-Szene, Jess' Vater schlägt den Ball. Joe, im Vordergrund, wirft. Er lächelt uns zu. Das ist die letzte Szene, aber die erste Kricket-Szene im ganzen Film. Die Folgerung hieraus ist natürlich, dass der Vater wieder Kricket spielen kann. Es ist der weiße Mann, der als Agent präsentiert wird, der den melancholischen Migranten in den nationalen Rahmen zurückbringt.

Der Film, abgesehen vom Aufwand, einem braunen Mädchen seine eigene Geschichte zu geben, ihr eigenen Sehnsüchte, und Wünsche zu geben, endet mit der gleichen Glücksformel, die Morrison und Aidoo durch ihre Schwarzen spaßverderbenden Kritiker:innen Claudia und Sissie demontierten: *Glück/lichsein = Nähe zum Weißsein*, oder um noch genauer zu sein: *Glück/lichsein = Nähe zum weißen Mann.* Natürlich ist die Geschichte von Jess auf der einen Seite die Geschichte eines unkonventionellen indischen Mädchens, das die Regeln bricht, die festlegen, was sie tun darf und wer sie sein kann. Die Geschichte eines indischen Mädchens, die den Ball wie Beckham kicken will (und nicht »Aloo Gobi kochen«), ist eine konventionelle Geschichte, eine nationale Geschichte, die erzählt, wie die Tochter einer migrantischen Familie von ihrer Vergangenheit und den kulturellen Beschränkungen durch die Identifikation mit der Nation und dem Glücksversprechen befreit werden kann, dadurch, dass sie mitspielt.

SPAẞVERDERBER:INNEN-WAHRHEIT: DIE UNKONVENTIONELLE TOCHTER EINER MIGRANTISCHEN FAMILIE IST EINE KONVENTIONELLE FORM DER SOZIALEN HOFFNUNG

Den Film als spaßverderbende Kritiker:in zu sehen, half mir, zu erklären, warum ich das Ende des Films so problematisch finde. Rassismus taucht als das auf, womit der melancholische Migrant verbunden ist, als eine Verbundenheit mit einer Beschädigung, die Migrant:innen erlaubt, zu rechtfertigen, warum sie die Teilnahme an einem Nationalspiel zurückweisen (die Gora in ihrem Klubhaus). Wir sollen diesen Schmerz des Rassismus loslassen, indem wir den Rassismus als eine Art des Verständnisses von Schmerz loslassen. Rassismus wird eingerahmt als eine Erinnerung, die, wenn sie lebendig gehalten wird, uns nur erschöpfen würde. Wenn die Figur der feministischen Spaßverderber:in andeutet, dass das Sprechen über eine Verletzung bedeutet, *sie größer zu machen, als sie ist*, dann deutet die Figur des melancholischen Migranten an, dass das Reden über Rassismus bedeutet, nicht darüber hinwegzukommen.

SPAẞVERDERBER:INNEN-BEKENNTNIS: ICH BIN NICHT BEREIT, ÜBER ETWAS HINWEGZUKOMMEN, DAS NICHT WEG IST

Die Figur der melancholischen Migrant:in besagt, dass die Sorge um Rassismus bedeutet, zu sehr von sich selbst oder der eigenen Besonderheit berührt zu sein. Glück/lichsein selbst wird dadurch universal. Betrachten wir die Beschreibung des Glücks, wie es von V.S. Naipaul in dem Artikel »Our Universal Civilization« beschrieben wird:

> »Es ist eine dehnbare Idee; sie passt zu allen Menschen. Sie impliziert eine bestimmte Art von Gesellschaft, eine bestimmte Art von erwachtem Geist. Ich kann mir nicht vorstellen, dass die hinduistischen Eltern meines Vaters die Idee verstanden hätten. So viel ist in ihr enthalten: die Vorstellung vom Individuum, Verantwortung, Wahlmöglichkeit, das Leben des Intellekts, die Idee der Berufung, der Vollkommenheit und des Erfolgs. Es ist eine immens menschliche Idee. Sie lässt sich nicht auf ein festes System reduzieren. Sie kann keinen Fanatismus hervorbringen. Aber man weiß, dass sie existiert, und deshalb wehen am Ende andere, starrere Systeme, weg.«[115]

Die Großeltern erscheinen hier nicht nur als diejenigen, die am Universalen nicht teilhaben können, die zu besonders sind, um es ›zu kapieren‹, aber auch als diejenigen, die aufgegeben werden müssen, um an der Universalität teilhaben zu können. Hierin liegt eine andere Glücksformel: *Weiß = universal, braun = relativ.* Wenn einige von uns ihre Besonderheiten aufgeben müssen, dann ist das Universale nicht so elastisch, es passt eben nicht für »alle Menschen«. Oder vielleicht ist das Universale ein elastisches Band, es reißt aber, wenn es so sehr gedehnt wird, dass es für alle passen würde.

Die Figur der melancholischen Migrant:in zirkuliert nicht nur in der Literatur und in Populärfilmen, sondern auch im breiteren politischen Diskurs. Im Jahr 2020, zum Teil als Antwort auf die *Black Lives Matter*-Proteste, richtete die britische Regierung eine neue Kommission ein, um »Race und ethnische Disparitäten im Vereinigten Königreich« zu untersuchen. Der Sewell-Bericht, der daraus folgte, behauptete nicht nur, dass es keine Beweise für institutionellen Rassismus im Vereinigten Königreich gebe, sondern auch, »dass der Erfolg vieler ethnischer Minoritäten in Bildung – und zu einem geringeren Grad in der Wirtschaft – zum Vorbild für andere weiße Mehrheitsgesellschaften werden sollte«[116]. Der Bericht verlagert Rassismus nicht nur

---

115 Naipaul, V. S.: »Our Universal Civilization«, *The New York Times* (5. November 1990); http://www.nytimes.com/books/98/06/07/specials/naipaul-universal.html.

116 Commission on Race and Ethnic Disparities Report (CRED); https://assets.publishing.service.gov.uk/government/uploads/system/uploads/attachment_data/file/974507/20210331_-_CRED_Report_-_FINAL_-_Web_Accessible.pdf (2021).

in die Vergangenheit, sondern in die Köpfe derjenigen, so unterstellt er, die an der Vergangenheit festhalten: »Für einige Gruppen verfolgt die historische Erfahrung von Rassismus noch immer die Gegenwart, und es widerstrebte ihnen, anzuerkennen, dass das Vereinigte Königreich offener und gerechter geworden ist.« Der Bericht legt nahe, dass Rassismus nur in den Gedanken und Erinnerungen derjenigen existiert, die von der Geschichte heimgesucht werden, nicht als das, was einige Gruppen an der Teilhabe hindert, sondern als die Art und Weise, wie einige Gruppen sich selbst ihrer Teilhabe behindern. Positivität wird als objektiv und neutral und zukunftsorientiert betrachtet; Negativität hingegen als subjektiv und voreingenommen und in der Vergangenheit feststeckend. Als spaßverderbende Kritiker:in müssen wir lernen, die Verteilung von positiv und negativ richtig zu lesen. Der Bericht benutzt sie, um die Haltungen zu beschreiben, die das Ergebnis bestimmen, nicht nur für Individuen, sondern für verschiedene ethnische Gruppen:

> »Diese Gruppen, insbesondere indische und chinesische ethnische Gruppen, die den größten Erfolg in der britischen Gesellschaft haben, sehen weniger Hindernisse und Vorurteile. Und die Gruppen, denen es schlechter geht, Schwarze Menschen, Muslim:innen aus Pakistan und Bangladesch, neigen dazu, mehr von beidem zu sehen und zu erleben. Dabei sind Schwarze Menschen afrikanischer Herkunft deutlich positiver eingestellt als Schwarze Menschen karibischer Herkunft.«

Der Bericht versucht sogar, »das Positive« in der Versklavung zu sehen: »Es gibt eine neue Geschichte über die Erfahrungen in der Karibik, die davon spricht, dass es während der Versklavung nicht nur um Profit und Leid ging, sondern auch darum, wie sich afrikanische Menschen kulturell neu erfunden haben, als Afrikanisch/Britisch.« Ja, selbst die transatlantische Versklavung und der Handel, der den Tod und die Enteignung von Millionen afrikanischer Menschen verursacht hat, kann somit in eine positive Geschichte der Selbstermächtigung verwandelt werden.

Ich denke zurück an Lordes Kritik des Glücks, an die Grausamkeit, die das Glück/lichsein vernebelt, an die *Grausamkeit* dieser Vernebelung. Ich habe weiter vorne auf Anne McClintocks Diskussion verwiesen, wie die Arbeit des Polierens in häuslichen Innenräumen, das Kreieren glänzender Oberflächen, die Spuren der Arbeit verwischt. McClintock zeigt auch, wie die bourgeoise Moral und die imperiale Mission Reinlichkeit in eine Anweisung verwandelt hat, indem sie auf die Pears-Seifen-Werbekampagne verweist. Seife wurde nicht nur zugeschrieben, dass sie »Großbritanniens ›vielen Ungewaschenen‹ Moral und wirtschaftliche Erlösung« brächte, sondern sie würde auch die »spirituelle Mission an sich«[117] verkörpern. Aus weiß wurde rein und auch sauber, aus Arbeit und Schwarzsein Dreck oder dreckig. In einer Anzeige wird aus Kiplings *Die Bürde des weißen Mannes* zitiert, der über Seife »die Tugend der Reinlichkeit lehrt«, Seife als »ein mächtiger Faktor zur Erhellung der dunklen Ecken der Erde«. Dazu ein Bild eines ›Indigenen‹, der dankbar und glücklich eine Seife von einem weißen Mann erhält, der über ihm steht.

Das Empire könnte als *Polieren der Welt* beschrieben werden. Ein glückliches Bild des British Empire wird durch die Beseitigung der Gewalt und der Beseitigung der Beweise dieser Beseitigung kreiert. Ein utilitaristischer Philosoph beschreibt das imperiale Projekt folgendermaßen: »Die Geschwindigkeit der Zivilisation wurde beispiellos beschleunigt. Das Recht, das Wissen und die Manieren Europas wurden an ihre Pforten gebracht und durch einen unwiderstehlichen moralischen Druck zur Anerkennung erzwungen. Das Glück/lichsein der Menschheit wurde dadurch ungeheuer gesteigert.«[118]

Wenn das British Empire als Glücksgeschichte erzählt wird, dann wird es mit den gleichen Begriffen erzählt, mit denen es gerechtfertigt wird. Durch die *Weltpolitur* nehme ich Bezug darauf, wie viel durch die Erzählung der imperialen Geschichte vernebelt wird, inklusive der massiven Ausbeutung von Ressourcen und Menschen in den Kolonien. Ich zeige auch auf, wie das British Empire eine affektive Aufforderung mit sich brachte, indem weiterhin die glückliche Geschichte des imperialen Fortschritts erzählt wird. Diese Sichtweise des Empires wird durch Staatsbürgerschaft durchgesetzt, womit ich meine, dass man als Bürger:in lernen muss, diese Sichtweise zu übernehmen und verpflichtet ist, sie zu wiederholen. Der Ratgeber des Innenministeriums für den Einbürgerungstest, *Life in the United Kingdom. A Journey to Citizenship,* merkt das mehrfach an und immer in einer positiven und strahlenden Begrifflichkeit. In einem Fall beschreibt der Ratgeber das British Em-

---

117 McClintock: Imperial Leather, 137.

118 Mill, J.: »Bruce's Report on the East India Negotiation«, *The Monthly Review* (1813), 30. Einige utilitaristische Philosophen u.a. James Mill, John Stuart Mill und Thomas Babington Macaulayhad bekleideten offizielle administrative Positionen im britischen Königreich (insbesondere für die East India Company). Wir müssen noch vieles über die Verbindung der Moralphilosophie und der kolonialen Verwaltung lernen. Für eine weitere Diskussion vgl. Utilitarianism and Empire, hrsg. v. B. Schultz / Varouxakis, G., Maryland 2005 sowie mein Buch What's the Use? On the Uses of Use. Durham 2019.

pire als das, was »reguläre, akzeptable, unparteiische Systeme den indigenen Menschen in Afrika, dem indischen Subkontinent und anderswo Recht und Ordnung« gebracht habe.[119]

Wenn von indigenen Völkern verlangt wird, diese glückselige Geschichte des imperialen Fortschritts zu erzählen, wird von ihnen verlangt, ihre eigene Enteignung zu feiern. Als der 26. Januar, das Datum der Landung der ersten Flotte in der Bucht von Sydney im Jahre 1788, zum ›Australia Day‹ erklärt wurde, wurde die Eroberung zu einer alljährlichen Feier. Indigene Australier:innen nannten diesen Tag ›Invasion Day‹, manchmal auch ›Survival Day‹, sie machten aus dem Tag keinen Feiertag, sondern einen Tag, an dem protestiert und getrauert wird. Die indigene Feministin Celeste Liddle betont die Wichtigkeit des Invasion Days, der »ein Tag des indigenen Protests und des Anspruchs auf Souveränität bleibt«. Sie weist darauf hin, dass es die beste Reaktion auf den Protest wäre, nicht das Datum zu ändern oder mehr Aborigines und Torres-Strait-Insulaner:innen in die Feiern einzubeziehen, sondern für alle andere Menschen »herauszufinden, warum so viele in diesem Tag keinen Feiertag sehen«. Sie fügt hinzu: »Ich war immer optimistisch, dass in einem Land, das sich stolz mit dem Satz ›fair für alle einzustehen‹ beschreibt, das alles kein unmöglicher Traum sei. Ich denke, wir schulden das den zukünftigen Generationen. Aber solange keine ernsten Gespräche geführt werden und die Leute nicht anfangen zuzuhören, wird es leider etwas bleiben, das ich wahrscheinlich zu Lebenszeit nicht mehr erleben werde. Und das ist tatsächlich ein Grund zu klagen.«[120] Wir betrauern den Grund für die Trauer. Wir müssen weiterhin »ernste Gespräche« über Kolonialismus führen, auch oder vielleicht besonders während der Zeiten, in denen gefeiert wird.

Auch wenn es in jüngerer Zeit gemeinsame Anstrengungen gab, *keine* idealisierte Geschichte des Empires zu erzählen, *keine* höfliche Geschichte von wohlerzogenen Kolonialist:innen und die Gewalt *nicht* aufzupolieren, wurde diesen Anstrengungen auch einiger Widerstand entgegengebracht. Die Spaßverderber:in als Kulturkritiker:in hilft uns, *diesen Widerstand zu erklären*. Lasst uns nochmals zum Sewell-Bericht zurückkommen. Er beschreibt (und verwirft) die politische Bewegung, die die Idealisierung der

---

119 Home Office, Life in the United Kingdom: A Journey to Citizenship. Stationary Office Books (TSO): Norwich 2005, 32.

120 https://www.sbs.com.au/nitv/article/celeste-liddle-changing-the-date-wont-fix-australia-day/ioxhtoc2i.

kolonialen Geschichte und der Geschichte der Versklavung hinterfragt, als abweisend, als »negativ«, in anderen Worten als Spaßverderber:innen-Projekt. Beispielsweise kontrastiert er »positiv zu sein« gegenüber der britischen Herkunft und Geschichte mit dem »negativen Ruf« nach der Dekolonialisierung von Lehrplänen. »Weder das Verbot weißer Autor:innen noch der symbolische Ausdruck Schwarzer Errungenschaften wird dazu beitragen, den Geist junger Menschen zu erweitern. Wir haben gegen den Abriss von Statuen argumentiert, stattdessen möchten wir, dass alle Kinder ihre britische Herkunft einfordern.«

In den Medien wird häufig die Dekolonialisierung von Lehrplänen mit dem Verbot weißer Autor:innen gleichgesetzt. Hier ist ein Beispiel: »Studierende einer angesehenen Londoner Universität verlangen, dass zum Beispiel Platon, Descartes und Kant weitestgehend aus dem Lehrplan genommen werden sollten, weil sie weiß sind.«[121] Wenn sie die Initiative, die für eine Dekolonialisierung der Lehrpläne an der Universität eintrat, befragt hätten, hätten sie herausgefunden, dass die Studierenden nicht die Streichung irgendwelcher Autor:innen verlangt hatten (schon gar nicht »weil sie weiß waren«). Bei der Dekolonisierung des Lehrplans geht es darum, den Lehrplan über einen engen Gedankenkorpus hinaus zu *erweitern*. Die Studierenden forderten, dass mehr Philosophie außerhalb des Westens einbezogen wird, und sie forderten mehr Diskussion über die kolonialen Kontexte, die die europäische Philosophie des 18. und 19. Jahrhunderts geprägt haben. Fragen nach der Rolle des Rassismus in der Aufklärung lehren uns mehr, nicht weniger, über diese Philosophie. Ich werde im nächsten Kapitel darauf zurückkommen, was es bedeutet, die Spaßverderber:in als Philosoph:in zu positionieren.

Die Kritik an einem Kanon wird *als das Versäumnis dargestellt, ihn zu verehren*. Du musst nur sagen, dass der Kanon kein Ausdruck der Qualität oder des Wertes ist, das diese ›großartigen Texte‹ nicht einfach da sind, weil sie ›großartige Texte‹ sind, und die Reaktion wird sein, dass du »großartige Literatur einfach den Abfluss herunterspülen willst«[122], um einen Bestsellerautor zu zitieren, oder dass es damit endet, dass wir »Müsliverpackungen

---

121 Petre, J.: »They Kant be Serious!«, *Mail on Sunday*; https://www.dailymail.co.uk/news/article-4098332/They-Kant-PC-students-demand-white-philosophers-including-Plato-Descartes-dropped-university-syllabus.html.

122 Dieses Zitat stammt von Jim Rickards, zu finden in einem Zeitungsartikel von Harriet Alexander; https://www.dailymail.co.uk/news/article-9263735/Woke-teachers-cut-Shakespeare-work-white-supremacy-colonisation.html.

lesen anstatt Shakespeare«, um einen Kulturwissenschaftler zu zitieren, der bekennt, dass er relativ viel Verständnis für diese Art Bedenken hat.[123]

Eine Kritik an etwas wird als Zerstörung desselben verurteilt. Das Hinterfragen von Personen oder Dingen, die idealisiert werden, gilt als schädlich, es wird als Vandalismus betrachtet, als »vorsätzliche Zerstörung des Ehrwürdigen und Schönen.«[124]

SPAẞVERDERBER:INNEN-BEKENNTNIS: WENN KRITIK SCHADEN ANRICHTET, BIN ICH BEREIT, SCHADEN ANZURICHTEN

Bemerke dabei, dass die Negativität eher zur Beurteilung als zur Handlung gehört. Spaß zu verderben, wird zu einem welt-erschaffenden Projekt, wenn wir es ablehnen, uns durch eine Vorverurteilung vom Handeln abhalten zu lassen.

Wir zeigen stattdessen, dass diese Vorverurteilung eine defensive Funktion hat. Wir eignen uns die Ressourcen an, um zu erklären, warum so viele konservative Verteidigungen der Kultur und der Geschichte die Figur ›der Woken‹ heraufbeschwören. Ein Artikel eines konservativen Politikers mit dem Titel »Was ist Wokeism und wie kann er zerschlagen werden?« beginnt mit der Feststellung: »Großbritannien wird attackiert. Nicht in einem physischen, sondern in philosophischem, ideologischem und historischem Sinne. Unsere Herkunft wird direkt angegriffen – die gesamte Bedeutung, was es heißt, britisch zu sein, wird infrage gestellt, Institutionen werden unterwandert, das Ansehen von Schlüsselfiguren in der Geschichte unseres Landes wird verleumdet.«[125] Er bezieht sich auf die *Black Lives Matter*- und Dekolonialisierungs-Bewegung als Beispiel für »Angriffe« auf das, was es bedeutet, britisch zu sein. Diese Bewegungen, so behauptet er, seien nicht »positiv motiviert. Ganz im Gegenteil«.

Positivität ist an das Bewahren geknüpft. Darum macht die Beurteilung der Negativität so viel Arbeit, weil es um mehr geht als eine Motivationsgeschichte. Dadurch, dass die Negativität bei Außenseiter:innen verortet wird, ob sie nun die Spaßverderber:innen oder ›die Woken‹ sind, werden Kultur

123 Skinner, J.: Anglo-American Cultural Studies. Stuttgart 2016, 351.

124 Diese Definition für Vandalismus lässt sich hier finden: https://www.etymonline.com/word/vandal#etymonline_v_4628.

125 Bacon, G.: »What is Wokeism and How Can It be Defeated«, *Common Sense Thinking for a Post-Liberal Age* (2021), 22.

und Geschichte stabilisiert und verhandelt, als ob sie etwas wären, das alle teilen. Dieser Autor fügt hinzu: »Wörter, die jahrtausendelang verstanden wurden, wie ›Mann‹ oder ›Frau‹ werden nun emotional aufgeladen und sind gefährlich.« Natürlich ist diese Behauptung unwahr, Wörter verändern sich, Sprache verändert sich und wir tun es auch. Nur weil darauf hingewiesen wird, dass die Bedeutung unklar ist, und ja, auch die Wörter ›Mann‹ und ›Frau‹, wird so getan, als ob dies das Ende jeglicher Kommunikation wäre, als ob Menschen die Möglichkeit weggenommen würde, miteinander zu sprechen. Ein anderer konservativer Politiker stellte fest: »Wir wollen uns dieser linken Kultur entgegenstellen, die unsere Kultur abschaffen will, unsere Werte, unsere Frauen.«[126] Nur weil sie darum gebeten haben, auch etwas über nichtwestliche Philosoph:innen beigebracht zu bekommen (zusammengefasst als die Abschaffung der Kultur) oder eine etwas inklusivere Sprache, so etwas wie *schwangere Menschen* (unter Berücksichtigung, dass nicht alle Menschen, die schwanger sind, *Frauen* sind), bedeutet dies, *Frauen* abzuschaffen. Das Argument, dass *Frauen* abgeschafft würden, eingerahmt in eine alte sexistische Vereinnahmung (›unsere Frauen‹), bezieht sich lose auf das ›genderkritische Argument‹, der Begriff *Gender* habe den Begriff *Geschlecht* ersetzt. Vielleicht sollten wir Geschlecht wie eine Statue betrachten, etwas, das du als vorhanden sicherstellen musst, etwas, das feststeht und bleiben soll.

Es gibt so vieles, dem wir nicht zustimmen wollen. Ich habe diese Überlegungen damit begonnen, vorzuschlagen, dass wenn feministische Spaßverderber:innen zu Kulturkritiker:innen werden, wir nicht aus der Entfernung zuschauen. Wir stehen mittendrin. Lassen Sie mich mit dieser Nähe enden. Für viele von uns ist das British Empire nicht lange her oder weit weg. Ich wurde mit den Geschichten meines Vaters über die Teilung aufgezogen. Eine anstrengende Zugfahrt, ein Land, das entzweibricht, eine Familie, für die die Vergangenheit ein anderes Land wäre. Wir erzählen Geschichten. Wir tragen sie mit uns herum. Wir sind sie. Race war für mich nie ein Thema, das ich untersucht habe oder das ich mit Abstand beobachtet habe. Ich wurde 1994 als Dozentin für Women's Studies eingestellt, um ein Grundseminar über Gender und Rassismus zu halten. Der Auftrag war das Ergebnis der Erkenntnis, dass der Feminismus Ethnizität als eine primäre, nicht nur als sekundäre Kategorie ernst nehmen muss. Auch wenn diese Anerkennung richtig war,

126 Rishi Sunak sagte dies während des Wahlkampfes als Vorsitzender der Konservativen Partei am 11. August 2022.

können dadurch einige von uns am Ende eine Kategorie verkörpern, zur »Rassismus-Beauftragten« werden, zu Race an sich.

Ich habe ein neues Seminar entworfen: »Gender, Rassismus und Kolonialismus«. Das Seminar musste genehmigt werden, Formulare mussten ausgefüllt werden. Am Ende dieses Prozesses wurde ich gebeten, das Universitätskomitee aufzusuchen. Wir saßen um einen Tisch herum. Die meisten Seminare wurden ohne große Nachfragen genehmigt. Dann kam mein Seminar an die Reihe. Und ein Professor aus einem ganz anderen Fachbereich begann mich zu befragen. Ich war dort, saß am gleichen Tisch, eine junge Frau, eine Person of Color, die einzige braune Person im Raum. Niemand sagte etwas. Es kann sein, dass der weiße Mann neben ihm nickte. Ich meine mich an eine murmelnde Zustimmung zu erinnern. Alles, was er sagte und wie er es sagte, drückte seine Wut aus, seine Abneigung, seinen Ekel, dass ich überhaupt da sein konnte, wo er war, sagte, was ich sagte, machte, was ich machte. Ich kann mich nicht mehr an alles erinnern, was er sagte. Aber das Wort in der Seminarbeschreibung, das seine Reaktion hervorgerufen hatte, war das relativ unspektakuläre Wort ›implizieren‹. Dass ich dieses Wort benutzt habe, war ein Zeichen, sagte er, dass ich dachte, dass der Kolonialismus eine schlechte Sache gewesen sei. Dann hielt er mir einen Vortrag, warum der Kolonialismus eine gute Sache war, Kolonialismus als Moderne, die glückselige Geschichte von Bahngleisen, Sprache und Gesetzen, die so bekannt ist, weil wir sie schon so viele Male gehört haben. Als ich ihm zuhörte, hörte ich, dass er nicht nur mich, sondern das Seminar, meine Begriffe, die Arbeit, durch die Brille des Weißseins sah. Ich wurde als eine traurige, braune Angehörige betrachtet, eine undankbare Begünstigte dieses Geschenks der Modernität.

Vielleicht können sie es nicht aushalten, wenn ein Objekt spricht, wenn diese als willige Empfänger:innen dargestellten, es aufnehmen, alles in sich aufsaugen und dann *Nein* sagen. Er hörte ein *Nein* im Wort *implizieren*. Ich verwandelte die *Implikation* in eine Theorie, machte aus dem *Nein* die Implikation meiner Arbeit. Wenn wir *Nein* sagen, zeigen wir, was wir wissen. Es kann sein, dass wir Nein in Philosophie umwandeln. Deshalb wende ich mich nun der Spaßverderber:innen-Philosophie zu.

4
Die feministische Spaßverderber:in als Philosoph:in

Welches Bild kommt dir in den Sinn, wenn du dir Philosoph:innen vorstellst? Ein Bild kann Teil der Geschichte sein. Wenn wir uns Philosoph:innen vorstellen, was uns in den Sinn kommt, wer uns in den Sinn kommt, sind wohl alte, weiße Männer mit Bärten; sie erscheinen weise, würdevoll. Was denkst du, wo Philosophie ihren Ursprung hat? Man könnte sich Ideen als etwas vorstellen, das einem in einem direkten Aufeinandertreffen zwischen Mensch und Objekt in den Sinn kommt, das Gesetz der Schwerkraft als etwas, das den Philosophen wie ein vom Baum fallender Apfel auf den Kopf trifft. Wenn wir uns die Philosophie so vorstellen, dann scheint es, als ob Philosophie nicht dort stattfindet, wo die feministische Spaßverderber:in ihr Ding macht, in der Hitze und dem Getümmel alltäglicher Begegnungen, die wir miteinander erleben. Philosophie muss niemanden erwecken oder auf diese Art und Weise stattfinden. Wenn wir die feministische Spaßverderber:in *als* Philosoph:in verstehen, suche ich ihren Platz nicht innerhalb der akademischen Disziplin der Philosophie (später, wenn wir zu den Türen kommen, erkläre ich, warum). Aber warum sollten wir dann von ihr als Philosoph:in sprechen?

Das Wort *Philosophie* kommt von dem Wort Wissen, der Liebe zum Wissen. Wenn wir die feministische Spaßverderber:in als Philosoph:in betrachten, dann sagen wir damit etwas zum Begriff des Wissens, also etwas darüber, wie wir wissen und wie viel wir wissen, aufgrund unserer Erfahrungen damit, anderen den Spaß zu verderben. Wenn wir die feministische Spaßverderber:in als Philosoph:in bezeichnen, verändern wir das Bild davon, was ein:e Philosoph:in *ist*, genauso wie unser Verständnis davon, was Philosoph:innen *tun*.

Ich erinnere mich an eine Gelegenheit, bei der ich einem Live-Publikum einen Film über Angela Davis vorstellte. Ich beschrieb ihre Bedeutung als Schwarze feministische Aktivistin, als Abolitionistin, als Gegnerin der Versklavung, als Freiheitskämpferin. Und auf einmal schlug meine Hand, die ein Blatt Papier hielt, auf den Tisch neben mir, fast so, als ob sie einen eigenen Willen hätte. Ich sagte, Angela Davis sei eine Philosophin. Ich sagte es sehr laut, es kann sogar sein, dass ich geschrien habe, »Angela Davis ist eine Philosophin!« Davis hatte Philosophie studiert, aber das war nicht der Grund, warum ich so darauf beharrte. Es war vielmehr, weil es so oft vorkommt, dass die Arbeiten von Schwarzen Frauen und Women of Color, ob sie nun Aktivist:innen oder Freiheitskämpfer:innen sind oder nicht, *nicht* als Philosophie verstanden werden, nicht einmal als generalisiertes Wissen, sondern nur als eine individuelle Geschichte, eine persönliche Offenbarung von irgendjemandem.

Das, was als ungewöhnlich, als individuell betrachtet wird, bringt uns jedoch ganz allgemein sehr viel bei. Angela Davis lehrt uns, dass Aktivismus, also der Versuch, die Welt zu verändern, daraus besteht, was wir wissen. Nehmen wir zum Beispiel das häufig genutzte Wort ›Intersektionalität‹. Das Wort entstammt einer sehr wichtigen Arbeit der Schwarzen feministischen Rechtstheoretikerin Kimberlé Crenshaw, die es einführte, um zu zeigen, wie Diskriminierung funktioniert, nämlich »wie Verkehr an einer Kreuzung«.[127] Vor dem Wort kam die Arbeit. Davis beschreibt es folgendermaßen: »Hinter dem Gedanken der Intersektionalität verbirgt sich somit eine lange Geschichte des Widerstandskampfes, eine Geschichte des Dialogs unter Aktivist:innen innerhalb entstandener Bewegungen, unter Forscher:innen sowie zwischen diesen beiden Gruppen.«[128] Wenn wir Davis folgen, können wir zeigen, dass Wissen kein Einbahnstraßen-System ist; es entsteht nicht *in* Universitäten oder akademischen Disziplinen und geht dann raus *in* die Welt, um von normalen Leuten und Aktivist:innen im täglichen Leben genutzt zu werden. Vielleicht habe ich auf den Tisch gehauen, weil der Tisch der Ort ist, an dem Philosophie stattfindet. Wenn wir die feministische Spaßverderber:in als Philosoph:in verstehen, dann heißt das, dass wir die Philosophie an *diesen* gleichen Tisch bringen, in die Hitze der Gespräche, zum Aktivismus, um gerechtere Welten aufzubauen. In diesem Kapitel werde ich zunächst darüber nachdenken, wie durch unsere Entfremdung von der Welt unsere Wahrnehmung der Welt beeinflusst wird (es gibt Tische in diesen Geschichten), dann,

---

127 Crenshaw, K.: »Demarginalizing the Intersection of Race and Sex: A Black Feminist Politics of Antidiscrimination Doctrine, Feminist Theory and Anti-Racist Politics«, *University of Chicago Legal Forum*, 139–167 (1989), 139.

128 Davis, A.: Freiheit ist ein ständiger Kampf. Münster [3]2022, 33.

was wir aus dem Aufgehaltenwerden lernen können (es gibt Türen in diesen Geschichten), und zuletzt, was wir über Institutionen durch den Versuch, sie zu transformieren, gelernt haben (es gibt Mauern in diesen Geschichten).

Zu sagen, dass die feministische Spaßverderber:in *am Tisch* zur Philosoph:in wird, führt dazu, den Tisch zu unserem philosophischen Objekt zu machen. Aber der Tisch war bereits vorher ein bekanntes philosophisches Objekt. Tatsächlich tauchen Tische überall in der Philosophie auf. Der analytische Philosoph Bertrand Russell eröffnet beispielsweise seinen Klassiker *Probleme der Philosophie* mit einem Tisch, indem er beschreibt, wo er sich befindet, was er tut und was er sehen kann: »Es scheint mir, dass ich jetzt auf einem Stuhl sitze, an einem Tisch von bestimmter Gestalt, auf dem ich beschriebene oder bedruckte Papiere sehe.« Daran gibt es nichts, was überraschend oder seltsam ist. Russell merkt an, wenn irgendein anderer »normaler Mensch« in den Raum käme, dann würde er »dieselben Stühle und Tische und Bücher und Papiere sehen, die ich auch sehe«, und würde bestätigen, dass der Tisch, der zu sehen wäre, »derselbe Tisch« sei, so wie »der Tisch, dessen Druck gegen meinen aufgestützten Arm ich spüre«.[129] Russell macht die eher einfache Geschichte kompliziert und kommt wieder und wieder zum Tisch zurück, wie er aussieht, wie er klingt, wenn er darauf klopft, wie er sich anfühlt, wenn er ihn berührt. Ist es der gleiche Tisch oder ein echter Tisch, abgesehen von diesen Eindrücken? Woher wissen wir das? Russell bemerkt, »es ist daher einleuchtend, daß der ›wirkliche‹ Tisch – wenn es ihn gibt – nicht der ist, den wir durch unseren Gesichts- oder Tastsinn oder durch das Gehör unmittelbar wahrnehmen«. Der »gewohnte Tisch«, der »uns bisher kaum Anlass zum Nachdenken gegeben hat«, sei »zu einem Problem geworden, in dem viele Überraschungen verborgen sein können«.[130]

So sehr der Tisch auch mit überraschenden Möglichkeiten gefüllt ist, lässt Russell ihn hinter sich. Was seinen eher reizvollen Beschreibungen des Tisches folgt, ist eine Diskussion darüber, wie verschiedene Philosoph:innen und philosophische Traditionen mit den Arten von Fragen über Materie, Realität und Wahrheit umgehen, die ihm der Tisch ermöglichte zu stellen. In Russells letztem Kapitel über den Wert der Philosophie taucht der Tisch dann gar nicht mehr auf. Es wäre nicht überraschend für diejenigen, die Philosophie studiert haben, dass der Tisch verschwindet. Wenn der Zweck des

129 Russell, B.: Probleme der Philosophie. Frankfurt a.M. ^{3}1969, 9f.

130 Russell: Probleme, 15ff.

Tisches darin besteht, ein Beispiel zu geben, verweist er auf etwas anderes. Dass der Tisch das Beispiel ist, sagt uns immer noch etwas über die Ausrichtung der Philosophie. Die Literaturkritikerin Ann Banfield schreibt: »Tische und Stühle, Dinge, die dem sesshaften Philosophen am nächsten sind und die er als Philosophieprofessor in Beschlag nimmt, sind das Mobiliar jenes ›Zimmers für sich allein‹, von dem aus die reale Welt beobachtet wird.«[131] Tische zeigen die Ausrichtung der Philosophie nicht nur, weil sie Philosoph:innen »am nächsten zur Hand« sind, sondern weil es bedeutet, die Stühle der Philosophie zu besetzen, um die Zeit und Ressourcen zu haben, Fragen über Tische zu stellen, meist in Gesprächen mit anderen Philosoph:innen.

Wenn wir zu feministischen Spaßverderber:innen am Tisch werden, führen wir nicht einfach nur Gespräche darüber oder denken über die Natur der Realität nach. Und doch möchte ich zeigen, wie diese Gespräche, die wir rund um Tische führen, uns dazu bringen können, Philosoph:innen zu werden. Wenn wir uns durch ein Gespräch am Tisch entfremdet fühlen oder uns von diesem Gespräch zurückziehen, *bemerken wir den Tisch* nicht nur als Ding, sondern auch als etwas, um das wir uns versammelt haben; wir bemerken, wie wir versammelt sind, wer sich versammelt. Wenn Philosoph:innen sich von etwas zurückziehen, um es zu inspizieren, untersucht die Spaßverderber:in als Philosoph:in etwas, weil wir uns von ihm zurückgezogen haben.

Um die Bedeutung des Wie und Warum wir Dinge inspizieren zu erkunden, lasst mich zu zwei Spaßverderber:innen-Geschichten zurückkehren, die in früheren Kapiteln besprochen wurden. Erinnern wir uns an Claudia, unsere Erzählerin und Schwarze feministische spaßverderbende Kritiker:in aus Toni Morrisons Roman *Sehr blaue Augen*. Claudia lehnt die weiße Puppe ab, untersucht sie jedoch ganz genau. Sie schaut sich lieber an, wie sie gemacht ist, bemerkt die hochragende Nase, die glasklaren blauen Augen, das gelbe Haar. Claudia lernt nicht nur etwas über die Puppe. Sie studiert die Welt. Sie studiert Weißsein. Die Puppe wird zu einem Spiegel der Welt. Indem sie sieht, was die Welt als liebenswert betrachtet, erkennt sie eine Reflexion, die sehr unterschiedlich von ihrer eigenen ist.

131 Banfield, A.: The Phantom Table. Woolf, Fry, Russell, and the Epistemology of Modernism. New York 2000, 66.

SPAßVERDERBER:INNEN-WAHRHEIT: JE WENIGER WIR UNS SELBST REFLEKTIERT SEHEN, DESTO MEHR ERKENNEN WIR IN EINER REFLEXION

Claudia bringt uns bei, auf welche Weise eine Entfremdung lehrreich sein kann. Wenn Claudia eine Schwarze feministische spaßverderbende Kritiker:in ist, aufgrund der Tatsache, wie und was sie sieht, kann dies dazu führen, dass Toni Morrison als Spaßverderber:innen-Philosoph:in betrachtet wird. In *Playing in the Dark. Whiteness and the Literary Imagination* zeigt Morrison eine tiefgreifende Untersuchung des Weißseins. Sie macht in der Einführung in den Text sehr deutlich, dass die Reflexion ihrer Situation als afroamerikanische Schriftstellerin, ihre »gegenderte, sexualisierte, rassifizierte Welt«, ein Wissen hervorbringt, ein Gegenwissen, das hinterfragt, wie die Welt, die nur durch weißes Wissen beschrieben wird, als ob beispielsweise die Kategorie der amerikanischen Literatur »frei von, uninformiert über und unbeeinflusst von afrikanischer und afroamerikanischer Präsenz wäre.«[132] Weißsein tritt nicht erst dann zutage, wenn Afrikaner:innen und Afro-Amerikaner:innen in der literarischen Landschaft auftauchen. Morrison benutzt die Analogie des Aquariums: Wenn wir das anschauen, was im Aquarium ist, abgelenkt von den Details, dem Licht, den Bewegungen derjenigen, die darin herumschwimmen, dann nehmen wir das Becken nicht wahr.[133] Sie zeigt auf, dass Weißsein den Blick lenkt und darum Weißsein selbst nicht gesehen wird.

Die Spaßverderber:in als Philosoph:in zu sehen, zeigt an, was wir über die Welt wissen, wenn wir darin keinen Platz haben. Erinnere dich an die Studierende, die »auf diese Weise auffiel«, weil sie nicht bereit war, über einen sexistischen Witz zu lachen. Sie zeigte sich »auf diese Weise«, weil sie an etwas *nicht* teilnahm. Wenn du nicht hineinpasst, dann fällst du auf. Wenn Dinge hineinpassen, dann fallen sie nicht auf. Lächeln kann eine Art Zustimmung sein, Lachen auch. Sie ist aufgefallen und wurde zur Zielscheibe am Mittagstisch. Sie ist aufgestanden vom Tisch. Und mit »aufstehen vom Tisch« meine ich nicht nur das Aufstehen vom eigentlichen Tisch, sie hat die Universität verlassen. Sie hat die Universität z.T. auch deswegen verlassen, weil sie etwas über die Universität gelernt hat, was sie zum Problem gemacht hat. Sie beschreibt den Prozess folgendermaßen:

---

132 Morrison, T.: Playing in the Dark: Whiteness and the Literary Imagination. London 1992, 4.

133 Morrison, T.: Playing in the Dark, 17.

»Ich habe meine rosarote Brille abgesetzt, ich dachte, diese Räume wären Exzellenzorte. Ich dachte, sie würden die Vielfalt willkommen heißen. Ich hatte hart gearbeitet, um dorthin zu kommen. Wenn man aus einem Background wie meinem kommt – niemand hatte zuvor ein Universitätsstudium absolviert.« Sie sah die Universität als einen Ort der Exzellenz, aber auch als »die Vielfalt willkommen heißend«. Diversität wird oft als ein Willkommensgruß für Studierende mit keinem traditionellen Background benutzt, z.B. aus der Arbeiterklasse. Sie blickte durch die rosarote Brille, weil sie ihr hingelegt wurde. Diversität ist das, was du durch diese Gläser zu sehen glaubst, den glücklichen Tisch, den glanzvollen Tisch, der den Eindruck erweckt, dass alle am Gespräch teilnehmen könnten. Sie *sieht durch diese Reflexion*, was sich nicht zeigt, wer sich nicht zeigt. Der Tisch gerät dann ins Blickfeld, wenn wir keinen Platz daran bekommen oder wenn die Gespräche, die daran geführt werden, für uns unzugänglich sind. Wir sind nicht länger abgelenkt von den Details, unserem Verschwinden, dem Leuchten und der Bewegung.

Dieser Prozess kann damit beginnen, was du wahrnimmst. Du könntest bemerken, dass du wahrgenommen wirst. Und indem du bemerkst, wie du wahrgenommen wirst, wie du heraussstichst, erkennst du, was du sonst nicht sehen würdest, wenn du an etwas teilnimmst, oder was du von dem Standpunkt aus, den du zuvor genossen hast, nicht sehen könntest. Deshalb betrachte ich das Wahrnehmen als politische Arbeit. Indem wir die Welt wahrnehmen, hämmern wir an ihr herum.

SPAẞVERDERBER:INNEN-GLEICHNIS: ETWAS BEMERKEN = FEMINISTISCHES HÄMMERN DER SPAẞVERDERBER:IN

Wenn die feministische Spaßverderber:in Wahrnehmung in ein Hämmern verwandelt, könnte sie als feministische Phänomenolog:in verstanden werden. Das Studium der Phänomene, also dessen, was wahrgenommen werden kann, wurde zu einer sehr nützlichen Ressource für den Feminismus, wegen seines, wie Judith Butler es beschreibt, »Bekenntnisses einer grundlegenden Theorie lebender Erfahrung und der Art, wie die Welt durch konstituierende Handlungen subjektiver Erfahrung produziert wird«[134]. Wenn Theorie

134 Butler, J.: »Performative Acts and Gendered Constitution. An Essay in Phenomenology and Feminist Theory«, *Theatre Journal* 40: 4 (1988), 522.

durch lebendige Erfahrung begründet werden soll, geht es darum, nicht nur sich selbst zu reflektieren, sondern die Welt *als gegeben* anzuschauen. Simone de Beauvoir und Judith Butler, auf die ich beide in diesem Handbuch schon verwiesen habe, wie auch Iris Marion Young und Sandra Bee Bartky, die ich später in diesem Kapitel noch zitieren werde, machen allesamt Gebrauch von phänomenologischen Methoden. Was ich an der Phänomenologie nützlich finde, ist die Methode, das in den Vordergrund zu rücken, was normalerweise im Hintergrund verbleibt. Aber mein Ziel, die feministische Spaßverderber:in als Phänomenolog:in zu bezeichnen, ist weniger darauf ausgerichtet, sie innerhalb dieser intellektuellen Tradition zu verorten, sondern vielmehr zu zeigen, dass sie aufgrund dessen, was sie tut, eine ist. Wenn die Spaßverderber:in auffällt, zeigt sich im Vordergrund das, was *nicht* wahrgenommen wird, was um uns herum passiert oder uns umgibt.

Natürlich kann uns nicht alles auffallen. Es kann sein, dass du in einen Raum kommst. Alles ist altbekannt. Wenn alles so ist, wie es sein sollte, dann fällt es nicht weiter auf; es ist einfach da. Aber vielleicht fällt dir plötzlich etwas auf. Vielleicht etwas, das fehlt; beispielsweise eine Vase, die normalerweise auf dem Kaminsims steht. Wenn die Vase da wäre, wo du sie hingestellt hast, wo du sie erwartest, würde sie dir vielleicht nicht auffallen. Was von der Erwartung dessen abweicht, was dort ist oder sein sollte, ist *auffällig*; es zieht deine Aufmerksamkeit auf sich. Auch wir können von einer Erwartung abweichen. Auch wir können auffällig sein. Es kann sein, dass du seltsam wirkst, fehl am Platz, störend im Bild, wenn du nicht erscheinst, wie es erwartet wird. Wenn du Abwesenheit bemerkst, etwas, das fehlt, wie die fehlende Vase, dann bemerkst du auch Anwesenheit, was oder wer nicht da sein sollte.

Es kann sein, dass dir auffällt, dass du auffällst. Denk nochmals zurück an Sissie: Erst als sie das »Schwarze Mädchen« ist, bemerkt sie das Weißsein: »sie schaut herum, dieses Mal ganz aufmerksam«. Sie bedauert, »dass sie dazu gebracht wurde, die Unterschiede von menschlichen Hautfarben zu bemerken«.[135] Aber sobald sie es einmal wahrgenommen hat, kann sie es nicht mehr ignorieren. Und es fühlt sich auch nicht mehr angenehm für sie an. Weißsein kann angenehm sein, für die, die sich darin zu Hause fühlen. Ich denke an die Bequemlichkeit und ich denke an einen Sessel, der umso bequemer ist, wenn er von jemandem benutzt wird, der ihn normalerweise benutzt. Ein sozialer Raum kann wie ein Sessel sein. Wenn Räume sich für einige be-

---

135 Aidoo: Our Sister Killjoy, 12f.

quem und angenehm anfühlen, für die, die sie dauernd benutzen, dann werden sie für andere unbequem. Bequemlichkeit kann zu einem Versprechen werden, einem Gefühl des Hineinsinkens, einem Weg, einen Raum durch eine Reihe von Gesten des Hineinsinkens einzunehmen und zu bewohnen.

SPAßVERDERBER:INNEN-WAHRHEIT: UNBEQUEMLICHKEIT OFFENBART WELTEN

Nachdem ich den größten Teil meiner Karriere an Universitäten im Vereinigten Königreich gearbeitet habe, habe ich mich an das Weißsein gewöhnt, daran, eine Tür zu öffnen und ihm zu begegnen. Aber hin und wieder traf es mich, meistens dadurch, wie ich angesprochen wurde. Ich erinnere mich an eine Situation, als ich mit Freund:innen und Kolleg:innen an einem Kaffeetisch saß. Eine weiße Feministin, die aufgrund ihrer Arbeit zu kulturellen Differenzen sehr angesehen war, saß mir gegenüber. Sie lehnte sich nach vorne, als ob sie mich ganz genau unter die Lupe nehmen wollte. »Sara, ich wusste gar nicht, dass du Orientalin bist.« Ich zuckte bei diesem Wort zusammen, wie es verwendet wurde, seine koloniale Vergangenheit.

Uns wird erzählt, wer wir sind, welcher Platz uns geschichtlich zugewiesen wird. Auch wenn wir Erwartungen nicht erfüllen, kann es sein, dass wir gefragt werden, wer wir sind. Es kann sein, dass du aufgrund deiner Erscheinung aufgehalten und gefragt wirst: Wer bist du? Wo kommst du her? Wo kommst du *wirklich* her? Du kannst Schwarz sein oder braun oder hier geboren und doch wird dir diese Frage immer wieder gestellt. Ich lief einmal auf der Straße in Cardiff, als mir diese Frage gestellt wurde. Ich antworte, dass ich hier geboren bin. »Das meine ich nicht«, sagte der Mann. »Ich bin in Australien aufgewachsen«, antwortete ich. Er wurde sauer. Ich wusste, was er meinte. Er wollte, dass ich mich erkläre, dass ich berichte, wie es dazu kam, dass ich braun bin.

Die Frage »Wo kommst du her?« kann ein Weg sein, dir mitzuteilen, dass du nicht hierhergehörst. Wenn man dich als *nicht* von hier ansieht, wirst du vielleicht zu diesem *nicht*, wirst als Negation erfahren, gegen etwas drückend, jemanden störend.

Fremde fallen auf. Fremde bemerken es. Ich habe etwas weiter vorne in diesem Handbuch angemerkt, dass ich Fremde nicht als diejenigen ansehe, die wir nicht erkennen, sondern als diejenigen, die wir erkennen. Ich definiere Fremde als ›Körper am falschen Platz‹. Diese Formulierung geht zurück auf die Anthropologin Mary Douglas und deren Definition von Dreck als »Materie am falschen Platz«.[136] Dreck als »Materie am falschen Platz« zu definieren, bedeutet zu zeigen, wie die Wahrnehmung von etwas oder jemandem als schmutzig von einer Reihe vorgefasster Erwartungen darüber abhängt, was (und wer) hierher gehört.

Wenn einige Menschen »Körper am falschen Platz« werden, geht es nicht nur darum, inwiefern sie als dreckig erachtet werden, ungewollt und unerwünscht, sondern es birgt zudem die Rechtfertigung für ihre Zurückweisung. Nachbarschaftswachen können als System verstanden werden, Fremde wahrzunehmen, diejenigen, die verdächtig erscheinen, die ohne einen legitimen Grund herumlungern, die möglicherweise Eigentum beschädigen könnten. Tatsächlich wird die Anordnung, Fremde zu verdächtigen, häufig damit begründet, sein Eigentum zu beschützen.

Fremde sind diejenigen, die erscheinen, obwohl sie nicht erwartet werden. Es kann auch sein, dass jemand annimmt, dass du kein:e Philosoph:in oder kein:e Professor:in bist, weil du nicht aussiehst, wie ein:e Philosph:in oder ein:e Profesor:in üblicherweise aussieht. Ich gehe in einen Vortragsraum mit einem weißen Mann, wir sind beide Professor:innen. Ich bemerke, wie die Blicke auf ihm landen, plitsch, platsch. Und dann wird er als Professor angesprochen. Du weißt, wer erwartet wird, wenn du unerwartet bist. Ich weiß mehr darüber, was ein:e Professor:in ist oder was es heißt, ein:e Professor:in zu sein, weil ich nicht wie eine angesprochen oder angesehen werde.

SPASSVERDERBER:INNEN-WAHRHEIT: DIENJENIGEN, DIE IN DEN KATEGORIEN NICHT ›ZU HAUSE‹ SIND, WISSEN MEISTENS MEHR DARÜBER

Hätte ich gesagt »Hey, ich bin auch Professorin«, dann hätte es so ausgesehen, als ob ich die Aufmerksamkeit auf mich richten wollte oder mich in den Vordergrund zu drängen versuchte. Wir müssen aber nicht einmal »Hey, ich bin auch Professorin« rufen, um die Aufmerksamkeit auf uns zu ziehen. Heidi Mirza beschreibt ein Gespräch bei ihrer Antrittsvorlesung als Professorin: »Ein weißer männlicher Professor lehnte sich zu mir, als wir dabei waren anzustoßen, und flüsterte mir verbittert ins Ohr: ›Na, sie geben ja heutzutage

136 Douglas, M.: Purity and Danger. An Analysis of the Concepts of Pollution and Taboo. London 1994 [1966], 35.

wirklich jedem und für alles Mögliche einen Lehrstuhl.‹«[137] Wenn Women of Color Lehrstühle bekommen, dann verlieren die Lehrstühle ihren Status und ihren Wert. Also ja, wenn diejenigen, die als Fremde bezeichnet werden, hereinkommen (an einen Arbeitsort, auf bestimmte Positionen), dann wird häufig so getan, als ob sie an einem Eigentum Schaden anrichteten.

Es kann sein, dass es bei dieser Art von Äußerung darum geht, daran erinnert zu werden, dass einige von uns irgendwo nicht hingehören. Du sollst dich nicht *zu Hause* fühlen, damit du einfach wieder gehst, dir wird das Gefühl, irgendwo tief hineinsinken zu dürfen, nicht gestattet. Du wirst verdächtigt, als ob du etwas im Schilde führst. Verdächtigt zu werden, bedeutet, dass man noch genauer unter die Lupe genommen wird. Eine Woman of Color beschreibt, wozu diese dauernde Überprüfung führt: »Um deine Stelle zu behalten, musst du weißer als weiß sein. Dir wird kein guter Wille unterstellt. Du erhältst keinen Raum für Fehler. Du erhältst auch keinerlei Raum, um ein bisschen verwirrt zu sein. Der Maßstab der Überprüfung liegt sehr hoch.« Der Ausdruck ›weißer als weiß‹ sagt uns etwas: wie Weißsein sauber, gut, rein wird, ja, aber auch für People of Color, wie man bereits darin versagt, diese Dinge zu sein, oder wie leicht man daran scheitern kann, denn wenn man unter Beobachtung steht, kann alles als Beweis des Versagens verwendet werden, jeder Fehler, den man macht, kann die Bestätigung dafür sein, dass man hier nicht hingehört.

SPAẞVERDERBER:INNEN-WAHRHEIT: RAUM ZU BEKOMMEN, HEIẞT, RAUM FÜR FEHLER ZU BEKOMMEN

Für einige bieten Normen ziemlich viel Raum, etwas, wodurch dir Raum gegeben wird. Normen zeigen dir, was zu erwarten ist, wer zu erwarten ist. Es kann sein, dass du gefragt wirst, ob du am richtigen Ort bist, wenn du nicht wie erwartet erscheinst. Wenn du beispielsweise in eine Frauentoilette hineingehst. Wenn du aber nicht so aussiehst, wie es von einer Frau erwartet wird, kann es vorkommen, dass dir gesagt wird, dass du am falschen Ort seist. Es kann sein, dass dir gesagt wird, du gehörtest hier nicht hin und in eine an-

137 Mirza, H.: »›One in a Million‹. A Journey of a Post-Colonial Woman of Colour in the White Academy«, in: D. Gabriel / S. A. Tate (Hg.): Inside the Ivory Tower. Narratives of Women of Colour Surviving and Thriving in British Academia. London 2017, 43.

dere Richtung geschickt wirst. Wenn deine Nutzung eines Raums hinterfragt wird, dann wirst du hinterfragt. Wenn dein Recht, einen Raum zu besetzen, infrage gestellt wird, dann wird dein Recht, eine Kategorie zu besetzen, infrage gestellt. Auch eine Kategorie kann als geschlossen verstanden werden, eine Tür kann dazu benutzt werden, um beispielsweise die Kategorie ›Frau‹ zu verschließen. Fremd zu sein, kann bedeuten, infrage gestellt zu werden, zu einer Frage gemacht zu werden, um deine Existenz zu diskutieren, um dich selbst zu erklären. Fragen können sich auftürmen, zu einem Berg werden, den du besteigen musst, um weiterzukommen. Einige werden eher als andere *dazu aufgefordert, sich selbst zu erklären*: Wer bist du, was bist du, warum bist du so geworden, bist du ein Junge oder ein Mädchen, warum siehst du so aus, warum willst du das, warum willst du das nicht?

SPAẞVERDERBER:INNEN-WAHRHEIT: FÜR MANCHE HEISST SEIN, INFRAGE GESTELLT ZU SEIN

Es kann auch sein, dass du eingeladen wirst, dich an den Tisch zu setzen, nur um zur Frage oder zum Thema des Gesprächs zu werden. Eine trans Person of Color reichte eine Beschwerde ein wegen sexueller Belästigung und transfeindlicher Belästigung durch den Gutachter, der immer wieder zutiefst übergriffige Fragen nach deren Geschlecht oder deren Genitalien stellte. Diese Fragen wurden vorgetragen als Sorge um das Wohlergehen der Person, ausgehend von der Annahme, sie sei in Gefahr, wenn sie in ihrem Herkunftsland forschen würde. Rassistische Urteile basieren häufig auf der Verortung von Gefahr ›dort drüben‹, in einem Schwarzen oder braunen anderswo. Transfeindliche Urteile betreffen oft die Verortung von Gefahr ›darin‹, im Körper einer trans Person: als ob ein trans Körper die Gewalt gegen sich selbst anstiften würde.

Was passiert, wenn wir uns beschweren? »Die Leute versuchten nur herauszufinden, ob er (der Gutachter) recht damit hatte, anzunehmen, dass eine körperliche Gefahr für mich vorliegen könnte, aufgrund meiner geschlechtlichen Identität.« Die Person beschrieb es so: »Als ob er ein Recht hätte, besorgt zu sein.« Die Fragen, die dich dazu geführt haben, dich zu beschweren, sind die Fragen, die dir gestellt werden, weil du dich beschwert hast. Diese Fragen stellen es so dar, als ob die Sorge berechtigt sei oder sogar verpflichtend, die Verpflichtung, besorgt zu sein. Wir sind verpflichtet, uns Sorgen über Migration zu machen (als ›Bürger:innen‹); wir sind verpflichtet, uns Sorgen über geschlechtsbezogene Rechte (als ›erwachsene, weibliche Menschen‹) zu machen. Die Verpflichtung, besorgt zu sein, ist eine Art von Gewalt, eine Gewalt, die auf dem Verdacht beruht, dass einige nicht das sind, was sie vorgeben zu sein, und daher kein Recht haben, dort zu sein, wo sie sind.

Du kannst jetzt sehen, warum es wichtig ist, an einigen Tischen nicht Platz zu nehmen, an Debatten nicht teilzunehmen, in denen du die Frage oder das Thema des Gesprächs bist. Ich denke nochmals daran, wie bestimmte Tische, wenn sie als Beispiele in der Philosophie benutzt werden, verschwinden können. Wenn du eingeladen wirst, deine Existenz an einem Tisch zu diskutieren, dann wirst du dabei zusehen können, wie du verschwindest. In ihrem Artikel mit dem passenden Titel »When Tables Speak« stellt die trans Philosophin Talia Mae Bettcher fest, dass die Art und Weise, wie Tische in der Philosophiegeschichte auftauchen, zeigt, wie die Philosophie mit sozialen und politischen Themen umgegangen ist. Sie bemerkt hierzu: »Ich befürchte, es gibt eine Tendenz unter Philosoph:innen, anzunehmen, dass Untersuchungen zu Rassismus, Gender, Behinderung, trans Themen etc. sich methodisch nicht von Untersuchungen dazu, ob Tische wirklich existieren, unterscheiden.«[138] Wenn einige von uns an einem philosophischen Gespräch über ›Rassismus, Gender, Behinderung, trans-Themen‹ teilnehmen, ist es so, *als würden die Tische sprechen*: Wenn wir die Frage verkörpern, können wir nicht von unserem Leben oder unserem Aktivismus abstrahieren.

Es ist also kein Wunder, dass wir weiterhin über Tische sprechen. Vielleicht sprechen wir auch über Tische, weil wir wissen, wie es ist, wenn man zu einem Exempel gemacht wird. Der Satz *zu einem Exempel gemacht werden* kann bedeuten: Einige werden bestraft, um andere zu warnen. Auch die Figur der feministischen Spaßverderber:in ist in diesem Sinne als Exempel gemeint. In meinem Buch *Queer Phenomenology. Orientations, Objects, Others*, noch bevor die feministische Spaßverderber:in auftauchte und zu meinem Hauptthema wurde, bespreche ich den Phänomenologen Edmund Husserl. Manchmal nenne ich dieses frühere Buch mein ›kleines Tisch-Buch‹. In der Einführung beschreibe ich, wie es dazu kam:

> »Vom ersten Moment an, an dem ich einen Tisch in Husserls Schreiben bemerkte, der nur für einen kurzen Moment auftaucht, konnte ich nicht anders, als den Tischen zu folgen. Wenn du einmal damit beginnst, Tischen zu folgen, dann kannst du überall landen. Also verfolgte ich Husserls Hinwendung

138 Bettcher, T. M.: »When Tables Speak. On the Existence of Trans Philosophy«; https://dailynous.com/2018/05/30/tables-speak-existence-trans-philosophy-guest-talia-mae-bettcher/.

zum Tisch und auch, wann er sich wieder abwendet. Dabei ließ ich mich in die Irre führen, denn ich fand mich selbst an meinem Tisch sitzend wieder, an verschiedenen Tischen, die eine Bedeutung hatten, zu verschiedenen Zeiten in meinem Leben. Und auch, warum ich wollte, dass diese Tische etwas bedeuteten.«[139]

Ich kann nachvollziehen, wie meine Sensibilität hinsichtlich der feministischen Spaßverderber:in mich zu dieser Besessenheit von Tischen führte. Über Tische zu schreiben, bedeutete, *den Tisch* für die feministische Spaßverderber:in *zu decken*, ihr Erscheinen in meiner eigenen Arbeit zu ermöglichen.

Es kann der Tisch sein, an dem wir Fragen gestellt bekommen oder wir selbst zur Frage werden. Eine feministische spaßverderbende Philosoph:in zu sein, bedeutet, die Frage *ab*zuwenden. Wir stellen es infrage, wer infrage gestellt wird und wer nicht. In der Einleitung zu diesem Handbuch schrieb ich, dass es reichen kann, jemanden zu bitten, die richtigen Pronomen für dich und deine:n Partner:in zu benutzen, um eine feministische Spaßverderber:in zu werden, nicht nur im Sinne eines Ärgernisses, sondern auch deswegen, weil es die Notwendigkeit dieser Frage anderen gegenüber deutlich macht. Vielleicht wurde in der Vergangenheit angenommen (oder vielleicht wurde über die Vergangenheit angenommen), dass der Unterschied klar sei, da ist sie, da ist er, Hallo, mein Herr, meine Dame. Vielleicht wurde in der Vergangenheit angenommen, dass sie sie wäre, dass sie mit ihm zusammen wäre, er wäre er, er wäre mit ihr da. Teil einer Bewegung zu sein – einer feministischen, queeren und trans Bewegung – bedeutet, die Welt zu öffnen, uns selbst zu öffnen, Annahmen zurückzuweisen, die einfach gemacht werden. Wir nehmen nicht mehr einfach an, diese Unterscheidungen machen zu können oder dass es nur sie und ihn gebe. Wir geben nicht vor, zu wissen, wer wer ist und wer mit wem da ist. *Wir fragen einander, wie wir einander ansprechen sollen.*

Selbst eine Frage kann als Zumutung behandelt werden, als Zurückweisung der Freiheit. Alle, die versuchen, Normen und Konventionen zu hinterfragen und anzupassen, bemerken, es wird einem tatsächlich ziemlich schnell unterstellt, die Freiheit anderer *einzuschränken*. Eine Norm ist eine Beschränkung, die sich für diejenigen, denen sie Möglichkeiten schenkt, wie eine Freiheit anfühlen kann. Normen infrage zu stellen, wird daher fast immer direkt

---

139 Ahmed, S.: Queer Phenomenology. Orientations, Objects, Others. Durham 2006, 22.

als eine Einschränkung der Freiheit anderer Leute betrachtet. Pronomen infrage zu stellen oder Präferenzen eher als Vermutungen und Behauptungen zu formulieren, heißt, zur Spaßverderber:in zu werden, immer wieder. Selbst kleine Veränderungen, wie gefragt zu werden, ob sie oder er oder ohne Pronomen, kann heftige Reaktionen hervorrufen, als ob gefragt würde, die ganze Welt zu verändern. Vielleicht, ganz vielleicht, tun wir das ja. Wie Lauren Berlant vorschlägt: »Selbst die kleinste Forderung, z.B. nicht mit dem amtlich eingetragenen Namen und den damit verbundenen Pronomen angesprochen zu werden, wurde bereits als ›zu viel verlangt‹ bezeichnet.«[140] In den minimalen Anpassungen der üblichen Ansprachen werden wir, in Berlants Begriffen, »unvereinbar mit der Reproduktion eines normativen Lebens, den Konventionen und Institutionen dieses Lebens«.

SPAßVERDERBER:INNEN-BEKENNTNIS: ICH BIN BEREIT, UNBEQUEM ZU SEIN

Es zurückzuweisen, Annahmen über andere zu machen – über deren Gender, zum Beispiel –, kann Grund genug sein, die Verbindung zur Welt zu verlieren. Eine Annahme ist eine Gewohnheit. Wenn etwas zur Gewohnheit wird, müssen wir nicht mehr darüber nachdenken. Gewohnheiten können dann nützlich sein, wenn du nicht mehr darüber nachdenken musst, wie beim Autofahren, dann hast du mehr Zeit, über andere Dinge nachzudenken, während du Auto fährst. Aber wenn wir soziale Annahmen als Gewohnheiten betrachten, lernen wir, wie sie als natürlich, offensichtlich, unvermeidlich erscheinen können, wie wir Dinge tun, weil sie gedankenlos geworden sind. Eine Annahme herauszufordern bedeutet, uns zu fragen, darüber nachzudenken, jedes Wort, jeden Begriff, durch den wir miteinander kommunizieren, in etwas umzuwandeln, über das nachgedacht werden sollte oder das durchdacht werden sollte.

Ein:e feministische Spaßverderber:innen-Philosoph:in zu sein, ist ein Bekenntnis dazu, das Unbedachte zu denken, das durch die Gewohnheiten des täglichen Lebens zu einer Zuschreibung oder Annahme wurde. Jede Kategorie wird zu einer Gelegenheit für weitere Gedanken, jede Praxis wird hinterfragt, weil wir die alten, erschöpften Erklärungen – Natur, Kultur, Geschichte,

140 Berlant, L.: »›Can't Take a Joke‹. Interview mit C. Markbreiter«, *The New Inquiry* (2019); https://thenewinquiry. com/ cant-take-a-joke/

Biologie – aus dem Weg geräumt haben. Auch die Welt offen mit Fragen zu befeuern, kann bedeuten, zum feindseligen Objekt gemacht zu werden. Aber auch dadurch lernen wir. Wir lernen, wie viel darin investiert wird, so ein Arrangement nicht zu hinterfragen. Ich habe etwas weiter vorne gezeigt, wie Geschichten als natürlich oder unvermeidlich beschreibbar werden, weil sie zur Gewohnheit wurden. Sie erleichtern den Weg durchs Leben, da dadurch sehr vieles, ohne nachzudenken erledigt werden kann. Sich bewusst darüber zu werden, was vielleicht einmal selbstverständlich war, kann genau dadurch zur Abtrennung von deiner eigenen Geschichte führen.

Wir können nochmals zur feministischen Kritik des Glück/lichseins zurückkehren. Wenn Glück/lichsein darin besteht, wie eine Beschränkung der Möglichkeiten als notwendig gerechtfertigt wird, führt dich das Werden einer Feminist:in dazu, dich der Möglichkeiten bewusst zu werden. Manchmal werden uns die Möglichkeiten erst bewusst, wenn sie nicht länger möglich sind.

SPAẞVERDERBER:INNEN-WAHRHEIT: SICH EINER MÖGLICHKEIT BEWUSST ZU WERDEN, KANN BEDEUTEN, DEREN VERLUST ZU BETRAUERN

Somit ist es nicht überraschend, dass die Reise zu einem feministischen Bewusstsein uns zur feministischen Spaßverderber:in führt. Es kann sein, dass du dich fühlst, als ob du deinen eigenen Spaß verderben müsstest. Ein:e Feminist:in zu werden, kann bedeuten, sich darüber klar zu werden, was wir bereits aufgegeben haben. Iris Marion Young führt aus, wie manche Mädchen lernen, zu »werfen wie ein Mädchen«. Sie lernen, sich selbst nicht hinter eine Handlung zu stellen, etwas zu zeigen, das sie eine »verhinderte Absicht« nennt. Sie beschreibt, wie Mädchen oft »einen Mangel an Vertrauen in ihre Fähigkeit, das Notwendige zu tun« haben. Sie führt weiter aus: »Wir entscheiden vorab – oft fälschlicherweise –, dass die Aufgabe hinter uns liegt und wir ihr darum nicht unseren ganzen Einsatz schenken.«[141] Entscheidungen, die wir über unsere Fähigkeiten treffen, sind sehr oft nicht unsere eigenen. Wir erhalten die ganze Zeit Informationen darüber, wer was kann (und was nicht). Wenn dir gesagt wird, dass du etwas nicht kannst, dass Mädchen

---

141 Young, I.: M.: »Throwing Like a Girl. A Phenomenology of Feminine Comportment, Motility and Spatiality«, *Human Studies* (1980), 144f.

etwas nicht können, dann beginnst du daran zu zweifeln, ob du es kannst. Vielleicht hörst du dann auf, dich einer Sache ganz zu widmen. Und wenn du es dann nicht hinbekommst, berücksichtigst du das nicht dabei, sondern bestätigst die Einschätzung, dass du etwas nicht kannst. Gendernormen funktionieren oft durch eine Umkehrung der Reihenfolge: Wir nehmen an, wir könnten etwas, weil wir es können, oder wir könnten es nicht, weil wir es nicht können, aber oftmals können wir etwas, weil wir es tun, oder wir können etwas nicht, weil wir es nicht tun. Mädchen lernen ihrem eigenen Körper wenig zu vertrauen und nehmen an, das, was sie nicht können, wäre eine Einschränkung des Horizonts ihrer Möglichkeiten.
Es sind aber nicht nur die Möglichkeiten, die eingeschränkt sind. Einigen von uns wird gesagt, dass sie weniger Raum einnehmen sollen. Je weniger Raum du einnimmst, desto weniger Raum hast du. Gespräche können Räume sein. Ich habe gesagt, dass wir zu feministischen Spaßverderber:innen werden, wenn wir zu viel von diesem Raum einnehmen, was ein Urteil sein kann, das über einige von uns gefällt wird, wenn wir überhaupt etwas sagen. Das könnte bedeuten, dass eine *noch größere* feministische Spaßverderber:in zu werden, hieße, *noch mehr* Selbstvertrauen zu gewinnen. Der Weg, ein:e Feminist:in zu werden, kann darin bestehen, zu sehen, wie uns beigebracht wird, weniger Raum einzunehmen (und auch, wie wir dahingekommen sind, zu verstehen, dass wir mehr Raum einnehmen hätten können, als wir es getan haben). Ich denke an ein Gespräch, das ich mit einer Professorin über ihre Erfahrungen mit Belästigung hatte, als sie noch Studentin war. Sie beschrieb, wie schwierig es für sie war, sich selbst zu schützen: »Ein Tutor an meinem College hatte mich verbal belästigt, nun ja, es ging mehr darum, dass er an jene Grenze heranging, jenseits derer klar geworden wäre, was er zu tun versuchte. Er versuchte einfach, diese Grenze zu überschreiten und sich in mein Vertrauen einzuschmeicheln, mich zu Treffen außerhalb des Campus zu überreden. Ich fühlte mich damit unwohl. Er fand dennoch Wege, mit mir zu sprechen, und präsentierte es sehr stark als ›Ich bin hier nur freundlich.‹ Uns wurde immer wieder beigebracht, höflich zu sein, nicht wahr, und rücksichtsvoll und so wenig Probleme wie möglich zu machen.«

Wer du sein sollst, *wie* du sein sollst, wird dir beigebracht, höflich, rücksichtsvoll, als ein Mädchen, als eine Studierende. Genau hier aber werden wir verwundbar, weniger willens oder in der Lage, jemanden in seine Schranken zu weisen, um uns selbst zu schützen. Solange du weißt, dass *Nein* zu sagen als antisozial betrachtet wird, ist es schwierig, *Nein* zu sagen. *Nein* zu sagen,

Nein zum Belästiger, aber auch nein zu der Struktur, die diesen Belästiger ermöglicht, erfordert eine Weigerung, das zu sein, von dem uns gesagt wird, es sei richtig oder gut. Aber dass du *Nein* sagst, bedeutet auch, dass du dir bewusst wirst, was dir beigebracht wurde. Wenn du Geschlecht als eine Lektion begreifst, verlernst du Geschlechterrollen, du entfremdest dich von dem, was zuvor eine Gewohnheit war.

Die feministische Spaßverderber:in als Philosoph:in zu betrachten, ist eine weitere Möglichkeit, über die Zeit nachzudenken, die es braucht, um ein feministisches Bewusstsein zu entwickeln. So wie Sandra Lee Bartky es bemerkt: »Ein:e Feminist:in zu sein, heißt erst einmal, eine zu werden.« Bartky beschreibt den Prozess, ein:e Feminist:in zu werden, als »ein radikal verändertes Bewusstsein von sich selbst und anderen zu entwickeln«, aber auch eine Veränderung des Bewusstseins, von dem, was sie »soziale Realität«[142] nennt. Dieser Prozess der Veränderung hört nie auf. Auch nachdem wir uns als Feminist:innen identifiziert haben, müssen wir immer noch an uns arbeiten, um etwas zu bemerken, weshalb die feministische Spaßverderberin oft etwas weiter vor uns erscheint. Eine Master-Studierende nahm ihr neues Studium mit hohen Erwartungen auf. Doch schnell merkte sie: »Es begann, ich sage mal, in der zweiten oder dritten Sitzung, die ich mit Professor X hatte. Es gab bestimmte Zeichen, die meine Alarmglocken läuten ließen, meine erste Reaktion war aber, dass ich mir sagte: Hör auf, paranoid zu sein, hör auf ... ein:e Radikalfeminist:in zu sein, die alles gendert, weißt du, du interpretierst wahrscheinlich zu viel da rein, du musst mal eine Pause machen ...«

Eine Alarmglocke kündigt eine Gefahr in der externen Welt an, selbst wenn du den Alarm nur in deinem eigenen Kopf hörst. Wir achten nicht immer auf das, was wir hören. Anstatt ihn zu hinterfragen, fängt sie an, sich selbst zu hinterfragen. Sie ruft sich selbst zurück, sie schimpft mit sich selbst. Indem sie sich selbst hinterfragt, bedient sie sich auch der Stereotypen von Feminist:innen als ›Radikaltfeminist:innen‹, indem sie sich von ihrer ersten Reaktion und sogar vom Feminismus selbst distanziert, obwohl sie sich als Feministin versteht. Sie bemerkt es immer wieder, weil es immer wieder passiert. »Bis zum Ende des Seminars hat er alle nicht weißen, männlichen Denker komplett ausgelassen.« Über eine weibliche Denkerin sagte er, sie sei »keine besonders anspruchsvolle Denkerin«. Am Ende wird ihr klar, dass

142 Bartky, S.: Femininity and Domination. Studies in the Phenomenology of Oppression. London 1990,11f.

ihre erste Wahrnehmung, dass irgendetwas nicht stimmte, richtig war: »Und dann wurde mir klar, nein, nein, nein, nein, da liefen Sachen komplett falsch, nicht nur in Hinsicht auf Gender, sondern seine gesamte Art zu lehren war komplett falsch.« Erst als ihr klar wird, dass ihr ursprüngliches Gefühl, dass etwas nicht stimmte, richtig war, erst dann kamen diese Neins heraus. Ich denke an all diese Neins, »Nein, nein, nein, nein«, der Klang eines anwachsenden Vertrauens in die eigene Urteilsfähigkeit.

SPAẞVERDERBER:INNEN-MAXIME: SAGE NEIN, DAMIT ES ANDERE AUCH TUN KÖNNEN!

Du wirst eine Spaßverderber:in, weil du etwas nicht akzeptierst. Wir könnten Sexismus als *überlieferte Weisheit* beschreiben. Es geht nicht darum, dass Sexismus weise ist, sondern dass Sexismus das ist, was du annehmen sollst; du sollst den Professor annehmen, wie weise er ist, wie weise er angenommen wird; den Kanon, das Curriculum, was er sagt, egal was er sagt. Wir sollen den Kanon nicht nur *würdigen*, wie ich im vorhergehenden Kapitel festgestellt habe, wir sollen ihn auch *schlucken*. Wenn sie ihm also vorschlägt, sie wolle einen Essay über Gender und Rassismus schreiben, sagt er: »Wenn du über diese beschissenen Themen schreiben willst, dann wirst du verdammt nochmal mein Seminar nicht bestehen. Du hast verdammt nochmal nichts von dem verstanden, worüber ich gesprochen habe, wenn du denkst, dass diese Fragen angemessen sind für dieses Seminar.« Wenn du die falschen Fragen stellst, dann hörst du die Gewalt der Korrektur. Und dann kannst du hören, wie er sie bereits abschreibt. »Aber dann sagte er: ›Warte, weißt du, du bist so scheiße alt, deine Noten spielen keine Rolle mehr, du wirst sowieso nicht im akademischen Bereich Karriere machen, schreib doch, worüber du willst. Du wirst sowieso versagen, aber das ist auch egal.‹« Damit wirst du nicht nur eine Nervensäge, sondern auch eine Hexe, die Feministin, die die Fragen falsch verstanden hat, die Alte, die selbst falsch ist, zu alt ist, um irgendeine Rolle zu spielen, egal ob sie es falsch versteht, weil sie nicht weiterkommt, wird sie nicht weiterkommen.

Sie kommt nicht weiter. Gegen Ende ihrer Beweisführung erzählt mir die Studierende, dass sie ihre Masterarbeit mit der Hoffnung begonnen hatte, anschließend promovieren zu können. Aber dann sagte sie sich: »Diese Tür ist nun verschlossen.« Ich habe im Kapitel *Die feministische Spaßverderber:in als Aktivist:in* ausführlich beschrieben, was dazu führt, dass *diese* Tür geschlossen wurde. Lass mich bei dem Satz »Die Tür ist verschlossen« eine kurze Pause machen. Es ist ein recht gewöhnlicher Satz. Aber als sie ihn sagte, hörte ich das Geräusch einer Tür, die zugeschlagen wird. Mir fiel die Tür auf. Als die feministische Spaßverderber:in zur Philosoph:in wurde, wurden die Türen zu Tischen. Tische zu bemerken, bedeutet, dass wir etwas sehen, weil wir davon ausgeschlossen sind. Warum fallen uns Türen auf? Es ist wahrscheinlicher, etwas wahrzunehmen, das uns davon abhält, etwas zu tun. Es ist viel wahrscheinlicher, Türen wahrzunehmen, wenn wir sie nicht öffnen können.

Türen sind wichtig. Sie sind als Metaphern wichtig: Zu sagen, »diese Tür ist verschlossen«, heißt, zu sagen: »Dieser Weg ist versperrt oder eine Gelegenheit ist verpasst.« Türen sind für gewöhnliche, bekannte Dinge wichtig, sie schwingen in den Angeln. Eine Tür ist eine Grenze, ein Eintrittspunkt, aber auch ein Ausgang, ein Mittel, um zu entscheiden, wer kommt und wer geht. Türen können auch, um den Titel von Audre Lordes bekanntem Essay *Die Werkzeuge der Herrschenden werden das Haus der Herrschenden niemals einreißen* aufzugreifen, die Idee sein, dass einigen das Recht gegeben wird, ein Gebäude zu betreten und andere als Eindringlinge zu bezeichnen. Ein Türwächter zu sein, heißt, »eine Tür offen zu halten«, in einer Institution oder für eine Position. Die Philosophie beispielsweise besitzt bestimmte Türen, durch die du gehen musst, um ein:e Philosoph:in zu werden. Die Definition der Philosophie kann eine Tür sein. Ich fragte Judith Butler einmal nach ihrem Verhältnis zur Philosophie. Sie antwortete:

> »Die Art und Weise, wie Philosoph:innen sich gegenseitig ausgeschlossen haben von der Definition der Philosophie, ist tatsächlich Teil einer professionellen Praxis und sollte in jede soziologische Beschreibung dieses Feldes Einzug halten. Es gab immer etwas Ernsthaftes oder Autoritäres im Anspruch, dass irgendjemand anders oder ›nicht wirklich‹ ein:e Philosoph:in sei. Manchmal wurde es mit einem Hauch Überlegenheit gesagt, andere Male mit einer Prise Verachtung.«[143]

Wir lernen sehr viel über Disziplinen, durch die Art, wie einige davon ausgeschlossen werden, weil sie diese nicht ›wirklich‹ ausüben. Meine eigene Geschichte, warum ich mich so intensiv mit dem philosophischen Tisch beschäftigt habe, könnte dir also zeigen, dass ich mich nicht ›wirklich‹ als Philosophin fühlte. Feminist:innen haben häufig eine Spaßverderber:innen-

---

143 Ahmed, S.: »Interview with Judith Butler«, *Sexualities* 9: 4 (2016), 486f.

Beziehung mit einer akademischen Disziplin, inklusive der Philosophie, weil sie auch dort nicht richtig zu Hause sind.

Dass immer wieder Türen auftauchen, sagt uns etwas darüber, wie Welten aufgebaut sind, was man tun muss, um durch sie hindurchzukommen. Ich sprach mit einer anderen Studierenden, die ebenfalls von ihrem Gutachter belästigt wurde. Sie ist eine queere Person of Color, kommt aus der Arbeiterklasse und ist die Erste aus ihrer Familie, die an einer Universität studiert. Sie hat hart gearbeitet um dorthin zu kommen. Sie wurde von jemandem betreut, den sie sehr bewunderte. Nachdem sie gekämpft hat, um hierher zu kommen, ist sie nun dort, wo sie sein möchte. Aber irgendetwas stimmte nicht. Es wurde immer deutlicher und fühlte sich immer wieder sehr unangenehm an. Ihr Dozent überschritt immer wieder Grenzen, er wollte sie außerhalb des Campus treffen, dann in Cafés, dann bei sich zu Hause. Erst versuchte sie, mit der Situation klarzukommen. Sie beschrieb es so: »Ich habe alles dafür getan, die Treffen auf dem Campus stattfinden zu lassen, bei geöffneter Tür.« Sie hält die Tür offen, eine wirkliche Tür, und zur gleichen Zeit schließt sie eine andere Art von Tür, wir könnten diese Tür die Tür des Bewusstseins nennen, um zu versuchen, das, was er tat, rauszuschmeißen. »Ich dachte, dass ich mich selbst klein machen würde, wenn ich die Gewalt, die er ausübte, zugeben würde.« Sich selbst hinunterziehen: Gewalt zuzugeben kann sich anfühlen, als würde man zur eigenen Spaßverderber:in werden, die sich selbst im Weg steht. Zuzugeben kann bedeuten, eine Wahrheit zu gestehen sowie etwas hereinzulassen. Türen bergen einen Widerspruch: Die Bürotür offen zu halten ist ein Eingeständnis einer Wahrheit, die sie dadurch bewältigt, indem sie sie nicht hereinlässt. Aber Türklinken können aufhören zu funktionieren.

»Ich saß mit einer anderen Kollegin in einer anderen Mittagspause an einem anderen Tag zusammen, da begann er, mir Nachrichten und Nacktfotos zu schicken und auf einmal war meine Grenze erreicht, etwas wie eine kritische Masse, ich konnte es nicht mehr aushalten. Ich sagte: ›Schau dir das mal an‹, und die andere Kollegin war, weißt du, sie war komplett sprachlos ... Und dann plötzlich kam es bei mir an, durch sie, in diesem gemeinsamen Gespräch darüber, wie schrecklich und gewalttätig es war, dass ich solche Sachen erhielt, weißt du, und das hat dann den Prozess ins Laufen gebracht.«

Eine Klinke kann etwas sein, das wir benutzen können, um die Gewalt, die sich gegen uns richtet, daran zu hindern, zu uns durchzukommen oder reinzukommen.

Wenn die Klinke nicht mehr funktioniert, dann kommt die Gewalt nicht nur bei ihr an, sondern auch bei ihrer Kollegin, sie schwappt in das Gespräch hinein, in den Raum, in dem sie das Gespräch führen. Wenn Gewalt hineinschwappt, schlüpft eine Beschwerde hinaus. Die kritische Masse ist das, was erreicht werden muss, bevor Dinge in Gang kommen können.

Es kann schwierig sein, etwas zuzugeben. Die Gewalt zu sehen und zuzulassen, würde bedeuten, sehr viel aufzugeben. Es kann schwierig sein, Belästigung zu erkennen, selbst wenn sie dir passiert oder vielleicht gerade, weil sie dir passiert. Es kann sein, dass ein bestimmter Punkt erreicht werden muss, wie durch das Versenden von Nacktfotos, etwas, was du nicht übersehen kannst, auch wenn es selbst dann möglich ist, das Verhalten entschuldigen zu wollen, oder anderen zu erlauben, das Verhalten zu entschuldigen. (»Das war nur ein Fehler«, »So ist er halt«, »Es hat nichts zu bedeuten«). Diese Rechtfertigungen sind überall um dich herum präsent, sie umgeben dich. Eine Rechtfertigung kann auch etwas sein, das eine Tür schließt, bevor überhaupt etwas passiert. *Wir erben verschlossene Türen,* Wege, etwas nicht zu sehen, etwas auszuschließen. Darum bedeutet auch eine Tür zu öffnen niemals eine abgeschlossene Handlung. Es kann sein, dass du zugibst, dass das, was passiert ist, falsch war, wenn du dann versuchst, deine Geschichte zu teilen, so wie die Studierende es tat, dann wirst du diese Entschuldigungen hören, diese Rechtfertigungen und damit werden weitere Türen geschlossen.

Erinnere dich an diese **Spaßverderber:innen-Wahrheit**: Du kannst nur so viel auf dich nehmen, wie du aufnehmen kannst. Manchmal können wir etwas nicht aushalten, weil wir etwas auf uns genommen haben. Vielleicht halten wir die Tür geschlossen, weil wir wissen, was dahinter verborgen ist. Eine Frau nimmt an einem Manager-Treffen teil. Sie ist die einzige Frau am Tisch. Sie ist das gewohnt. Es ist so wie immer. Dann gibt plötzlich einer der Männer am Tisch einen sexualisierten Kommentar darüber von sich, wie eine Frau durch einen dunklen Raum gejagt wird. Sie beschreibt, wie dieser Moment eine deutliche Verbindung zwischen den Männern herstellte. Wie sich die Atmosphäre im Raum dadurch änderte, Gelächter, Interesse, als ob sie die Aufmerksamkeit bekommen hätten. Selbst wenn du es gewohnt bist, trifft es dich, Sexismus, Heterosexismus, blubbernd an der Oberfläche so vieler Begegnungen. Sie hat nichts gesagt. Sie hat nichts getan.

Nachdem sie ihre Gefühle mir gegenüber zum Ausdruck gebracht hatte, das Ausgeschlossensein, die Enttäuschung, auch die Traurigkeit, sagte sie: »Hefte das einfach ab unter ›Geh da nicht mehr hin.‹« Das ist es, was viele von uns tun: Um unsere Arbeit zu machen, heften wir das ab, was am schwierigsten für uns zu erledigen ist. Wir bemerken, dass diese Ordner voll von dem sind, was wir alles bemerkt haben. Die spaßverderbende Philosoph:in öffnet diese Ordner, schaut sich ganz genau an, was abgelegt und dort hingetan wurde. Und merke dir auch, wenn du diese Ordner öffnest, siehst du nicht nur, was in dem Ordner ist, *du siehst auch, was nicht gesehen wird, weil es dort abgeheftet wurde.*

Manchmal versuchen wir, etwas nicht zu bemerken, weil, es zu bemerken, bedeuten würde, dass wir unsere Arbeit nicht mehr machen können. Manchmal bemerken wir aber auch etwas, weil es uns von unserer Arbeit abhält. Vielleicht hast du die Schlüssel zu dieser Tür nicht. Ein Schlüssel kann ein Ding sein, das exakt für diese spezifische Situation gemacht wurde, sodass nur dieser Schlüssel diese Tür öffnen kann. Auch ein Körper kann ein Schlüssel sein. Eine Tür kann geschlossen sein, weil du sie nicht öffnen kannst, vielleicht ist es zu schwer für dich, sie aufzumachen, oder sie ist zu schmal für dich, um hindurchzukommen. Viele Türen sind auch für Personen geschlossen, die in ihrer Mobilität eingeschränkt sind. Ein Zugangsschild sollte eigentlich Menschen mit Behinderungen Informationen darüber geben, wo oder wie sie hineinkommen. Tanya Titchkosky benennt es: »eine weiße Strichfigur auf einem blauen Hintergrund«, es wurde zum Symbol für Rollstuhlfahrer:innen. Titchkosky merkt ebenfalls an, wenn du ein Zeichen benutzen musst, um Zugang zu bekommen, dann muss es »eine generelle Annahme darüber geben, dass der Zugang nicht vorgesehen ist«[144].

Eine Welt kann um eine Annahme herum gebaut sein. Ein Tisch, eine Tür trifft Annahmen über die Körper, die sie benutzen sollen. Wie Aimi Hamraie bemerkt: »Untersuche jeden Flur, jedes Fenster, jede Toilette, Stuhl oder Tisch ... und du stellst die Umrisse der Körper fest, die diese benutzen sollen.«[145] Wenn du etwas nicht benutzen kannst, wirst du es wahrscheinlich eher untersuchen, dir darüber klar werden, sein Gewicht, seine Maße feststellen, um seine Qualitäten zu bemerken. Du untersuchst Dinge eher, wenn du sie nicht dafür benutzen kannst, wofür sie gedacht sind. Wir untersuchen Dinge genauer, wenn unsere Verbundenheit mit der Welt, unsere Bewegung in ihre Richtung, schwieriger gemacht oder zur Krise werden.

---

144 Titchkosky, T.: The Question of Access. Disability, Space, Meaning. Toronto 2011, 61.

145 Hamraie, A.: Building Access. Universal Design and the Politics of Disability. Minneapolis 2017, 19.

SPAẞVERDERBER:INNEN-WAHRHEIT: DU BEMERKST WELTEN, WENN SIE NICHT FÜR DICH GEBAUT SIND

Vieles in den Disability Studies greift diese Gedanken auf, die ich als Spaßverderber:innen-Philosophie zu beschreiben versuche. Rosemarie Garland-Thomson beschreibt das Außenseitertum folgendermaßen:

> »Ein:e Außenseiter:in tritt auf, wenn die Umgebung die Form und Funktion des Körpers, der in sie eintritt, nicht unterstützt. Die Wechselwirkung zwischen Körper und Welt, die Anpassungen oder Missanpassungen hervorbringt, geschieht an den räumlichen und zeitlichen Begegnungspunkten zwischen dynamischen, aber relativ stabilen Körpern und Umgebungen. Der gebaute und arrangierte Raum, durch den wir unser Leben navigieren, neigt dazu, sich den Mehrheitskörpern anzupassen und mit Minderheitsformen der Verkörperung, wie zum Beispiel Menschen mit Behinderungen, Missanpassungen zu schaffen.«[146]

In einem älteren Artikel beschreibt Garland-Thomson das Außenseitertum als eine »nicht übereinstimmende Beziehung, als eine eckiger Pflock in einem runden Kreis«.[147] Wenn du versuchst, irgendwo in eine Norm hineinzupassen, die nicht für deinen Körper gemacht ist, dann schaffst du einen wenig übereinstimmenden Zustand oder wirst selbst zu einem.

Wir werden vielleicht aufmerksamer unseren Körpern gegenüber, wenn wir versuchen, uns in einen bestimmten Raum einzupassen, der nicht für uns gebaut ist. Die Spaßverderber:innen-Philosophie schenkt uns eine andere Art, *über das Denken nachzudenken*. Wir denken mit und ausgehend von unseren Körpern. Selbst unsere Erschöpfung kann uns Erkenntnisse schenken, die Verkörperung von Belastung und Kampf. Wir lernen aus dem, wogegen wir angehen. Wir lernen aus dem Bewusstwerden unserer Körper ebenso viel über die Welt, wie die Welt uns etwas über unsere Körper erzählt. Wir philosophieren, *weil* wir uns nicht angenommen fühlen, wir philosophieren, *wenn* wir uns nicht angenommen fühlen. Wir werden eckige Pflöcke, Außenseiter:innen, Spaßverderber:innen, wenn wir weiterhin verschiedene Eintrittspunkte verlangen müssen, um hineinzukommen.

---

146 Garland-Thomson, R.: »The Story of My Work. How I Became Disabled«, *Disability Studies Quarterly* 34: 2 (2014); http://dx.doi.org/10.18061/dsq.v34i2.4254.

147 Garland-Thomson, R.: »Misfits. A Feminist Materialist Disability Concept«, *Hypatia. A Journal of Feminist Philosophy* 26: 3 (2011), 592f.

Ich sprach mit einer Studentin mit Behinderung über all das, was sie tun musste, um sicherzugehen, dass vernünftige Anpassungen getroffen werden, damit sie ihren Abschluss machen konnte. »Sie empfanden mein Bedürfnis nach Anpassung als eine enorme Belastung für ihr Leben und wollten mindestens tägliche, demütige Dankbarkeit, um dies weiterhin zu ermöglichen, vorzugsweise noch deutlich mehr als das. Ich glaube, wenn ich mit einer Art Cheerleader für sie aufgetaucht wäre, hätten sie es vielleicht als akzeptabel empfunden.« Das Bitten um Anpassungen wird nicht nur als eine Unannehmlichkeit für andere dargestellt, sondern auch als eine eigene Unannehmlichkeit. Man muss lächeln, als ob man damit die Unannehmlichkeit ausgleicht. Die feministische Philosophin Marilyn Frye beobachtete dies und schreibt: »Es wird häufig von unterdrückten Personen verlangt, dass sie lächeln und fröhlich sind. Wenn wir mitmachen, zeigen wir unsere Folgsamkeit und die Einwilligung in unsere Situation.«[148]

Nicht zu lächeln, keine Dankbarkeit zu zeigen, die Institution nicht zu bejubeln, kein Cheerleader für sie zu sein, ist genug, um zur Spaßverderber:in zu werden, nicht umgänglich zu sein, zu jammernd und zu fordernd zu sein.

Wenn du zeigst, dass ein Raum nicht zugänglich ist, dann wirst du nicht nur als Spaßverderber:in angesehen, sondern auch, als ob du möglicherweise anderen verweigerst, ihren Raum zu wählen. Es kann sein, dass du darauf hinweisen musst, dass der Raum unzugänglich ist, weil sie immer wieder Räume bauen, die unzugänglich sind. Eine Wissenschaftlerin mit Behinderung sprach mit mir über ihre Gefühle beim Arbeiten: »Ich habe Angst, Aufmerksamkeit zu erregen, aber das passiert nun einmal, wenn du eine Person im Rollstuhl anstellst. Es gibt schwerwiegende Probleme mit der Barrierefreiheit an der Universität.« Sie sprach von »der Belastung, der Erschöpfung, das Bewusstsein, warum sollte ich diejenige sein, die das anspricht? Du musst es ansprechen, weil andere es nicht machen. Und weil du es ansprichst, können andere ihr eigenes Schweigen rechtfertigen. Sie hören dich, daher geht es also um dich, ›schwerwiegende Probleme mit der Unzugänglichkeit‹ werden zu deinen Problemen. Wenn du es immer wieder sagen musst, weil sie es immer wieder tun, dann bist immer noch du es, die als diejenige gehört wird, die sich selbst wiederholt. Du hörst dich an als hättest du einen Sprung in der Platte, als würdest du dich permanent wiederholen.«

148 Frye, M.: The Politics of Reality. Essays in Feminist Theory. Freedom 1993, 2.

Die feministische Spaßverderber:in als Sprung in der Platte: Wir hören hier etwas. Denken wir zurück an die Szene aus *Arlington Park*, in der Juliet als schrill wahrgenommen wird, selbst wenn sie jemanden unterbricht, der »weiterredet, immer weiter«. Einige von uns werden wahrgenommen, als ob sie sich immer wiederholen würden, dabei geht es darum, was (oder wer) nicht in den Blick kommt. Das erinnert mich an ein Gespräch mit einer Studierenden, die eine Beschwerde über sexuelle Belästigung einreichte. Sie beschrieb, wie sie durch die Beschwerde auffiel: Du »richtest die Aufmerksamkeit auf die Ungleichheiten, die Machtverhältnisse, die präsent sind, die Dinge, die Leute sehen sollten, aber in dem Augenblick, in der du die Aufmerksamkeit auf sie richtest, wird die Aufmerksamkeit auf dich gerichtet«. Wenn das Aufmerksam-Machen auf ein Problem die Aufmerksamkeit auf dich selbst lenkt, wird das Problem nicht wahrgenommen, *weil du* es wirst. Wenn die Studierende sieht, wie sie gesehen wird, sieht sie auch, was andere Leute nicht sehen: »die Ungleichheiten, die Machtverhältnisse, die präsent sind«.

Wir können zurückkehren zu unserem **Spaßverderber:innen-Gleichnis: Etwas bemerken = feministisches Hämmern.** Eine Spaßverderber:in zu sein, heißt, zu lernen, *wie* manche Dinge weiterhin unbemerkt bleiben können. Die Wissenschaftlerin mit Behinderung, die sich sorgte, dass sie Aufmerksamkeit auf sich zog, weil sie die massiven Zugangsprobleme ansprach, bemerkte eine Tür, die einen Raum für sie unzugänglich machte. Sie stellte wahrscheinlich auch fest, dass die Leute, die ihr die Tür hätten öffnen können, nicht bemerkten, dass der Raum unzugänglich war. Aber sie lernte, *wie* Leute weiterhin die Tür nicht bemerkten, weil sie sie selbst als diejenige ansahen, die das Problem ist, wenn sie darauf hingewiesen hat. Es kann erschöpfend sein, immer wieder die Tür weghämmern zu müssen, nicht nur die wirkliche Tür, sondern auch die Tür im Bewusstsein anderer Leute. Und somit werden weitere Türen verschlossen, weil einige Menschen dafür verantwortlich gemacht werden, sie zu öffnen, um Veranstaltungen oder Institutionen zugänglicher zu machen. Eine Spaßverderber:in zu sein, bedeutet deshalb, durch die Diversität hindurchzusehen, die oftmals nicht nur als ein fröhlicher Tisch präsentiert wird, sondern auch als eine offene Tür. Eine offene Tür kann durch einen Slogan heraufbeschworen werden: Wir sind zurück bei jener einladenden Ansprache, Minderheiten willkommen, kommt herein, kommt herein!

SPAẞVERDERBER:INNEN-WAHRHEIT: NUR WEIL SIE DICH WILLKOMMEN HEIẞEN, HEIẞT DAS NICHT, DASS DEIN ERSCHEINEN ERWARTET WIRD

Von einigen von uns wird angenommen, dass wir Diversität mitbringen. Es kann aber sein, dass wir, wenn wir erscheinen, realisieren, dass wir nicht willkommen sind, dass wir nur willkommen sind unter der Bedingung, dass wir nicht zu sehr versuchen, Dinge zu verändern. Diese Akademikerin beschrieb, wie sie »eingebracht wurde, um bei einigen kulturellen Veränderungen zu helfen, um Vielfalt und einen progressiven Lehrplan einzuführen«. Wenn eine Organisation jemanden einstellt, um »bei kulturellen Veränderungen zu helfen«, muss das nicht zwangsläufig heißen, dass diejenigen in der Organisation bereit dazu sind. Sie beschrieb ihre Erfahrung folgendermaßen:

»Die einzige Frau in einer Gruppe von Führungskräften zu sein, war eine ziemlich erschreckende Erfahrung. Es gab dort ziemlich viel sexualisierte Sprache. Ich fühlte mich wie in einem Herrenklo. Es war komplett daneben, völlig unangemessen. Es gab auch rassifizierte Gespräche. Sie nahmen immer Bezug auf ›den Schwarzen Jungen‹ ... Der Dekan ... ein echter Überflieger, fährt voll auf feministische Sachen ab, feministische Politik und Stipendien. Er hatte ein Doppelleben. Ich dachte, jemand mit diversem Background würde einen Unterschied machen, darum nahm ich die Position an. Ich war die ranghöchste Person mit einer sichtbaren Behinderung in der Universität.«

Es gibt eine Kluft zwischen dem offiziellen Bekenntnis zu Vielfalt und Gleichberechtigung und den üblichen Gesprächen; zwischen der Führungsperson, die sich ›für feministische Themen interessiert‹, und ihrem Verhalten als Manager. Ihr wurde klar, dass die Anstellung einer Person mit »diversem Background« keinen Unterschied macht, dass ihre Ankunft keinen Unterschied macht. Auch wenn sie ihre Anwesenheit als ein Zeichen hätten nutzen können und genutzt haben, um zu zeigen, dass sie einen Unterschied gemacht haben. Selbst wenn deine Unterschiedlichkeit keinen Unterschied macht, solltest du es trotzdem positiv betrachten, was bedeutet, eine Menge negativer Sachen zu übersehen, alle sexualisierten Gespräche, alle rassifizierten Gespräche. Wenn Positivität verlangt wird, kann das bedeuten, das feindliche Umfeld dadurch zu verstecken. Eine weitere Woman of Color beschrieb ihren Fachbereich mir gegenüber als eine Drehtür: »Frauen und Minderheiten kommen rein, nur um direkt wieder rauszugehen, husch, husch. Es kann sein, dass du draußen gehalten wirst, dadurch, dass du herausfindest, wie es drinnen zugeht.«

Türen können auch verschlossen werden, indem so getan wird, als seien sie offen. Eine Schwarze Frau erzählte mir, wie sie von einer weißen Frau, die ihre Vorgesetze am Fachbereich war, rassistisch belästigt und gemobbt wurde: »Ich denke, sie wollte ihre Position als Direktorin behalten und ich sollte zum Fußvolk gehören. Du weißt, was ich meine: Sie musste der Boss sein und ich sollte eine Art Bedienstete sein. So funktionierte ihre spezifische Art weißer Vorherrschaft nicht nur dadurch, dass sie meine akademischen Verdienste und Fähigkeiten herabwürdigte, sondern auch dadurch, dass sie mich vor Studierenden heruntermachte, indem sie mich gegenüber der Verwaltung herabwürdigte.«

Wodurch weißt du, dass es um Race geht? Diese Frage wird uns oft gestellt. Durch Rassismus wissen wir es, dadurch wissen wir etwas über Weißsein – nennen wir es doch beim Namen, wie sie es getan hat: weiße Vorherrschaft – das ist es, was immer wieder hochkommt. Dort angekommen zu sein – eine Schwarze Frau in einer weißen Institution, eine Lehrbeauftragte, eine Dozentin, auf dem Weg zur Professorin (sie ist inzwischen Professorin) – bedeutet, am falschen Platz, über sich selbst zu stehen, sich selbst vorgesetzt zu sein. Jemanden herunterzumachen, kann zu einem Befehl werden: Sei klein! Diese Herabwürdigung von sich zu weisen, kann bedeuten, über die Position hinauszugehen, zu viel zu werden. Erinnere dich, die feministische Spaßverderber:in wird als eine Person angesehen, die sich größer macht, als sie ist. Wir werden auch gesehen, als würden wir uns größer machen wollen.

Sie fügte hinzu: »Ich schrieb ihr, dass ich es anstrebte, Professorin zu werden, und sie lachte mich nur aus.« Dieses Gelächter kann das Geräusch einer Tür sein, die zugeknallt wird. Einige von uns, die Professor:innen wurden, wurden zu Eindringlingen. Es wird dir gesagt, dass du eine Erlaubnis benötigst, um einzutreten, indem dir gesagt wird, dass du keine Erlaubnis hast. Wir können zu Schwarzen und braunen feministischen Spaßverderber:innen werden, indem wir mehr für uns selbst wollen, aufgrund unserer eigenen Ideen wissen, was wir tun könnten oder wer wir sein könnten und ihre Einschätzungen weit übertreffen. Wahrnehmungen können Türen sein; du kannst aufgehalten werden, wegen dem, wie du wahrgenommen wirst. Das heißt nicht, dass wir immer aufgehalten werden, aber einige von uns müssen härter arbeiten, mehr tun, um durch die Tür der Anerkennung hindurchzugehen. Wenn Anerkennung eine Tür ist, dann wird diese Tür von denen, die hindurchgehen können, nicht wahrgenommen. Das ist wichtig. Wenn du von einer Tür aufgehalten wirst, und diese Tür nicht wahrgenommen wird, dann kann es so aussehen, als ob du dich selbst aufhältst.

Wir erkennen, wie die Welt aufgebaut ist, daran, wie wir aufgehalten werden. Nicht hineinzupassen kann Anstrengungen und Energie verlangen, die für einige nötig ist, um das zu tun, was für andere wie eine leichte oder einfache Handlung aussieht, wie etwa eine Tür zu öffnen.

Was heißt dann hineinpassen? Hineinpassen kann z.B. bedeuten, weniger Zeit, Anstrengung oder Energie zu benötigen, um die gleiche Handlung auszuführen. Wenn die Welt für dich gebaut ist, dann gibt es so vieles, über das du nicht nachdenken musst, so vieles, was du nicht tun musst.

SPAẞVERDERBER:INNEN-GLEICHNIS: PRIVILEG = ENERGIESPARGERÄT

Für einige wirken Institutionen offen, weil sie für sie offen sind. Diese Sichtweise der Organisation, möchte ich hinzufügen, entspricht und wird bestätigt durch die offizielle Ansicht: Die Tür ist offen, jeder kann eintreten. Offenheit kann als die Eigenschaft einer Sache und nicht einer Beziehung zu ihr verstanden werden. Es geht nicht darum, dass einige die Türen nicht bemerken müssen. Es kann sein, dass sie sogar daran *beteiligt* sind, die Türen nicht zu bemerken. Daran beteiligt zu sein, die Türen nicht zu bemerken, bedeutet, die *Beziehun*g zu einer Institution zu beschützen.

Ich denke, dass Fragen nach Gender oder Rassismus, zu den falschen Fragen wurden. Es kann sein, dass wir damit infrage stellen, wer da ist und wer nicht da ist. Es kann sein, dass wir die Frage stellen, warum unsere Professor:innen nicht Schwarz sind oder warum die bestbezahltesten Menschen Männer sind. Wir weisen auf die Strukturen hin, die es einigen ermöglichen, die Kriterien für eine Beförderung zu erfüllen; wie ihnen Türen geöffnet werden, aufgrund ihrer Art zu sprechen, ihres Verhaltens, ihrer Verbindungen. Diejenigen, die passen, könnten ›passen‹ als Selbstbeschreibung hören, wobei sie an Herbert Spencers Nacherzählung von Darwins Evolutionstheorie als Geschichte vom ›Überleben des am besten angepassten‹ denken, als ob die Tatsache, dass sie erfolgreich sind oder mehr geschätzt werden, ein Beweis dafür wäre, dass sie fähiger sind, anstatt dass sie besser passen.

SPAẞVERDERBER:INNEN-GLEICHNIS: ÜBERLEBEN DES AM BESTEN ANGEPASSTEN = ÜBERLEBEN DERJENIGEN, DIE AM BESTEN HINEINPASSEN

Eine feministische Spaßverderber:innen-Philosoph:in zu sein, heißt, eine Erklärung zu den Strukturen zu geben. Das Wort Struktur scheint erst einmal abstrakt. Was meine ich hier damit? Eine Struktur kann dazu genutzt werden, um auf ein komplexes Arrangement zwischen zwei Teilen zu verweisen: In meinem Buch *What's the Use? On the Uses of Use* begann ich damit, über das Hineinpassen im Hinblick auf die Struktur in einem genauen Sinne nachzudenken. Ich untersuchte, wie Darwin den »Nutzen« nutzte, als er damit die natürliche Selektion erklärte. Darwin benutzt die Metapher eines Gebäudes, das ohne Entwurf oder Plan gebaut wurde. Dass dieser oder jener Stein ausgewählt wurde, wird von Darwin als »zufällig« bezeichnet, der Stein ist einfach derjenige, der gut passt. Das Wort ›Zufall‹ oder ›Unfall‹ lässt uns an Autounfälle denken. Aber das Wort ›Zufall‹ kann auch nur bedeuten, dass etwas einfach so passiert, ohne jede Absicht oder unerwartet. Wenn es ein Zufall ist, dass ein Stein passt, dann bezieht sich die Auswahl des Steins immer noch auf seine Materialeigenschaften, seine Größe und Form.[149] Es kann dann so aussehen, als ob der Moment der Auswahl zufällig ist, dass diese Person oder jene Person eben den Anforderungen entspricht, auf die Art und Weise, wie der Stein eben zufällig die passende Größe für das Loch in der Mauer hat. Wenn ein Gebäude einmal gebaut wurde, wenn es einmal mehr oder weniger eine Form angenommen hat, passen sich einige eben besser als andere an die Anforderungen an. Die gleichen Personen werden weiterhin die Eigenschaften haben, die als notwendig erachtet werden, um die Stelle zu besetzen, wenn die Stelle für sie erdacht wurde. Es kann dann so erscheinen, als ob einige Personen zufällig passten, anstatt dass sie passten, *weil die Struktur so aufgebaut war.*

Das Erscheinung wird zu einem Argument. Wenn du die Struktur entlarvst, dann werden sie sagen, es war ein Zufall: Wir sind hier, weil wir eben den Anforderungen entsprachen. So kann eine Struktur zufällig verschwinden. Wir – wir nennen uns mal spaßverderbende Philosph:innen – antworten: Du passt auf die Anforderungen, weil du sie gemacht hast. Institutionen wer-

149 Ahmed: What's the Use?, 84. Das Bild vom Gebäude ohne Plan stammt von Darwin, C.: The Variations of Animals and Plants. London 1868, 248f.

den reproduziert, indem die Anforderungen stabilisiert werden, die man erfüllen muss, um in ihnen zu überleben oder zu gedeihen. Es kann sein, dass sie entgegnen, mit etwas mehr Nachdruck, vielleicht indem sie das Wort ›Verdienst‹ verwenden, dass sie sind, wo sie sind, weiter oben, weil sie besser sind oder sogar die Besten. Ich erinnere mich an die Zeit, als ich als Gastdozentin an einer Elite-Einrichtung arbeitete. Ich bemerkte, wie Kolleg:innen den Zusatz ›das beste‹, für alles benutzten, der beste Wein, das beste dieses, das beste jenes. Vielleicht versuchten sie, sich selbst zu überzeugen, oder vielleicht hofften sie, dass das Wort ›beste‹ irgendwie an ihnen kleben bleiben würde. Die Spaßverderber:in als Philosoph:in ist darauf eingestellt, wer was bestimmt. In ihren Worten, als das, was kleben bleibt. Wir antworten, du bist nicht da oder weiter oben, weil du die oder der Beste bist, sondern du bist die oder der Beste, weil du hier bist oder weiter oben, in anderen Worten, du hast um dich selbst herum definiert, was das Beste ist.

Diversität wird oft so definiert, als bedeute es, denen zu helfen, die nicht die Besten sind, Diversität als die Hintertür, Diversität als die Unterstützung. Aber diejenigen, von denen angenommen wird, dass sie aufgrund ihrer Verdienste dort sind, wo sie sind, sind oft diejenigen, die am meisten Unterstützung erhalten. Die Unterstützung, die einigen durch die Struktur gegeben wird, verschwindet mit der Struktur. Es kann dann so aussehen, als ob die, die weiter gehen oder schneller laufen, dies aus eigener Kraft täten. Darum gibt es Aussagen wie »Es ist einfacher, einen Job zu bekommen, wenn du eine Person of Color bist« oder »Du musst divers sein, um angestellt zu werden«, die in Organisationen geäußert werden, die von weißen Männern dominiert werden. Darum wird ›Gleichberechtigung‹ wie eine Art der Diskriminierung behandelt. Die Struktur, die es einigen schwerer macht, rein- oder durchzukommen, ist die gleiche Struktur, die den Durchgang oder das Weiterkommen für andere erleichtert. Darum ist es auch nicht überraschend, dass wir solch einen Widerstand erfahren, wenn wir Strukturen bemerken, wenn wir versuchen, sichtbarer zu machen, für wen die Türen geöffnet werden (und für wen nicht).

SPAẞVERDERBER:INNEN-WAHRHEIT: JE MEHR WIR DIE STRUKTUREN HERAUSFORDERN, DESTO MEHR STOẞEN WIR AUF SIE

Wenn Strukturen zufällig verschwinden, erhaschen wir trotzdem einen Blick auf sie weil sie in Statuen, Denkmäler und individuelle Erfolge verwandelt werden; Geschichten darüber, wer verehrt oder bewundert werden soll. Denk an eine Statue, denk an einen Holzblock. Der Ausdruck ›aus demselben alten Holz geschnitzt zu sein‹ wird sehr häufig verwendet, um auf eine Vaterschaft hinzuweisen, um aufzuzeigen dass ›der Apfel fällt nicht weit vom Stamm‹ fällt. Es hilft jedoch auch, zu sehen, wie Institutionen sich selbst reproduzieren. Die Spaßverderber:in als Philosoph:in: *Wir lassen die Äpfel weit vom Stamm fallen.*

Es ist Arbeit, nicht immer die gleichen Dinge zu reproduzieren. Viele Organisationen setzen Gleichstellungs- oder Diversitätsbeauftragte ein, um diese Arbeit zu übernehmen. Aber auch wenn Leute angestellt werden, um Organisationen zu verändern, heißt das noch lange nicht, dass sie wirklich willens sind, sich zu verändern. Eine Diversitätsbeauftragte beschreibt ihren Job als »mit-dem-Kopf-gegen-Mauern-Anrennen«. Eine Jobbeschreibung wird zur Beschreibung einer Mauer. Mit deinem Kopf gegen eine Mauer zu rennen, ist der wunde Punkt einer dauernden Wiederholung. Du merkst, dass du immer und immer wieder gegen die gleiche Sache angehst. Auch wenn du von der Organisation angestellt wurdest, nimmst du sie dennoch weiterhin als Mauer wahr, eine Mauer, die alle Bemühungen abblockt. Vielleicht werden ihre Bemühungen abgeblockt, nicht, obwohl sie den Auftrag bekam, sondern genau deswegen.

SPAẞVERDERBER:INNEN-WAHRHEIT: WIR LERNEN ETWAS ÜBER INSTITUTIONEN, WENN WIR VERSUCHEN, SIE ZU VERÄNDERN

Institutionen können so bleiben wie sie sind, indem sie nur so tun, als ob sie sich verändern. Ich sprach mit einer Dozentin über ihre Erfahrung in Berufungsverfahren. Ihre Universität benutzte ein numerisches System zur Evaluation des Auftretens der Bewerber:innen, um eine Gleichbehandlung sicherzustellen. Sie beschrieb, was tatsächlich während der Bewerbung geschah. »Jemand sagte, die Präsentation der Frau war herausragend, aber ehrlich gesagt, er ist der Typ, mit dem du ein Bier trinken würdest, also lass uns alles passend machen, um ihn reinzuholen.« Die Personen werden passend gemacht, wenn jemand als passend erachtet wird. Passend zu sein, kann eben auch bedeuten *reinzupassen*. Die Person, die ernannt wird, ist immer noch die Person, die sich in die vorhandene Kultur einfügen kann. »Der Typ, mit dem du ein Bier trinken würdest«, mit dem du dich verbunden fühlst, dessen Gesellschaft du vorziehen würdest. Weiter vorne habe ich geschrieben, dass Gewohnheiten Zeit und Energie sparen. Institutionen haben auch Gewohnheiten. Einstellen kann zur Gewohnheit werden, wenn immer wieder die gleichen Menschen eingestellt werden, wie die, die bereits dort sind. Wenn neue Richtlinien und Verfahren entworfen werden, um Gewohnheiten zu durchbrechen, dann stoppen sie nicht immer das, was bis dahin gewohnheitsmäßig getan wurde.

Die Mauer taucht auf, weil du versuchst, etwas nicht zu reproduzieren. Eine Diversitätsbeauftragte erzählte mir, wie sie eine neue Richtlinie einführte, die alle akademischen Mitglieder eines Auswahlgremiums verpflichtete, ein Diversitätstraining zu absolvieren. Die Richtlinie war nicht sonderlich ehrgeizig: Sie wusste, ein Diversitätstraining einzuführen, würde nicht zwangsläufig zu mehr Diversität unter den Neueinstellungen führen.

Die Geschichte ist lang, weil es Widerstand gegen diese neue Richtlinie von verschiedenen Akteur:innen innerhalb der Institution gab. Der Richtlinie wurde von der Gleichstellungs- und Diversitätskommission zugestimmt, aber die Zustimmung wurde von der Personalleitung aus dem Protokoll des Meetings entfernt. Als das Protokoll an eine andere Kommission weitergeleitet wurde, auf einer höheren Ebene, in der ein Mitglied der Gleichstellungs- und Diversitätskommission saß, wurde diese Streichung festgestellt. Daraufhin musste das Protokoll zurück in die Kommissionen, um es wieder zu ändern. Nach diesem großen Aufwand wurde der Richtlinie schließlich zugestimmt. Es gab aber auch Personen aus der Institution, die weiterhin so taten, als ob dieser Richtlinie nicht zugestimmt worden wäre. Die Beauftragte machte in jedem Meeting darauf aufmerksam. Wenn ihre Kolleg:innen immer wieder auf die alte Richtlinie verwiesen, musste sie immer wieder sagen, es gibt eine neue Verordnung und dass das Kollegium seine Haltung seitdem nicht verändert hatte: »Ich sagte, ich kann euch das Protokoll zeigen, und sie schauten mich nur an, als ob ich etwas komplett Bescheuertes gesagt hätte. Dies ging jahrelang so, selbst wenn das Protokoll des Kollegiums besagte, dass alle Mitglieder ein Training durchlaufen sollten. Und um ehrlich zu sein, irgendwann gibt man einfach auf.« In meinen Überlebenstipps für feministische Spaßverderber:innen bemerkte ich, wie eine Spaßverderber:innen-Geschichte schwierig sein kann, wegen der Dinge, die durchgestrichen werden. Die Diversitätsbeauftragte wurde gestrichen, nicht trotz der Beweisführung, sondern wegen ihr. Nur weil es eine neue Richtlinie gibt, müssen sie so tun, als ob es sie nicht gäbe. Und weil sie sie einfach ignorierten, und damit auch die Richtlinie, machten sie weiter, wie sie es immer gemacht hatten, stellten die gleichen Leute auf die gleiche Art und Weise ein.

Die Leute, die die neue Richtlinie erarbeitet haben, wissen, wie viel Arbeit es war und dass es nirgendwohin führte. Es ist allenfalls der praktische Aufwand, der die Transformation herbeiführt, der *die Mauer zum Vorschein bringt*. Für diejenigen, die nicht gegen sie anrennen, ist die Mauer unsichtbar, vielleicht erscheint die Institution so zufrieden wie in ihrem Leitbild, wie in ihrer Diversitätserklärung. Was diese Ziegelmauer so massiv macht, ist, dass sie von einigen nicht einmal wahrgenommen wird. Wenn es eine tatsächliche Mauer gäbe, dann könnte man wenigstens darauf zeigen, so jedoch können tatsächliche Dinge einfach verschwinden. Eine tatsächliche Mauer ist aus hartem Material gebaut. In der Physik wird Härte aufgrund der Widerstandsfähigkeit des Materials, sich unter Einfluss von Kraft zu verändern, bestimmt. Wir begegnen der Materialität des Widerstands gegenüber Transformation, wenn wir versuchen, zu verändern, was zum Material geworden ist. Wenn du ein kleines Objekt gegen die Mauer wirfst, würde es zerbrechen. Was würde mit der Mauer passieren? Vielleicht gäbe es einen Kratzer an der Oberfläche. So kann es sich anfühlen, wenn wir versuchen, Institutionen zu verändern: an der Oberfläche zu kratzen, die Oberfläche anzukratzen. Wir können kleine Objekte sein. Wir werfen uns selbst gegen die Ziegelmauer, nur um zu zerbrechen, was ein Grund dafür ist, dass es so viel Zerbrechen in Spaßverderber:innen- Geschichten gibt.

Diejenigen, die nicht gegen Mauern stoßen, betrachten diejenigen, die über sie sprechen, als *Errichter von Mauern*. Wenn wir Probleme aufzeigen, wird so getan, als ob wir sie verursachen würden. Eine weitere Mauer taucht dann auf, wenn Mauern als *immateriell* oder zum Phantom erklärt werden. Als ob *wir uns selbst aufhalten* würden, etwas zu tun, oder etwas zu sein. Und so lernen wir: Was real ist, was konkret am *schwierigsten* ist, ist nicht immer als Objekt verfügbar, das wahrgenommen oder berührt werden kann, selbst von denen, die am selben Tisch sitzen.

SPAẞVERDERBER:INNEN-WAHRHEIT:
WAS FÜR EINIGE AM SCHWIERIGSTEN IST,
EXISTIERT FÜR ANDERE GAR NICHT

Wir können am selben Tisch sitzen und in verschiedenen Welten leben. Gleicher Tisch, verschiedene Welt. Oh, wie gut Spaßverderber:innen das kennen! Wir kennen das, weil es unser Leben ist! Wir können erklären, unter Berücksichtigung *dieser* Szene um den Tisch herum, die Atmosphäre ruinierend, wie Spaßverderber:innen zu Philosoph:innen werden. Gleicher Tisch, andere Welt.

Unser Weg führte uns von Tischen zu Türen, zu Mauern und zurück zu Tischen. Auch der Tisch zählt. Nicht alles, was materiell ist, wird von allen wahrgenommen. Wenn diejenigen mit Privilegien die sind, die philosophieren, *geht viel Material verloren*. Manche Dinge werden selbst durch kritische Reflexion, Verwunderung oder Nachdenken nicht ins Blickfeld gelangen. Einige Dinge werden *nicht* gesehen, weil es einige Leute nicht mit Nachdruck sichtbar machen müssen. Feministische Spaßverderber:innen erscheinen rabiater, weil wir einiges tun müssen, um überhaupt durchzukommen. Es gibt dann eine Verbindung zwischen dem, *wodurch wir es wissen* und *was wir tun*. Ich haue auf den Tisch, denke wieder an Angela Davis, die uns zeigt, dass Philosophieren heißt, zu versuchen, die Welt zu verändern. Zu versuchen, Dinge zu verändern, heißt zu wissen, wie sie funktionieren. Deshalb, und auch dadurch wissen feministische Spaßverderber:innen so viel.

5
Die feministische Spaßverderber:in als Poet:in

Bei der Betrachtung der feministischen Spaßverderber:in als Poet:in denke ich daran, wie dringend es ist, dass wir neue Ausdrucksformen finden. Ich habe bereits etwas weiter vorne in diesem Handbuch angemerkt, dass du als Spaßverderber:in wahrgenommen werden kannst, selbst wenn du gar nichts sagst, einfach nur dadurch, dass du nicht lachst oder lächelst, also keine Komplizenschaft mit einem herrschenden Regime zeigst. Manchmal ist es aber Arbeit, sich als feministische Spaßverderber:in auszudrücken. Sich auszudrücken, kann heißen, etwas *herauszupressen*. Ich lernte das aus der Bedeutungsgeschichte des Wortes ›Ausdruck‹. Ausdruck bedeutet: »etwas in Worte zu fassen oder seine Meinung auszudrücken, in etwa so, wie Tonerde unter Druck eine bestimmte Form annimmt«. Wenn ich mir Tonerde vorstelle, stelle ich mir vor, wie wir ihr eine bestimmte Form geben, wie wir selbst unter Druck eine bestimmte Form annehmen. Uns selbst auszudrücken, etwas aus uns herauszubringen oder uns selbst herauszubringen, kann bedeuten, dass wir Druck widerstehen müssen. Wenn ich sage ›feministische spaßverderbende Poet:in‹, meine ich nicht, dass feministische Spaßverderber:innen einfach Gedichte schreiben sollen, um sich selbst auszudrücken, sondern dass Gedichte Werkzeuge sind, die eingesetzt werden können, um einer Aufgabe zur Hand zu gehen. Vielleicht anders gesagt: Poesie ist eine Art, darüber nachzudenken, was es unserem Hirn möglich macht, zu sprechen und etwas auszusprechen, unseren Gedanken und Gefühlen eine Form zu geben, *unter Berücksichtigung* des Drucks, dem wir dabei ausgesetzt sind.

Nicht jede Person, die Gedichte schreibt, ist Poet:in. Claudia Rankine, Kritikerin, Poetin, auch Philosophin, spricht die rassifizierte Geschichte der Poet:in direkt an. In ihrem poetisch-experimentellen Text *Just Us* gibt es einen Abschnitt ›Notes on the State of Whiteness‹, der die Reproduktion eines alten Buchabschnitts darstellt: *Notes on the State of Virginia* von 1888.[150] Nur einige Sätze des Buches sind in ihrem Buch sichtbar. Andere Sätze sind geschwärzt. Die Sätze, die hervorgehoben sind, dadurch, dass sie nicht geschwärzt sind, treffen dich. Hier sind einige von ihnen: »Das Elend ist ist oft der Ursprung der ergreifendsten Momente in der Poesie – es gibt weiß Gott genug Leid unter Schwarzen, aber keine Poesie ... es konnte keine Poet:innen hervorbringen.«[151] Poesie als Hochkultur wird als etwas angesehen, das von höhergestellten Leuten kommen sollte, von weißen Leuten. Es kann eine Hierarchie des Leidens geben: Der weiße Dichter mag melancholisch sein, ja, aber sein Leiden ist tiefgründig, genauso wie sein Glück/lichsein tugendhaft ist.

SPAßVERDERBER:INNEN-WAHRHEIT: WENN SCHWARZE UND BRAUNE MENSCHEN POET:INNEN WERDEN, KÄMPFEN WIR GEGEN DIE GESCHICHTE

Es kann sein, dass wir gegen eine Vorstellung ankämpfen müssen, wer kreativ ist, oder die Vorstellung von uns selbst als Personen, die nicht kreativ seien. Wenn etwas zu kreieren bedeutet, etwas zu erschaffen, das bislang noch nicht existierte, machen wir das, aber wir können es tun, wegen denjenigen, die hinter uns stehen. Ich denke an meine eigene Familiengeschichte, meine Tante Gulzar Bano war eine Poetin. Sie schrieb Gedichte ebenso kraftvoll, wütend und zornig, wie sie ihr Leben gelebt hat. Meine Tante war eine unverheiratete Frau, eine muslimische Feministin, die tat, was sie konnte, um eine weniger harte und weniger feindselige Welt für Frauen zu schaffen, besonders für arme Frauen, in Pakistan, einem Land, das aus den verstreuten Überresten einer gewalttätigen imperialen Geschichte entstanden ist. Meine Tante hatte keine Angst davor, ihre Meinung kundzutun. Es kann sein, dass sie sogar eigensinnig genannt werden konnte.

SPAßVERDERBER:INNEN-GLEICHNIS: EIGENSINNIG = WENN EINIGE EINEN EIGENEN SINN HABEN, SICH AUSZUDRÜCKEN

150 Rankine: Just Us, 110.

151 Rankine; Just Us, 117.

Meiner Tante, mit ihrer Leidenschaft für den Feminismus und dem, was sie in unserer Familienbiografie ›FRAUENPOWER‹ nannte, nahe zu kommen, gab mir eine andere politische Orientierung, eine andere Art, über meinen Platz in der Welt nachzudenken. Sie hatte keine eigenen Kinder. In einer konventionellen Genealogie sind Frauen, die keine eigenen Kinder haben, die Endstation.

Schnipp, schnapp: das Ende der Linie.

In einer feministischen Spaßverderber:innen-Genealogie, die von denen, die keiner geraden Linie folgen, erzählt wird, von denen, die selbst bestimmen, was sie tun oder nicht tun sollen, entwickeln sich an solchen Stellen neue Leben(sformen).

Schnipp, schnapp: Fang noch mal an.

Als feministische Spaßverderber:in, als braune feministische Spaßverderber:in, erbe ich so viel von meiner Tante. Ich widme diese Reflexionen über die feministische Spaßverderber:in als Poet:in meiner Tante. Ich beginne dieses Kapitel mit einer Reflexion über Willenskraft und Kreativität und über die materiellen Ressourcen, die wir benötigen, um zu schaffen und zu kommunizieren, bevor ich mich den Gedichten und Projekten von zwei Schriftstellerinnen zuwende, die meinen eigenen Weg als Spaßverderber:in beeinflusst haben: Adrienne Rich und Audre Lorde (eine Diskussion, die sich von Türrahmen über Türen zu Türöffnungen bewegt) und schließlich zu einer Erkundung, wie es Poesie im Spaßverderben gibt, ein Neuanordnen von Welten sowie von Worten, Leben einhauchen in Arrangements. An die feministische Spaßverderber:in als Poet:in zu denken, bedeutet, die Kreativität aufzuzeigen, die darin liegt, eine feministische Spaßverderber:in zu sein. Feministische Spaßverderber:innen sind kreativ, nicht *obwohl*, sondern *weil* sie Spaßverderber:innen sind. Und das, obwohl Kreativität sehr weit entfernt von der Lebenssituation einer feministischen Spaßverderber:in zu liegen scheint, deren *modus operandi* eher als zerstörerisch daherkommen mag. Betrachten wir noch einmal Claudias Untersuchung der weißen Babypuppe, die sie in *Sehr blaue Augen* lieben soll. Sie nimmt die Puppe auseinander, um zu lernen, wie sie zusammengesetzt ist. Die Arbeit einer Spaßverderber:in kann verlangen, etwas zu zerstören. Was wir auseinandernehmen, können wir nicht auf die gleiche Art wieder zusammensetzen. Wir würden es auch nicht wollen. Schließlich kann die Puppe selbst als zerstörerisch betrachtet werden; die Gleichsetzung von Glück/lichsein mit Weißsein lässt so viele sich falsch fühlen, nicht schön, nicht gewollt, nicht geliebt. Etwas Zerstörerisches zu zerstören, bedeutet, etwas zu erschaffen, das es uns erlaubt, uns selbst in der Welt zurechtzufinden.

Wir reißen etwas auseinander, damit wir es auf eine andere Weise wieder zusammenfügen können, und dabei fügen wir vielleicht auch uns selbst wieder zusammen. Deshalb ist dieselbe Handlung, ob sie nun als destruktiv verstanden wird oder nicht, nicht nur eine Methode, eine Art zu studieren, zu schreiben, sondern auch eine Art zu leben, auf *fremde Weise*. *Auf fremde Weise* ist ein merkwürdiger Ausdruck für eine alte Weisheit, die Weisheit der Fremden, die, indem sie von Welten entfremdet sind, diese bemerken.

Im vorherigen Kapitel habe ich vorgeschlagen, dass etwas zu bemerken das feministische Hämmern der Spaßverderber:in ist. Wenn wir die Vase bemerken, weil sie fehlt, wenn das, was seltsam oder fehl am Platz ist, auffällt, dann steckt darin bereits Poesie. Bemerken kann ein Hämmern sein, aber auch ein Stift oder eine Tastatur, das Schreiben als Feinabstimmung, das Verschieben von Wörtern, damit Dinge anders erscheinen. Ich denke daran, wie *Sehr blaue Augen* mit der Geschichte einer glücklichen Familie aus einem Kinderbuch beginnt. »Hier ist die Familie. Mutter, Vater, Dick und Jane leben in einem grün-weißen Haus. Sie sind sehr glücklich.«[152] Dann nimmt Morrison die Satzzeichen heraus und die Abstände zwischen den Worten, sodass die Geschichte nicht länger Sinn ergibt. Das ist die Kreativität ihrer poetischen Aufmerksamkeit: Die Worte umzustellen, um die Beziehung zu dem, wofür sie stehen, zu verändern. Spaßverderber:innen-Arbeit besteht so oft darin, die übliche Abfolge zu verändern. Etwas anzuhalten, zu stoppen, sodass es Sinn macht, vielleicht müssen dazu einige Worte hängen bleiben oder dürfen nicht so leicht von der Zunge gehen.

SPASSVERDERBER:INNEN-MAXIME: HINDERE DIE WELT DARAN, SINN ZU ERGEBEN!

Oder vielleicht heißt Poet:in zu werden auch, andere Worte leichter von der Zunge gehen zu lassen, auch das Wort Poet:in selbst. Poet:in kann die Antwort auf die Frage sein, was du machen oder sein möchtest. Ama Ata Aidoo, eine Poetin und Erzählerin, antwortet auf diese Frage:

> »Als ich fünfzehn Jahre alt war, fragte mich ein:e Lehrer:in, was ich einmal werden wolle und ohne überhaupt zu wissen, warum und weshalb, antwor-

152 Morrison, T.: Sehr blaue Augen. Reinbek 1993, 5.

tete ich, ich wolle Poetin werden. Etwa vier Jahre später gewann ich einen Kurzgeschichten-Wettbewerb, wovon ich erst erfuhr, als die Zeitung, die den Wettbewerb organisiert hatte, darüber berichtete und die Geschichte in ihrem Hauptteil veröffentlicht hatte und ich realisierte, dass der Name der Autor:in der Geschichte den gleichen Namen trug wie ich. Ich glaube, diese Momente waren sehr wichtig für mich, weil ... ich einen Traum artikuliert hatte ... es war eine große Bestätigung für mich als Schreibende, meinen Namen gedruckt zu sehen.[153]

Poet:in zu sein, kann als Antwort auf eine Frage verstanden werden, was du werden willst, wer du werden willst. Du kannst den Anspruch erheben, Poet:in zu sein, bevor du es bist. Poet:in zu sein, kann dich beanspruchen, und dadurch, dass du es zu sein beanspruchst, kann es dazu führen, dass dein Name und deine Worte gedruckt werden.

Ich denke auch an Sissie, unsere Spaßverderber:innen-Schwester, wie sie reist und wie sie an Orte kommt, wie sie ihre Worte zum Ausdruck bringt und worüber sie spricht. Sie hält ernste Reden. Sie schreibt Briefe, die sie nicht abschickt, an ihren Geliebten, adressiert an »mein Liebstes Etwas«. Sie beginnt mit seinen Anweisungen. »Ja, ich erinnere mich daran, dass ich alles in einem positiven Lichte sehen wollte. Seitdem du mich daran erinnert hast, dass das Negative so zerstörerisch ist.«[154] Aber als sie beginnt, über seine Erinnerung an die Zersetzungskraft der Negativität zu reflektieren, die er mit einem Krebsgeschwür vergleicht, führt sie das zu einer Analogie mit dem Westen:

> »Ich nickte zustimmend, meine Augen leuchteten auf, weil du so klar, ganz professionell, immer du bist. Aber ich erinnere mich auch an meinen Versuch, deinen Punkt durch die Unterstellung einer politischen Parallele besser zu begreifen, Negativität sei so etwas, wie die Ausbreitung der westlichen Zivilisation in modernen Zeiten, weil sie alles Leben abwürgt und ganze Menschenvölker von ihrem Wachstum abschneidet. Da sagtest du lachend: ›Da hast du es wieder, Sissie, du bist immer so ernsthaft.‹«[155]

Die feministische Spaßverderber:in oder die Spaßverderber:innen-Schwester wird sehr oft durch das Wort ›ernsthaft‹ beschrieben. Ernsthaft ist ein *eigenwilliges* Wort. Alice Walker beschreibt »Womanist« auf die folgende Art und Weise: »Eine Schwarze Feminist:in oder ein:e Feminist:in of Color ...

153 Interview mit Ama Ata Aidoo; http://panafricannews.blogspot.com/2012/11/know-your-author-ama-ata-aidoo.html.

154 Aidoo: Our Sister Killjoy, 112.

155 Aidoo: Our Sister Killjoy, 112.

Normalerweise bezieht sich das auf ein unverschämtes, gewagtes, mutiges oder *eigenwilliges* Verhalten. Mehr wissen zu wollen und in einer größeren Tiefe als das, was als ›gut‹ für einen bezeichnet wird … Verantwortlich. Federführend. *Ernsthaft.*«[156]

Wir können eigenwillig sein, weil wir zu viel wissen, zu viel sagen, weil wir die Erwartungen anderer Leute übertreffen, darüber, was uns guttut. Schwarze Feminist:innen und Feminist:innen of Color werden oft ›eigenwillig‹ genannt, wenn oder weil wir unseren eigenen Willen ausdrücken. Walker beleuchtet die beiden Worte ›eigenwillig‹ und ›ernsthaft‹.

Diese Worte sind Spaßverderber:innen-Begleiter, Wege, *die Kontrolle zu übernehmen*. Ein Urteil kann als eine negative Verantwortung verstanden werden. Ein Urteil kann als negative Ladung verstanden werden. Ein Urteil in ein Projekt zu verwandeln, führt dazu, dass man aufgeladen wird. Wir sind hier wieder bei dem schnipp, schnapp, brutzel …

SPAẞVERDERBER:INNEN-MAXIME: WENN DIR EIGENWILLIGKEIT VORGEWORFEN WIRD, AKZEPTIERE UND MOBILISIERE DIE EIGENWILLIGKEIT!

Sissie akzeptiert den Vorwurf. Vielleicht könnten wir sie als Schwester der Spaßverderber:innen-Poet:in sehen, selbst wenn sie in Romanform auftritt. Sissie hat keine gradlinige Geschichte. Einige Sätze stehen allein, finden ihre Begleitung erst ein paar Seiten später. Manche Seiten sehen aus wie Gedichte mit scharfen Kanten, die es Worten erlauben, spitzer zu sein, klarer, einleuchtender. Ein Kapitel wird zu dem Brief, den sie geschrieben, aber nie abgeschickt hat. Als Leser:innen werden wir zu den Rezipient:innen der nicht abgeschickten Briefe. Ihre Gedanken, ihre Spaßverderber:innen-Gedanken, schüttet sie auf die Seiten. Vielleicht braucht eine Spaßverderber:innen-Figur auch eine andere Art Buch. Oder vielleicht schreibt sie eins. Oder vielleicht liest sie eins. Ich höre hier die Schwarze Kritikerin, Poetin und Philosophin bell hooks ›widersprechen‹, sie beschreibt das Schreiben über das Schreiben als

> »eine Möglichkeit, Sprache einzufangen, festzuhalten, nah bei sich zu behalten. Und so schrieb ich Bruchstücke von Gesprächen nieder, gestand in billigen Tagebüchern, die bald auseinanderfielen, weil sie zu oft in den Händen lagen, drückte die Intensität meines Kummers, die Qual der Sprache aus

156 Walker, A.: In Search of Our Mothers' Gardens. San Diego 1983, xi.

– denn ich sagte immer das Falsche, stellte die falschen Fragen. Ich konnte mein Sprechen nicht auf die notwendigen Ecken und Anliegen des Lebens beschränken. Ich versteckte diese Schriften unter meinem Bett, in Kissenfüllungen, zwischen verblasster Unterwäsche.«[157]

Das Papier ist billig; es nutzt sich ab, weil es von Bedeutung ist. Schreiben ist, wie sie sich ausgießt, überschwappt, die Intensität des Kummers, sie füllt es auf, stopft es dort hinein, wo sie kann, wo sie ist, die Orte, die sie hat, unter dem Bett, in den Kissenbezügen. Indem sie ihre Schriften dorthin legt, ihre Gedanken und Gefühle hinauspurzeln lässt, was sie hört, ›Bruchstücke von Gesprächen‹, überschreitet sie den Raum, der ihr gegeben wurde, die Anliegen, die sie haben soll, haben darf, die Ecken, die Ränder des Zimmers. Wir stellen die falschen Fragen, wenn wir eine Welt hinterfragen, die uns so wenig Raum gibt. Beim Schreiben weigert sich bell hooks, sich einzuengen, verbreitet ihre Worte, sich selbst, überall.

Eine andere Art von Buch zu schreiben, heißt, eine Andere zu werden. Die queere Chicana-Poetin und Theoretikerin Gloria Anzaldúa beschreibt es in ihrem Buch *Borderlands/La Frontera. The New Mestiza* wie folgt: »Das Ganze hatte einen eigenen Willen, entglitt mir und bestand darauf, die Teile seines eigenen Puzzles mit minimaler Anleitung von meinem Willen zusammenzusetzen. Es ist ein rebellisches, eigensinniges Wesen, ein frühreifes Mädchen, das gezwungen wurde, zu schnell erwachsen zu werden.«[158] Ein Buch kann ein eigenes Leben haben, weil es einen eigenen Geist besitzt, ein eigenwilliges Wesen, einen eigenen Willen, einen eigenwilligen Willen.

SPAßVERDERBER:INNEN-GLEICHNIS: EIGENWILLIG = EINEN EIGENEN WILLEN HABEN

Was aus uns herauskommt, ist eigenwillig, wenn wir es sind. Verschiedene Teile von uns können diesen eigenen Willen erben. Gloria Anzaldúa beschreibt einen Zahnarzt, der, als er ihre Zahnwurzeln durchspült, »mit Wut in der Stimme« zu ihr sagt, dass »wir etwas mit deiner Zunge machen müssen«, und dass er noch nie so etwas Starkes und Störrisches gesehen habe.[159] Alles, was der Zahnarzt, der um Gesundheit und Hygiene besorgt war,

157 hooks, b.: Talking Back. Thinking Feminism, Thinking Black. Boston1989, 6.
158 Anzaldúa, G: Borderlands / La Frontera. The New Mestiza. San Francisco 1999, 88.
159 Anzaldúa: Borderlands, 75.

in ihren Mund einführte, wurde direkt wieder herausgeschoben, als ob ihre Zunge einfach nicht gereinigt werden wollte, als ob ihre Zunge ansteckend war. Anzuldúa beschreibt die vielen Versuche, ihre Zunge zu zähmen, damit sie »Englisch spricht«[160]. Die Latinx-Studien-Gelehrte García Peña beschreibt ihre eigene rebellische Natur durch das Scheitern, ihre Haare zu bändigen: »Sobald meine Mutter meine Haare in fünf perfekte (und sehr feste) Coils gedreht hatte, habe ich sie wieder herausgezogen und meine Kinks wild herumfliegen lassen.« Als die Nonnen in ihrer Schule verschiedene Sachen ausprobiert hatten, um ihre Haare zu bändigen, schließt Peña daraus: »Nichts hat geholfen.«[161] Wir sagen etwas über uns selbst aus, wenn wir nicht wollen, dass man uns glattbügelt. Eigenwillig ist das, was wir werden, wenn wir vom geraden Weg abkommen, dem wir folgen sollten. Das Wort ›Irrtum‹ (error) kommt von irren (to err), für ›herumstreunen‹. Wir streunen und wandern herum. Auch eine kleine Abweichung kann genug sein, um etwas für uns selbst zu tun. In unserem Scheitern, korrigiert zu werden, liegt Schöpfung. Auch unsere Schöpfungen werden eigenwillig. Marilyn Frye benutzt das Wort ›eigensinnig‹: »Die eigensinnige Schöpfung neuer Bedeutungen, neuer Bedeutungsorte und neuer Arten des Zusammenseins in der Welt scheint mir in diesen lebensgefährlichen Zeiten die beste Hoffnung, die wir haben.«[162] Neue Bedeutungen zu schaffen, heißt, neue Wege des Zusammenseins zu erfinden.

Das Bedürfnis, neue Worte zu finden, ist nicht neu. Wenn wir über die feministische Spaßverderber:in als Poet:in nachdenken, stelle ich mir ein alternatives Kommunikationssystem vor, für diejenigen, die nicht unterstützt werden, die nicht über Verlage oder institutionelle Positionen verfügen, die die Übermittlung von Worten in die Welt ermöglichen. Ein Vehikel zur Übermittlung kann sehr wichtig sein. Um uns die Kraft der Spaßverderber:in in Erinnerung zu rufen, wird ihre Poesie, in ihr, als eine Ressource für die Gegenwart verstanden, um sich einzustimmen auf die Anstrengung, neue Welten zu bauen. Wenn du dabei keine Unterstützung bekommst, musst du andere Wege finden, dich selbst in die Welt zu bringen. Ich denke an die Klassiker Schwarzer Feminist:innen und von Feminist:innen of Color, wie *This Bridge Called My Back*, erstmals erschienen 1981, und *Charting the Journey,*

160 Anzaldúa: Borderlands, 76.

161 Peña, L. G.: Community as Rebellion. A Syllabus for Surviving Academia as a Woman of Color. Chicago 2022, xi. Coils und Kinks sind Bezeichnungen aus der Afro-Haarkultur (AdÜ).

162 Frye. M.: Willful Virgin. Essays in Feminism, 1976-1972. Freedom 1982, 9.

zuerst erschienen 1988, auf die ich beide im Kapitel zum Überleben als feministische Spaßverderber:in zurückgegriffen habe. Wir brauchen Bücher, die überleben, weil wir sie benötigen, um zu überleben. Beide Sammlungen beinhalten Gedichte und Prosa, feurige, leidenschaftliche Texte ebenso wie tiefgreifende Einsichten. *This Bridge* ist bereits in der vierten Auflage erschienen. In dem Vorwort zu dieser Ausgabe, mit dem sehr passenden Titel ›Catching Fire‹ von Cherrie Moraga, heißt es: »In den zwanzig Jahren, in denen *Bridge* auf dem Markt ist und immer wieder ausverkauft war, wurde die Publikation über 100.000-mal verkauft und von mehreren Tausend weiteren Menschen gelesen. Das waren Kopien früherer Ausgaben, mit Eselsohren und Kaffeeflecken, ausgeliehen und wieder ausgeliehen und ›befreit‹ aus den Regalen der Büchereien.«[163]

Ich liebe den Gedanken, dass feministische Bücher weitergegeben werden, zerlesen und vergilbt, befreite Bücher, befreiende Bücher. Bücher können feministische Feuer entzünden, können ein Weg sein, Feuer zu fangen. Ich denke an all diese feministischen Feuer, die sich entzündet haben, angezündet wurden, Vorstellungswelten, die sich entzündet haben, Verlangen, die entflammt wurden und auch Wut. Die Literaturkritikerin Michelle Cliff beschreibt in *If I Could Write This in Fire*, wie sie entflammt wurde durch die Lektüre von *Our Sister Killjoy*. »In ihrer blanken Wut bricht Aidoos Prosa auseinander in eine stakkatoartige Poesie, direkt, kurz und brillant bitter – als ob bedächtige Prosa durch ihre Wut auseinanderfallen würde.«[164] Cliff zeigt, wie Aidoos Geschichte der Sister Killjoy Sissie, mit der »Wut gegen den Kolonialismus«, sie selbst befreit und ihre »Wut in Kreativität umgewandelt« habe, so dass wenn sie in Feuer schreiben könnte, sie es täte. Und das machte sie auch. In Feuer zu schreiben, heißt, Feuer zu schreiben. Audre Lorde beschreibt ihre eigene Hingabe an das Schreiben im Prozess ihres eigenen Sterbens als Schreiben des Feuers: »Ich werde Feuer schreiben, bis es mir aus den Ohren kommt, den Augen, den Nasenlöchern, ja, überall herauskommt. Bis jeder meiner Atemzüge brennt. Ich werde erlöschen wie ein verdammter Meteor!«[165] Und so war es dann auch. Feuer zu schreiben, kann sich auch darin zeigen, wie du aus dem Leben gehst. Moragas Gedicht ›The Welder‹ in *This Bridge* zeigt, wie Feuer und Hitze dazu dienen können, eine alte Form schmelzen zu lassen, um neue

163 Moraga, C.: »Catching Fire«, Vorwort zur 4. Auflage von This Bridge Called My Back. Writings by Radical Women of Color. New York 2015, xxii.

164 Cliff, M.: If I Could Write This in Fire. Minneapolis 2008, x.

165 Lorde, A.: Ein strahlendes Licht. Schriften, Reden, Gespräche. Zürich 2021, 107.

Formen zu schaffen, denn »die Intimität, Stahl schmelzen zu lassen, das Feuer, das eine Skulptur aus deinem Leben macht, kann Welten bauen«[166]. Mit dem Feuer des Feminismus, besonders dem Schwarzen Feminismus und dem Feminismus of Color, bauen wir die Welt. Wir müssen unsere eigenen Häuser bauen, wenn die Welt uns kein Zuhause bittet.

Bücher können unsere Häuser sein. Wir schreiben uns selbst in die eigene Existenz. Feminismus: Wir zitieren uns selbst in der Existenz. Wir müssen Wege finden, die Arbeit in die Welt zu senden, damit sie geteilt werden kann, Feuer fangen und unsere Imagination entzünden kann. *Charting the Journey* wurde bei Sheba Feminist Press, einem unabhängigen Verlagskollektiv, das von sechs Frauen 1980 in London gegründet worden war, publiziert. Sie beschreiben ihre Mission, Arbeiten schreibender Frauen

> »in den Vordergrund zu stellen, da sie auch weiterhin marginalisiert werden. Das hieß einfach erst einmal bereit zu sein, Literatur von Women of Color, Lesben oder Frauen aus der Arbeiterklasse zu publizieren; es hieß auch, die Vielzahl der Stimmen innerhalb dieser Gruppen wahrzunehmen – eine Vielzahl, die oft genug von einer Welt übersehen wird, die gut im schnellen Kategorisieren ist und viel zurückweist. Sheba hat ihren Ruf genau darauf gegründet, dem Bekenntnis zu Diversität, Differenz und der Offenheit für eine kritische Debatte.[167]

Neben Klassikern wie *Charting the Journey*, die so wichtig für die Entstehung des Kollektivs waren, das wir Schwarzen britischen Feminismus nannten, verlegte Sheba auch Audre Lorde und brachte erstmalig ihr Werk in die schwitzigen Hände der feministischen Leser:innen im Vereinigten Königreich. Eine weitere Publikation war *Turning the Tables. Recipes and Reflection from Women*, das die Rezepte von feministischen Schriftsteller:innen wie der Romanautorin Angela Carter und der Filmemacherin Pratibha Parmar sowie Reflexionen über Hausarbeiten wie das Kochen enthielt.[168] Sue O'Sullivan beschreibt, wie die Idee zu dem Buch den »wunderbaren, erschöpften, angeschickerten Gesprächen entstammte, die drei von uns bei Sheba zum Entspannen nach harter Arbeit auf der zweiten feministischen Buchmesse in

---

166 Moraga, C.: ›The Welder‹, in: This Bridge Called My Back, 219.

167 Das Zitat stammt von dieser Archivseite: https://archive.mith.umd.edu/womensstudies/ReferenceRoom/Publications/about-sheba-press.html

168 O'Sullivan, S. (Hg.).: Turning the Table. Recipes and Reflections from Women. London 1987.

Oslo letzten Juni hatten.«[169] Das Buch ist eine Sammlung von Rezepten, es gibt den beitragenden Autor:innen aber auch Raum, »ihre Rezepturen des täglichen Lebens zu kontextualisieren«. Der Ausdruck ›turn the table‹ (den Spieß umdrehen) kann bedeuten, eine Situation zu ändern, oft durch die Veränderung der Machtverhältnisse. Sie haben die Seiten gewechselt, und damit wurde aus dem Kochen etwas, das wir weder für ein Glücksversprechen noch für unbezahlte Arbeit, sondern für uns selbst zurückfordern.

Es ist überraschend, wenn feministisches Verlegen die Seiten wechselt. Die zweite Ausgabe von *This Bridge* wurde von Kitchen Table Press veröffentlicht. Barbara Smith beschreibt, warum Kitchen Table Press, die sich der Publikationstätigkeit der Arbeit von Women of Color widmen, sich diesen Namen gegeben hat: »Wir haben den Namen gewählt, weil die Küche das Zentrum des Hauses ist, der Ort, an dem insbesondere Frauen arbeiten und miteinander reden.«[170] Sie beschreibt das Bekenntnis des Verlags: »Unsere Arbeit ist sowohl kulturell als auch politisch eng verbunden mit dem Kampf um die Freiheit unserer Leute. Wir hoffen, dem kommunikativen Netzwerk von Women of Color in den USA und anderswo dienen zu können.«[171] Die Orte, an denen wir uns versammeln, treffen und grüßen, werden zu einem kommunikativen Netzwerk, einem Vehikel, um Informationen auszusenden.

Ein Küchentisch wird zu einem Verlagshaus. In meinem Buch *What's the Use?* führe ich aus, was ich als den *queeren Nutzen* bezeichne, Dinge auf andere Art zu verwenden, für die sie nicht vorgesehen sind und von denen sie nicht vorgesehen sind. Um etwas queer zu nutzen, kann man den Küchentisch in ein Verlagshaus verwandeln, das ist kollektive und kreative Arbeit. Damit zeige ich, wie die Geschichte der feministischen Spaßverderber:in als Philosoph:in an der gleichen Stelle beginnt, wo die Geschichte der feministischen Spaßverderber:in als Poet:in beginnt, an einem Tisch, an dem wir einander stärken. Vielleicht schreiben wir auch *auf* den Tisch und erlauben ihm, unsere Vertrautheit und Nähe aufzuzeichnen. Iris Marion Young schreibt: »Die Kerbe im Tisch stammt aus einem Streit, den ich hier mit meiner Tochter hatte.«[172] Wenn wir

---

169 O'Sullivan, S.: »The Cookbook with a Difference and How to Use It«, in: Turning the Table, 1.

170 Smith, B.: »A Press of Our Own. Kitchen Table Women of Colour Press«. *Frontiers: A Journal of Women Studies* 10: 3 (1989), 11.

171 Smith. »A.: Press of Our Own«, 12.

172 Young, I. M.: On Female Body Experience. Oxford 2005, 159.

Geschichten von Tischen erzählen, erzählen sie Geschichten über uns, über die Kerbe, den Streit.

Wir sind genau dort kreativ, wo wir uns gerade befinden. Es kann sein, dass wir darum kämpfen müssen, kreativ sein zu dürfen, weil wir an einem bestimmten Platz sind, oder weil wir etwas Bestimmtes sind. Lesen wir dazu Adrienne Richs Darstellung vom Schreiben eines Briefs:

> »Aus den Fünfziger- und frühen Sechzigerjahren erinnere ich einen Kreislauf. Er begann damit, dass ich nach einem Buch griff oder versuchte, einen Brief zu schreiben ... Ein Kind (oder die Kinder) könnte(n) völlig mit sich selbst beschäftigt gewesen sein, in der eigenen Traumwelt; sobald es aber merkt, wie ich in eine eigene Welt glitt, in der es nicht vorkam, würde(n) das Kind (oder die Kinder) sofort zu mir kommen und nach meiner Hand greifen, um Hilfe bitten, mir in die Tasten fallen. Ich nahm ihre Bedürfnisse in diesem Moment als einen Betrug wahr, als einen Versuch, mich abzuhalten, wenigstens fünfzehn Minuten mein eigenes Leben zu leben.«[173]

Ich denke daran, wie Tische zum Inhalt von Gesprächen für diejenigen wurden, die die Stühle besetzt hielten. Rich wird immer wieder von ihrem Tisch weggezogen. Sie muss darum kämpfen, Zeit zum Schreiben oder Lesen zu finden, Zeit für sich selbst zu haben. Und es ist ein Kampf, selbst wenn sie sich dem Schreiben hingibt. Weil sie sich nicht von ihren anderen Verpflichtungen freistellen lassen kann (oder will), wird dieses Bekenntnis als ›betrügerisch‹ wahrgenommen. Sie schafft etwas für sich selbst in der wenigen Zeit, die sie hat. Aus der Perspektive der Mutter, die auch Schriftstellerin, Poetin und Philosophin ist, erkennen wir, wie du vom Schreibtisch ferngehalten werden kannst. Dieser Mangel an Zeit für das Schreiben ist der Mangel an Zeit für dich selbst, deiner eigenen Zeit, wie wenn du zurückkehrst zur Arbeit, die darin besteht, deine Aufmerksamkeit deinen Kindern zu schenken. Es geht nicht nur darum, dass du darum kämpfen musst, als Poet:in angesehen zu werden, dafür, dass deine Arbeit wertgeschätzt und als Poesie gelesen wird, sondern auch, dass du für die Zeit und den Raum kämpfen musst, um zu schreiben. Zeit und Raum bedeuten für die, die wenig davon haben, deutlich mehr: Je weniger Zeit du hast, desto mehr bedeutet Zeit, je weniger Raum du hast, desto mehr bedeutet Raum, einen Raum »für dich allein«, um Virginia Woolf zu zitieren. Weil Poesie günstiger als Prosa ist, hat Audre Lorde geraten dass sie deshalb die bevorzugte Form für arme Menschen, Arbeiter:innen und

173 Rich, A.: Of Woman Born. London 1991, 23.

People of Color sein sollte, denn »ein Zimmer für sich allein mag notwendig sein, um Prosa zu schreiben, doch man braucht eben auch Berge von Papier, eine Schreibmaschine und viel Zeit.«[174] Mehr zu schreiben, ist härter für die, die weniger besitzen.

Wir beginnen mit dem Material. Rich macht aus dem Ausgangspunkt eine Anleitung: »Beginn mit dem Material«, sagt sie, mit »Material, Mma, Madre, Moeder, Modder, Mother.«[175] Rich beschreibt ihren Prozess folgendermaßen: »Bring Stückchen für Stückchen einer konkreten Erfahrung hinein, Seite für Seite.«[176] Mit dem Material zu beginnen, heißt, mit dem Körper zu beginnen, und damit, was auf der Hand liegt, nah dran ist. Was konkret ist, wird komplexer. Mit dem Material zu beginnen, heißt für Rich, »den langen Kampf gegen eine hochtrabende, privilegierte Abstraktion aufzunehmen«. Während ein weißes, männliches Modell der Kreativität durch Transzendenz versprochen wird (das, was Rich »falsche Universalität« nennt), kreiert die feministische Spaßverderber:in Poesie aus der Immanenz. Rich nennt eine ihrer Gedichtsammlungen *The Fact of a Doorframe*. Sie erklärt den Namen so: Poesie ist »geschnitzt aus Gebrauchsgegenständen«, so wie ein »Türrahmen aus Holz geschnitzt ist«.[177] Die gewöhnlichsten Gebrauchsgegenstände – das Holz des Türrahmens, das Holz des Tisches – sind der Stoff der Poesie. Der historische Materialismus hat uns auch beigebracht, dass Material nicht einfach da oder inaktiv ist; es ist dynamisch und nimmt Formen an. Im *Kapital* beschreibt Karl Marx den Gebrauchswert folgendermaßen: »Es ist sinnenklar, daß der Mensch durch seine Tätigkeit die Formen der Naturstoffe in eine ihm nützlichen Weise verändert. Die Form des Holzes z.B. wird verändert, wenn man aus ihm einen Tisch macht. Nichtsdestoweniger bleibt der Tisch Holz, ein ordinäres sinnliches Ding.«[178] Aus Holz kann eine Tür oder ein Tisch gemacht werden. Das Material ist die Verbindung.

Worte sind auch Material: Wie wir sie benutzen, damit formen wir die Dinge, fertigen Dinge. Rich schlägt vor, dass Poet:innen, angesichts der Tatsache, dass Worte ihr Holz und die Sprache ihr Material sind, sich wei-

---

174 Lorde, A.: »Alter, Race, Klasse, Gender. Frauen definieren Verschiedenheit neu«, in: Sister Outsider. München 2023, 134.

175 Rich, A.: »Notes Toward a Politics of Location«, in: Blood, Bread, and Poetry. Selected Prose 1979-1985. New York 1986, 213.

176 Rich: »Notes Toward a Politics of Location«, 213.

177 Rich, A.: The Fact of a Doorframe. Poems 1950-2001. New York 2002, xv.

178 Marx, K.: Das Kapital. Kritik der politischen Ökonomie, Bd.1. Berlin 1962, 85.

gern müssen, Sprache zu dominieren, sondern sie stattdessen »zu einem Instrument der Verbindung verwandeln«[179]. Auch Gefühle sind Material Rich benutzt die Poesie als ein Transportmittel, nicht nur um Gefühle auszudrücken, wie Wut, die viele Frauen gelernt haben zu unterdrücken, sondern auch, um über Gefühle zu reflektieren, um zu philosophieren. Eines der Gedichte trägt den Titel: ›Die Phänomenologie der Wut‹.[180] Die letzte Strophe lautet:

»Jeder Akt des Bewusstwerdens
(so heißt es hier im Buch)
Ist ein unnatürlicher Akt«

Sich etwas bewusst zu werden ist eine Handlung mit revolutionären Implikationen, was bedeutet, dass das Nichtbewusstsein über etwas der Weg ist, wie wir gelernt haben, es zu ertragen. In diesem Gedicht beschreibt Rich die Mühe »ein Stück Holz anzuzünden, das schon so lange im Sumpf, im Matsch gelegen hat, wie dieses Haus hier steht«, um mit dem zu beginnen, was zur Hand ist, aber schwierig zu benutzen ist, um etwas aus dem entstehen zu lassen, was als minderwertig betrachtet wurde. In diesem Gedicht spricht die Wut nicht nur aus einem Subjekt, sie wird auch von den Objekten gefühlt. Eine Zeile ist die Frage: »Wie fühlt sich ein Haufen Lappen, an dem ein Mechaniker seine Hände abgewischt hat / in einem Regal, Stunde für Stunde?« Vielleicht sind es diejenigen, die sich wie Objekte gefühlt haben, benutzt, um die Hände von irgendjemandem sauber zu halten, abgewischt und ausgewischt, oder zu Beispielen gemacht, die sich fragen, wie sich Objekte fühlen. Eine Person sitzt nicht nur an einem Tisch, um ihn wie ein Werkzeug zu benutzen, sondern in seiner Nähe, bei ihm, mit ihm: »Tisch, Fenster, Lampenschirm. Du.« Eine Reihenfolge zu verändern, heißt, auf eine andere Art und Weise zu dir selbst zu finden, durch eine neue Aneinanderreihung.

Die uns nahestehenden Objekte werden zu unseren Begleitern. Die Objekte können entscheidend dafür sein, wie wir unsere Spaßverderber:innen-Geschichten erzählen, darüber, wie wir aus unseren Kisten befreit wurden. Objekte können auch eigenwillig sein. Jeder Wille ist dann eigenwillig, wenn von dir erwartet wird, dass du keinen eigenen Willen hast. Die erste Strophe lautet:

---

179 Rich: The Fact of a Doorframe, xv.

180 Rich, A.: »The Phenomenology of Anger«, in: Driving in the Wreck: 1971-72. New York 1973, 29.

»Die Freiheit der völlig Verrückten,
mit ihrem Wahnsinn zu schmieren und zu spielen,
Wahnsinn mit ihren darin getauchten Fingern zu schreiben,
die Länge eines Raumes entlang,

was natürlich nicht die Freiheit ist,
die du hast, wenn du auf dem Broadway spazieren gehst,
um anzuhalten, umzukehren oder weiterzugehen,
10 Blocks; 20 Blocks.«

Rich reflektiert die Freiheit der »völlig Verrückten« und ruft damit die altbekannte Figur der Hysterikerin auf, deren Wahnsinn oder Raserei mit einer ausufernden Fantasie begründet wird. Sie will zu viel, sie ist zu viel. Ihre Freiheit ist eine Freiheit, die die Länge des Raumes erkundet, eine Freiheit, die die Wände, diese Kisten, beschmiert; sie sind nicht länger sauber, nicht länger glänzend. Eine Kiste kann zu einer Seite werden, auf der du schreibst. Du schreibst auf ihr, mit tropfenden Fingern, um etwas aus dir selbst herauszubekommen, ein Gefühl, einen Gedanken, eine Idee. Wenn deine Wut sich direkt gegen etwas richtet, dann steckt deine Wut darin, dann geht sie darüber hinaus. Darin liegt eine Freiheit. In einer späteren Strophe wird die Freiheit, wird ein Erwachen beschrieben:

»Viele schlafen
den ganzen Weg,
andere sitzen,
bohren Feuerlöcher in die Luft,
andere planen Rebellion:
Nacht für Nacht
wach im Gefängnis, mein Geist
leckte wie eine Flamme an der Matratze,
bis der Zellenblock lodernd aufging.«

Diese feministischen Flammen werden erneut entzündet. In den gleichen Räumen, schlafend, ruhig, sitzend, nach Geschlechtern getrennt, Häuslichkeit, ein glückliches Haus als Gefängnis, du setzt Dinge in Flammen, fängst Feuer, entzündest etwas. Du triffst Fluchtvorbereitungen. Eine Flucht vorzubereiten, heißt, im Geiste bereits zu entfliehen. Wenn die Spaßverderber:in *darin* steckt, dann ist das der Grund, warum sie raus möchte, um ihren Weg hinauszufinden, der Geschichte entgegenzuwirken, um Gefühle hinauszubekommen, um sich einen Ort zu schenken, wo sie hingehen kann.

Ich denke an das Herausgehen, das irgendwo Hingehen, und ich denke an all die Bücher, zu denen ich griff, die etwas ausdrückten, wofür ich keine Worte hatte. Ich kehre zu meinen alten Lieblingen zurück, zu Gedichten und Poet:innen, Texten, die vom langen Gebrauch abgenutzt sind, zu Gedichten als alte Freund:innen. Ich schau mir dabei zu, wie ich Audre Lorde wieder zur Hand nehme. Lorde als Poetin und als Philosophin, Theoretikerin, Schriftstellerin, Bibliothekarin, Büchermacherin, eine, die Bücher bewahrt. Lorde konnte sehr gut mit Worten umgehen, mit ihnen marschieren, durch sie demonstrieren. Ich denke oft an Lordes Umgang mit Worten als das, was sie hörbar macht. Es ist nicht nur, dass viele ihrer veröffentlichten Artikel als Reden begannen sondern auch, dass ihr Schreiben wie eine Rede ist. Das Wort ›Rede‹ (›speech‹) teilt seine Wurzel mit dem Wort ›streuen‹ (›strew‹), das Streuen der Worte. Sie sagt: »Was ich zurücklasse, hat ein eigenes Leben. Ich habe das über die Poesie gesagt. Ich habe das über Kinder gesagt. Tja, eigentlich habe ich es über das Kunstwerk gesagt, das ich bin.«[181] Poesie, Mutterschaft und das Selbst werden als einander ähnlich präsentiert, als unbeirrbar optimistische Gesten, die eher aus einer tiefen Erkenntnis der Schwierigkeit des Überlebens entstammen, viel mehr als aus den Kosten, die sie verursachen.

Lorde lädt uns ein, an ihrem Überleben teilzuhaben, indem wir sie am Leben halten, ihre Worte lebendig erhalten, ihnen weitere Leben schenken. Betrachten wir ihre Kurzgeschichte *Poesie ist kein Luxus*. Der Titel ist eine Behauptung. Lorde behauptet, zu bestimmen, was Poesie *nicht* ist, vielleicht weil sie eine Annahme darüber herausfordert, was Poesie ist.

Für wen wäre denn Poesie Luxus? Lorde antwortet, dass Poesie das nicht ist, kein Luxus, dass Poesie notwendig ist, vielleicht so notwendig wie Brot. Lorde schlägt vor, dass es »durch Poesie« ist, »dass wir jenen Ideen Namen geben, die – bis zum Gedicht – namenlos und formlos sind – kurz vor der Geburt, aber schon gefühlt«.[182] Poesie gebärt eine neue Form. Fühlen heißt für Lorde, etwas in Form zu bringen.

---

181 Audre Lorde sagt dies in einem Interview, der in folgendem Film zu sehen ist: *A Litany for Survival* (2005) ist eine Dokumentation über das Leben der Afro-Amerikanischen Filmemacherinnen Ada Gay Griffin und Michelle Parkerson.

182 Lorde: »Lyrik ist kein Luxus«, in: *Sister Outsider,* 28.

SPAßVERDERBER:INNEN-WAHRHEIT: DIEJENIGEN, DIE NICHT IN DIE ALTEN FORMEN PASSEN, MÜSSEN IHRE EIGENEN FORMEN SCHAFFEN

Wenn wir unsere eigenen Formen schaffen müssen, heißt das, dass wir jetzt noch nicht haben, was wir brauchen. Vielleicht ist das der Grund, warum wir einander brauchen. Es ist wichtig, dass Lorde hier nicht den eigenen Ausdruck davon trennt, wie wir uns fühlen, davon, wie wir leben. Sie schreibt: »Wenn wir lernen, die Intimität des prüfenden Blicks zu ertragen und unter ihm zu wachsen; wenn wir lernen, das Resultat jener Prüfung als Energiequelle zu nutzen, verlieren die Ängste, die unser Leben beherrschen und unser Schweigen erzwingen, ihre Macht über uns.«[183] Erinnere dich an Sissie: Wir können so viel daran erkennen, indem wir uns ansehen, wie wir gesehen werden. Später beschreibt Lorde diese Überprüfung in Bezug auf das, was wir »zu fürchten sozialisiert wurden«. Sie schlägt vor, dass wir immer noch die »Entziehung jener Zustimmungen fürchten können, die wir angehalten wurden, als Sicherheitsmaßnahme zu suchen«.[184] Lorde regt an, dass die Herausforderung, in Übereinstimmung mit den eigenen feministischen Prinzipien zu leben, nicht darin besteht, die Anerkennung zu suchen, die aus der Nähe zu sozialen Konventionen folgt, sondern dass du auch das Festhalten an dem, von dem dir gesagt wurde, dass es dir Sicherheit bringt, aufgeben musst. Es ist nötig, dass du auf die Anerkennung derjenigen verzichtest, von denen dir gesagt wurde, dass ihre Anerkennung wichtig sei, um jemand zu sein oder irgendwo hinzukommen.

Während ich das schreibe, fühle ich es. Als ich meine Stelle und meinen Beruf aufgegeben habe, habe ich diesen Pfad verlassen. Kurz nachdem ich gekündigt hatte, erreichte mich ein Brief, der mich einlud, meinen Lebenslauf zu schicken, um als Stipendiatin für eine Elite-Institution in Betracht zu kommen. Auch wenn diese Position nicht das war, was ich gewollt hätte, wenn ich auf dem akademischen Weg geblieben wäre, habe ich dennoch den Sog gespürt, ein Gefühl, etwas aufgegeben zu haben, Anerkennung, vielleicht sogar eine Belohnung. In diesem Brief wurde hervorgehoben, dass nur wenige von denen, die ihre Unterlagen einreichten, Stipendiat:innen werden würden. Ich wusste, was mir damit gesagt wurde. Ich könnte mich glücklich schätzen,

183 Lorde: »Lyrik ist kein Luxus«, 28.

184 Lorde: »Lyrik ist kein Luxus«, 30.

dankbar, geehrt sein, die Gelegenheit zu bekommen, das Material einzureichen, sogar mich selbst, dass das aber nicht genug sein könnte. Es könnte sein, dass ich nicht genug wäre.

Uns werden andauernd Erinnerungen geschickt, dass das alles ein Wettkampf sei, dass, etwas gut zu machen, bedeutet, es besser als andere zu machen, etwas zu bekommen, was andere nicht bekommen. Ich bin froh über das, was ich zurückgelassen habe. Aber ich denke erneut daran, wie die feministische Spaßverderber:in das Gefühl eines Hindernisses sein kann. Abgesehen davon, dass ich froh bin, fühle ich auch manchmal so etwas wie einen Verlust von dem, was hätte werden können. Lorde zeigt uns, was viele von uns wissen: Selbst wenn wir die Welt zurückweisen, die uns zurückweist, kann es immer noch sein, dass wir diese Zurückweisung als Schmerz empfinden; es kann sich so anfühlen, als ob wir etwas verpasst hätten, weil wir den Weg verlassen haben. Ich habe erlebt, dass die feministische Spaßverderber:in selbst als eine Warnung funktionieren kann: Von ihr lernen wir auch, was (und auch wen) wir in der Sozialisation beigebracht bekommen haben, zu fürchten. Uns wurde gesagt, wenn wir auf die Sicherheit des hell erleuchteten Pfades – den Glückspfad, den geraden Pfad – verzichten, würden wir unser eigenes Unglück/lichsein verursachen, uns die eigene glückliche Zukunft verwehren, und in dem Sinne bist du es, die dann dafür verantwortlich gemacht wird, wenn etwas passiert, wenn das Schlimmste passiert, und seien wir ehrlich, Scheiße passiert nun mal.

Lorde listet einige der Beschuldigungen auf, die wir zu hören bekommen können, wenn wir nicht bereit sind, dem geradlinigen Weg zu folgen: »Denn man hat uns [Frauen] scheinbar wohlwollend unterstellt, wir seien kindlich, könnten nicht universal denken, seien unbeständig und sinnlich.«[185] Selbst wenn wir wissen, was diese Beschuldigungen versuchen und wie sie funktionieren, indem sie den »weißen Mann« als das Universale beschreiben, nicht als individuell (wie selbstzentriert!), als Erwachsenen, nicht als Kind, als Geist, nicht als Körper, nicht als Gefühl, nicht als Sinnlichkeit, dann werden wir trotzdem von diesen Darstellungen herabgesetzt. Wir müssen einfordern, was sein könnte, was aus einem bestimmten Blickwinkel auch unsere Sichtweise einschließt, denn es ist schwierig, sich selbst nicht so zu sehen, wie die anderen einen wahrnehmen: abgewertet. Es ist ein Vertrauensvorschuss, auf das zuzugehen, was wir zu fürchten gelernt haben. Lorde rät uns, nicht den

185 Lorde: »Lyrik ist kein Luxus«, 30f.

»weißen Vätern« zu folgen und zu sagen: »Ich denke, also bin ich«, sondern der Dichterin in uns zuzuhören, die flüstert: »Ich fühle, also kann ich frei sein.«[186] Lorde ersetzt nicht nur »denken« durch »fühlen«, sondern auch »ich bin« durch »ich kann frei sein«. Es geht hier nicht einfach darum, zu behaupten, was ist, oder wer man ist, sondern zu eröffnen, wer man sein kann. Freiheit ist nicht etwas, das wir haben, sondern etwas, das wir tun: Wir befreien uns von der Last der Geschichte.

Wir müssen vielleicht erst einmal das ganze Gewicht spüren, bis wir uns davon befreien können. Erinnere dich an Audre Lordes Erfahrung mit rassistischer Gewalt, wie ihre Mutter versuchte, sie vor Rassismus zu beschützen, indem sie ihn nicht als Rassismus benannte, so tat, als ob die Gewalt nur zufällig wäre. In ihrem Essay ›Auge in Auge‹ bezeichnet sie *Rassismus* und *Sexismus* als »Vokabular der Erwachsenen«[187]. Wir erfahren Rassismus und Sexismus, bevor wir benennen können, was wir erfahren. Indem wir zu unserer Vergangenheit mit Begriffen wie ›Rassismus‹ zurückkehren, sehen wir etwas, das wir früher nicht gesehen haben, nicht sehen konnten. Aus diesem Grund kann vieles, was wir als feministische Spaßverderber:in tun, indem wir Probleme benennen, als Poesie verstanden werden. Die Vergangenheit wird so wieder lebendig, mit neuen Bedeutungen. Die Vergangenheit wird dir fremd, du ordnest sie neu ein und an. Die Vergangenheit umzustellen, bedeutet mehr, als Möbel umzustellen, auch wenn es sich genauso anfühlen kann wie, ein anderes Raumgefühl zu erschaffen. Eine Spaßverderber:innen-Umstellung der Vergangenheit bringt uns der Wahrheit näher, der **Spaßverderber:innen-Wahrheit.** Wir öffnen die Tür in die Vergangenheit, wir lassen sie rein, weil wir nicht erkannt haben, was geschehen ist, als es geschehen ist, die Gewalt, die Struktur darin, die Wiederholung, die Muster.

Um die Tür zu öffnen, müssen wir manchmal aufhören, das zu tun, was wir tun. In einem Interview mit Adrienne Rich beschreibt Lorde, wie ihr schlecht wurde vor Wut über den Freispruch eines weißen Polizisten, der ein Schwarzes Kind ermordet hatte, woraufhin sie das außergewöhnliche Gedicht ›Power‹ geschrieben hat. In Lordes eigenen Worten:

> »Ich saß im Auto und hörte im Radio, dass der Mann [i. engl. O. »cop«, A.d.Ü.] freigesprochen worden war. Mir wurde schlecht vor Wut. Ich fuhr

186 Lorde: »Lyrik ist kein Luxus«, 31.

187 Lorde, A.: »Auge in Auge: Schwarze Frauen, Hass und Wut«, in: *Sister Outsider*, 172.

rechts ran und machte mir ein paar Notizen, es ging nicht anders, ich hätte sonst garantiert einen Unfall gebaut. Ich schrieb diese Verse spontan nieder. Ich habe einfach nur geschrieben, das Gedicht entstand ohne jeden Gestaltungswillen.«[188]

Wir könnten denken, dass dieses Gedicht ein eigenwilliges Gedicht sei, das aus Lorde herauskam, gerade so, als ob es einen eigenen Willen hätte. Es fällt auf, dass das Gedicht, das Buch, das Objekt hier das Subjekt ist, es ist das, was erschafft, ebenso wie es selbst erschaffen wird. Wenn es für Lorde heißt, dass es ohne Gestaltungswillen entstanden ist, muss sie es dennoch herauslassen:

Sie hielt das Auto an, um ihre Gefühle herauszulassen
Sie hielt das Auto an und ein Gedicht kam heraus
Sie hielt das Auto an, weil es herauskommen würde
so oder so
als Unfall oder Gedicht
Ein Gedicht ist kein Unfall

Durch die Frage nach der Schaffung des Gedichtes, wie das Gedicht entstanden ist, um was es in dem Gedicht geht. Was wir erschaffen, ist dadurch geformt, wie es in die Welt kommt. Manchmal müssen wir damit aufhören, etwas zu tun, um die ganze Wirkung von etwas zu fühlen, um unsere Körper die Wirkung spüren zu lassen, die Wut einer ansteigenden Ungerechtigkeit, einer Struktur wie auch eines Ereignisses; einer Geschichte, einer unbeendeten Geschichte. Wir wissen nicht immer, was herauskommt, wenn wir aufhören, die Wirkung von etwas festzustellen. Die Wirkung von etwas festzustellen, kann ein lebenslanger Prozess sein. Das Gedicht *Power* beginnt mit einer erschütternden Strophe:

»Der Unterschied zwischen Dichtung und Rhetorik
ist die Bereitschaft
dich selbst
zu töten
anstelle deiner Kinder.«[189]

Das Gedicht verkörpert die Gewalt, die es beschreibt. Es zu lesen, bedeutet, von ihm getroffen zu werden. Beim Reflektieren über die feministische Spaßverderber:in als Philosoph:in habe ich davon gesprochen, wie schwie-

188 Lorde, A.: »Ein Interview: Audre Lorde und Adriene Rich«, in: *Sister Outsider*, 125.
189 Lorde, A.: »Macht«, in: Die Quelle unserer Macht. Gedichte. Münster [3]2021, 39.

rig es sein kann, Gewalt zuzugeben. Wenn Gewalt hereinkommt, kann sie überall hinkommen. Lorde lässt die Gewalt hinein. Das Gedicht lässt die Gewalt heraus. Das *Herauslassen* der Gewalt ist das, *wovon* das Gedicht spricht. Und Lorde tut dies, indem sie zuerst beschreibt, was Poesie *nicht* ist: Poesie ist *nicht* Rhetorik, sie ist *nicht* leer. Die Leere der Rhetorik, Worte, die nicht tun, was sie sagen, ist das, was Gewalt reproduziert, was die Zukunft gleichbleiben lässt, nämlich das Töten von Kindern. Ein Gedicht ist das, was zeigt, dass du willens bist, dich selbst zu töten, deine eigene Welt zu zerstören, die ruhige, innere Welt, in der du von der Gewalt etwas hörst, bevor die Kinder kommen. Lorde beschwört die eine Schwarze Frau, die wie zur Vertuschung der Gewalt während des Freispruchs des weißen Polizisten in der Jury saß und »ihren eigenen Schoß mit Zement ausgoss / um einen Friedhof für unsere Kinder zu bereiten«.

Lorde benutzt ein Bild davon, was Poesie nicht ist, inwiefern es bei Poesie auch darum geht, unsere Macht nicht »schlaff und nutzlos herumliegen« zu lassen, »nutzlos wie ein loser [Elektro-]Draht«. Um die Gewalt herauszutreiben, spielt Lorde auf Elektrizität an, schnipp, schnapp, brutzel; wenn die Worte herauskommen, kommt die Gewalt auch heraus. Sich selbst auszudrücken, heißt, eine Verbindung lebendig zu halten. Dieses Bild der Macht als eine elektrische Verbindung erzählt uns etwas darüber, wie wir eine Nachricht weitergeben, von einer Person zur nächsten. Wir halten die Verbindung lebendig, damit andere etwas von uns erhalten können.

Wir erhalten etwas, wenn wir nach einem alten Buch greifen. In dem Interview mit Adrienne Rich (es gibt so vieles in diesem Interview, so viel, das sich öffnet in oder als ein Gespräch zwischen Poet:innen) spricht Lorde über ein Gedicht von Walter de la Mare, ›The Listener‹. Sie erzählt Rich eine Geschichte über das Finden alter Bücher, gebrauchte Bücher, in einer Bücherei in Harlem; Bücher, die in einem sehr schlechten Zustand waren. Ich liebe es, wie sie diese Bücher findet! Und nicht nur die Bücher, sie findet dort auch ein Gedicht, das Gedicht ›The Listener‹, ein Gedicht über einen Reisenden, der mit einem Pferd bis an die Tür eines verlassenen Hauses reitet. Das ist das Gedicht, in Lordes Worten:

> »Er klopft an, aber niemand antwortet ihm. ›Ist da keiner?‹, fragt er. Das Gedicht hat einen starken Eindruck bei mir hinterlassen. Er hämmert gegen die Tür, und nichts passiert, aber er hat das Gefühl, dass da drinnen jemand ist. Er wendet sein Pferd und ruft: ›Sag ihnen, ich war hier, aber niemand hat mir aufgemacht. Ich habe Wort gehalten.‹ Ich habe mir das Gedicht ständig aufge-

sagt, es zählte zu meinen Lieblingsgedichten. Hätte man mich gefragt, wovon es handelt, wäre mir keine Antwort eingefallen. Aber es hat mich dazu angeregt, selbst zu schreiben. Ich wollte etwas ausdrücken, was ich auf andere Weise nicht sagen konnte und wofür mir kein Gedicht zur Verfügung stand.«[190]

Es ist wichtig, Lorde hier zu folgen, dort hinzugehen, wo sie hingeht. Wenn wir von etwas fasziniert sind, wissen wir nicht immer, warum. Vielleicht hat das, was deine Aufmerksamkeit auf sich zieht oder dich zum Schreiben bewegt, nichts Besonders an sich. Lorde zitiert weiter aus dem Gedicht: Sie sagt, es hat einen »starken Eindruck bei mir hinterlassen«. Ich denke an diesen Eindruck, den Druck eines Gedichts auf eine Person. Lorde kann in diesem Gedicht etwas hören, bei dem es ums Zuhören geht, es erlaubt ihr, etwas auszudrücken, etwas zu sagen, das sie anders nicht hätte sagen können. Ein Klopfen an der Tür zu hören, um die Tür zu hören. Die Tür könnte die Tür des Hauses des Herrschenden sein, in dem die Gewalt eingeschlossen wird, oder die Tür des Bewusstseins, aus dem die Gewalt ausgeschlossen wird. Wir klopfen an die Tür, nicht weil wir hineinwollen, sondern um ein Störfaktor zu sein, um diejenigen zu stören, die sich dort aufhalten, aufgrund der Gewalt, mit der nicht umgegangen wurde.

Eine Tür, ein Durchgang, ein Aufenthaltsraum. In ihrem Gedicht ›A Litany for Survival‹ spricht Lorde »diejenigen von uns« an, die »in Durchgängen lieben, die kommen und gehen in den Stunden zwischen den Dämmerungen«.[191] Eine Tür wird zu einem Durchgang, nicht zu einer Barriere, die jemanden abhält einzutreten, sondern zu einem Raum, in dem wir uns begegnen, versammeln, diejenigen, die am Rand der sozialen Erfahrungen leben und lieben, in Schatten, die fallen, wie Schatten fallen, die Gefallenen, für diejenigen, für die es zu gefährlich wäre, gesehen zu werden. Nicht in den Blick zu geraten, im Schatten zu verbleiben, kann ein Weg sein, wie einige von uns überleben. Zu überleben kann auch schon ein Blickwinkel sein, ein anderer Weg, zu kommen und zu gehen. Die Schwarze Feministin Saidiya Hartman eifert Audre Lorde nach, indem sie die intime Geschichte Schwarzer Mädchen erzählt, deren unberechenbare Lieben und Leben; sie beschreibt wie Schwarze Mädchen »im Durchgang lieben« und »aus Durchgängen spähen«.[192] Ein Durchgang wird zu einem Blickwinkel, einem

190 Lorde, A.: »Ein Interview: Audre Lorde und Adriene Rich«, in: Sister Outsider, 91f.

191 Lorde, A.: »A Litany for Survival«, in: The Black Unicorn, 31.

192 Hartman, S.: Wayward Lives, Beautiful Experiments. Intimate Histories of Social Upheaval. London 2009, 31.

Treffpunkt. Leben und lieben in Durchgängen, wir halten an, wir halten uns auf, an Grenzlinien, im Schatten, an den Rändern.

So viele Türen, so viele Durchgänge. In *Map to the Door of No Return* lehrt uns die Schwarze Feministin Dionne Brand, durch die Tür hineinzuhorchen. Du kannst die Tür ohne Wiederkehr im ›The House of the Slaves‹, einem Museum des Atlantischen Sklavenhandels auf der Insel Gorée im Senegal finden. Brand schreibt: »Ich habe die Tür ohne Wiederkehr nicht besucht, aber indem ich auf zufällige Fetzen der Geschichte vertraute und den ungeschriebenen Erinnerungen der Nachkommen, derjenigen, die hindurchgegangen sind, mich selbst eingeschlossen, habe ich eine Karte der Gegend entworfen, auf der ich den Gesichtern meine Aufmerksamkeit schenkte, den unbeabsichtigten Akten der Rückkehr zu den Eindrücken der Durchgänge.«[193] Die Tür ohne Wiederkehr ist eine Tür des Gedenkens, eine Tür, die den Ausgangspunkt für Millionen afrikanischer Menschen bedeutete. Für Brand war die Tür ohne Wiederkehr »die Tür von Millionen Ausgängen vervielfacht. Eine Tür, die viele von uns gerne ungeschehen machen würden. Eine Tür, die das Wort ›Tür‹ unmöglich macht und gefährlich, gerissen und widerlich.«[194]

Eine Tür kann voll von Geschichte sein; Geschichte kann das sein, was du hörst, wenn du das Wort *Tür* hörst. Brand nähert sich der Tür ohne Wiederkehr als Bewusstsein, aber auch als etwas Quälendem: »Die Schwarze Erfahrung in jeder modernen Stadt oder jedem Dorf in den Amerikas ist quälend. Man betritt einen Raum und die Geschichte folgt, man betritt in einen Raum und die Geschichte geht voraus.«[195]

Durchgänge werden zu Räumen, die du besuchst, bei der Abrechnung mit einer Geschichte, die die Gegenwart heimsucht. Durchgänge hinterlassen oder schaffen Eindrücke (»Eindrücke von Durchgängen«). Die Schwarze britische Schriftstellerin Joan Anim-Addo schreibt in einem Artikel etwa darüber, wie Schwarze Frauen als Mitglieder der ›Association of Carribbean Women Writers' and Scholars‹ (ACWWS) einen »anderen Durchgang« schaffen, indem sie »eine Neuschreibung einer lokalen Museumserfahrung unternahmen, um die Abwesenheit Schwarzer Frauen dem Museumskontext hinzuzufügen«.[196] Als Gruppe organisierten sie Workshops im Horniman

193 Brand, D.: The Map to the Door of No Return. Toronto 2001,19.

194 Brand: The Map, 19.

195 Brand: The Map, 25.

196 Anim-Addo, J.: »Another Doorway. Black Women Writing the Museum Experience«, *Journal of Museum Ethnography* 10 (1998), 93.

Museum, ihrem lokalen Museum im Südosten von London. Ein weiterer Durchgang wird dann, in den Händen von Anim Addo, zu einem Gedicht darüber, wie Schwarze Frauen in den Museen der Geschichte fehlen, wie Schwarze Frauen die Museen auf andere Weise betreten müssen, durch die Durchgänge, nicht durch die Haustür. Sie erklärt den Gebrauch des Durchgangsmotivs folgendermaßen: »Der erste Gedanke war, sich bewusst zu machen, dass die Durchgänge das Zuhause von Frauen kennzeichnen, die sonst nirgends anders gefunden werden konnten, damit ihr Präsenz somit, trotz der Zurückweisung von Seiten der Sammler:innen, der Ausstellungsmacher:innen oder Kurator:innen, sichtbar gemacht werden konnte.«[197]

Anim-Addo erklärt uns, ihr Gedicht sei inspiriert von den geschnitzten Türblättern aus dem Südosten Nigerias, von denen »angenommen wurde, dass sie von einem Yakü-Ältesten oder -Anführer stammten«.[198] Die Geschichte, wie die Türblätter ins Museum kamen (wie so viele Geschichten von Objekten in Museen) ist eine imperiale Geschichte: Sie waren Sammlerstücke und wurden von einem britischen Anthropologen und Afrikanisten und seiner Ehefrau gespendet. *Seltsamerweise* trug das dazu bei, dass die Tür diese Bedeutung bekam, die Präsenz Schwarzer Frauen fühlbar zu machen. Anim-Addos »Ein anderer Durchgang« besitzt ein »fehlendes Zeichen«, »Willkommen hier, wir Frauen«, ein Zeichen, dass Frauen hier sind, beschäftigt, Mais stampfend, Soßen rührend, Essen kochend. Ihr »anderer Durchgang« hat »ein anderes Zeichen«, ein Zeichen, das auch anzeigt, in welcher Gestalt Frauen anwesend sind, nämlich indem sie Essensgaben hinterlassen, für die Reisenden, für die, die ihre Toten verbrennen. Die letzten Zeilen lauten:

»So, wo (sind) die Körper?
Wer geht den Weg der Körper?
Jemand zeigt uns
die Körperdiebe
die Geisterdiebe
wo auch immer sie wandern
wir haben versprochen
immer zu folgen, folgen.«

Einen »anderen Durchgang« zu finden, ist ein Bericht über alle, die fehlen. Ein anderer Durchgang zeigt nicht nur deren Fehlen an, sondern macht sie

197 Anim-Addo: »Another Doorway«, 94.
198 Anim-Addo: »Another Doorway«, 104

zugleich wieder präsent. Ein Durchgang wird zu einem seltsamen Weg, sich selbst auszudrücken; ein befremdlicher Weg, ein Weg der Fremden. Lordes Gedicht ›A Litany for Survival‹ spricht durch das Beschwören von Durchgängen, dem Kommen und Gehen, den Stunden zwischen den Dämmerungen, auch von der Notwendigkeit des Sprechens. Für »diejenigen, die man nicht überleben lassen wollte«, sei es »besser, zu sprechen«. Wenn die Welt nicht sicher für dich ist, ist es schwierig, und immer noch schwieriger, zu überleben, darum ist es »besser, zu sprechen«, nochmals in Lordes Worten: »Euer Schweigen wird euch nicht schützen.«[199]

»Darum ist es besser, zu sprechen«. In ihrem Beitrag zu *A Fly Girl's Guide to University* beschreibt die muslimische Poetin Suhaiymah Manzoor-Khan, wie sie das erste Mal ein Spoken-Word-Gedicht in Cambridge performte. Sie beschreibt, wie überrascht sie war, dass es so einfach war, ihr Publikum »zu beeindrucken«[200]. Um sich selbst auszudrücken, hinterlässt sie Eindruck. Sie sprach ihr Gedicht ›Token‹, das ich ein Spaßverderber:innen-Gedicht nennen würde, ein Gedicht darüber, was es heißt, eine Muslima zu sein, eine Frau und eine Asiatin.[201]

> »Zuerst treiben sie dich an
> die Treppe, die Leiter hinauf
> mit einem Lächeln
> du lächelst zurück
> ahnungslos, dass ihr Lächeln
> nicht dir gilt.«

Das Gedicht drückt, genauso wie die Performance ihres Gedichts, etwas darüber aus, wie es ist, als braune Muslima ermutigt und ermächtigt zu werden von dem System, das dich auch blockiert, mit dem Lächeln, das die Diversität begleitet und so wirkt, als gälte es dir, was aber nicht der Fall ist. Sogar gesellschaftlicher Aufstieg kann gegen dich verwendet werden. Auch wenn das Gedicht dies zum Ausdruck bringt, ist sie es, die sich dem aussetzt, sie ist diejenige, die ihre Worte herausbringt. Aus ihrer Sicht ist der Ausdruck das, was zählt: »Es war aufregend. Es war spannend, Leute zu zwingen, meine

199 Lorde, A.: »Die Verwandlung von Schweigen in Sprache und Handlung«, in: *Sister Outsider*, 35.

200 Manzoor-Khan, S.: »The Muslim Woman's Burden«, in: L. Olufemi / O. Younge / W. Sebatindira / S. Manzoor-Khan (Hg.): A Fly Girl's Guide to University. Birmingham 2019, 146.

201 Manzoor-Khan: »The Muslim Woman's Burden«, 147.

Geschichte anzuhören, sie zu zwingen, sich vorzustellen, dass ich nicht so einfach und nicht auf direktem Wege nach Cambridge gekommen war.«[202] Bemerkenswert ist, wie sie das Wort »zwingen« einsetzt, wie eine Gegengeschichte geschrieben werden kann, eine Erwartung, wer hier ist, wer hier sein sollte, wie es ist, hier zu sein. Das kann zu Macht führen, ein Gedicht herauszugeben, um dich selbst hineinzuzwingen.

Ein Gedicht, ein Leben, kann das ausdrücken, was nicht so einfach ist, nicht so gradlinig, das Herauskommen aus der Ungleichheit, als Ungleichheit herauszukommen, die Quadratur des Kreises, Räume zu besetzen, die nicht für dich bestimmt sind. Es kann darum gehen, wie du gesehen wirst. Es kann darum gehen, wie du nicht gesehen wirst. Eine queere Erfahrung: Du sitzt mit deiner Partnerin am Tisch, zwei Frauen an einem Tisch, wartend. Ein hetero Paar kommt herein und wird sofort bedient: »Mein Herr, meine Dame, kommen Sie hierher, mein Herr, meine Dame.« Wenn du nicht erscheinst, wie es von dir erwartet wird, dann sieht man dich manchmal gar nicht. Es geht dabei nicht so sehr darum, gesehen zu werden, sondern *erkannt zu werden*, dass deine Bedürfnisse *wahrgenommen werden,* schließlich ist es ja so: Wenn die Frage gestellt wird »Ist das ein Herr oder eine Dame?«, oder die Entschuldigung »Mein Herr, oh, es tut mir leid, meine Dame!« ausgesprochen wird, dann wirst du gesehen, dein Körper wird zu einem Spektakel. Einige Menschen müssen es mit Nachdruck einfordern, in eine soziale Handlung einbezogen zu werden; es kann sein, dass du heftig mit der Hand fuchteln musst, um überhaupt bemerkt zu werden.

SPAẞVERDERBER:INNEN-WAHRHEIT: EINIGE MÜSSEN EINFORDERN, WAS ANDEREN GEGEBEN WIRD

Wenn du wild mit der Hand fuchteln musst, ist es nicht überraschend, dass du wütend wirkst. Vielleicht, ganz vielleicht, bist du auch wirklich so, wie du auf andere wirkst. Geschichte kann durch die Wiederholung solcher Begegnungen konkret werden, was von dir verlangt, dass du deinen ganzen Körper, auch deine fuchtelnden Hände, in die Handlung hineinlegst. Vielleicht erscheinen diese Ereignisse dir nur als kleine Angelegenheiten. Vielleicht sind sie klein. Aber sie können sich mit der Zeit anhäufen.

202 Manzoor-Khan: »The Muslim Woman's Burden«, 146.

Auch scheinbar kleine Maßnahmen können zu einer Mauer werden. Sie fühlen sich an wie ein Hämmern, ein Schlagen, Schlagen, Schlagen gegen dein Wesen. Es kann sich so anfühlen, als würden sich Teile von dir ablösen. Kein Wunder, dass sie immer wieder Späne auf unseren Schultern finden. Vielleicht ist Spaßverderber:innen-Poesie ein Weg, wie wir das Hämmern in einen Hammer oder einen Stift verwandeln, um die alten hölzernen Strukturen, aus denen wir geschnitzt sind, zu zerspanen. Span, Splitter, Splitter, wer weiß, vielleicht geben sie ja irgendwann nach. Ein Span als Gedicht, ein scharfer Splitter, der uns etwas sagt.

Wenn Beharrlichkeit Teil deiner politischen Arbeit ist, wenn du etwas tun zu musst, um existieren zu können, dann ist Beharrlichkeit auch ein Handwerk, mit dessen Hilfe wir mehr Eindruck schinden können. Ein Arm kann ein Gedicht sein, das eindrucksvoll herumfuchtelt. Du tauchst in einem Hotel auf und sagst, du hast mit deiner Freundin ein Zimmer gebucht. Ein Zögern spricht Bände. Die Reservierung besagt, du hast ein Doppelbett gebucht, ist das richtig? Die Augenbrauen werden hochgezogen, ein Blick gleitet über euch beide, notiert alle Details. Sind Sie sicher? Ja, das ist richtig, ein Doppelbett. Du musst es wiederholen. Du musst es mehrmals sagen, eindringlich, mit Nachdruck.

SPAßVERDERBER:INNEN-GLEICHNIS: HOCHGEZOGENE AUGENBRAUEN = LESBISCH-FEMINISTISCHE PÄDAGOGIK

Wirklich, bist du sicher? Das passiert immer wieder. Du erwartest es irgendwann sogar, die Notwendigkeit, bestimmt aufzutreten, nur um das zu bekommen, was du verlangt hast. Ungläubigkeit folgt dir, wohin du auch gehst. Immer noch. Nach einer solchen Nachfrage, »Sind Sie sicher, Madam? Sind Sie sicher?«, kommst du ins Zimmer und siehe da, zwei Betten. Gehst du noch mal runter und versuchst es erneut? Du könntest es versuchen. Manchmal ist es aber einfach zu viel und ihr schiebt die zwei Einzelbetten zusammen, ihr findet einen anderen Weg, um euch aneinanderzuschmiegen. Wenn du blockiert wirst, wenn deine gesamte Existenz mit einem Generalverdacht betrachtet wird oder eben mit hochgezogenen Augenbrauen (ja, sie sind pädagogisch), müssen wir auf unsere Ressourcen achten.

Wir werden zu unseren eigenen Ressourcen. Ich denke an Möbel, Betten, Tische, wie wir sie auf queere Art und Weise nutzen, wie wir unser eigenes Leben für uns selbst möblieren. Es kann auch sein, dass wir andere Geschichten über Stühle erzählen, wenn sie nicht länger als bequeme Lehrstühle verstanden werden. Vielleicht sind es diejenigen, die nicht in die Welt passen, die die Welt, wie im vorhergehenden Kapitel beschrieben, nicht nur wahrnehmen, sondern darüber hinaus andere Formen, andere Eindrücke schaffen. Wir wackeln herum, mit unseren Körpern, auch mit Worten, als Beitrag, einen kleinen Raum für uns selbst zu finden. Es kann sein, dass wir einen queeren Nutzen für Türen finden. In *Die Macht der Geschlechternormen und die Grenzen des Menschlichen* spricht Judith Butler davon, wie es ist, sich im Keller deren Hauses zu befinden, »die Tür abgeschlossen« und in einem »düsteren, ungelüfteten« Raum, Bücher zu finden, die einst deren Eltern gehörten, oder die die Eltern wenigstens mal in den Händen hatten, Philosophiebücher, die deren eigenen Wünsche befeuerten.[203] In Räumen, die wie Schränke wirken, oder Kisten, luftdicht, stickig, können queere Dinge geschehen, können wir jemanden oder etwas aufgreifen, das uns einen anderen Weg weist.

Wir weisen uns selbst einen anderen Ort zu. Im zweiten Kapitel habe ich beschrieben, wie wir zu einer Familie wurden, weil unsere Herkunftsfamilien uns ausgestoßen haben. Wenn wir unsere queeren Zusammenkünfte *Familie* nennen, dann verwenden wir das Wort für unsere eigenen Zwecke, das Wort das so oft verwendet wird, um eine Illusion des Glücks zu beschreiben, aber auch um unsere eigenen Verbindungen einfacher und unbedeutender zu machen. Die trans Wissenschaftlerin Susan Stryker bietet uns eine schöne Beschreibung an, für das, was sich für die »queere Familie, die wir aufbauen«, eröffnete, als ihre Partnerin ihr gemeinsames Kind bekam. Sie beschrieb es so: »Wir machten Witze darüber, wie wir Vorreiter:innen für eine umgekehrte Grenze werden: es wagen, ins Herz der Zivilisation selbst vorzustoßen, indem wir die biologische Reproduktion des Heteroseximus zu unserem eigen Nutzen einsetzten.« Stryker fügt hinzu: »Wir sind kämpferisch in einer Welt mit ›traditionellen Werten der Familie‹, wir müssen es sein.«[204] Wenn Dinge von denjenigen benutzt werden, für die sie nicht vorgesehen sind, dann kann das Ergebnis queer genannt werden. Wenn wir über die Ergebnisse lachen, dann ist das Lachen auch verknüpft mit unserer Wut gegen die Maschinerie der Familie, die uns, wie Stryker zeigt, etwas beibringt für einige

203 Butler, J.: Die Macht der Geschlechternormen und die Grenzen des Menschlichen, Frankfurt a.M.: Suhrkamp 2011), 374

204 Stryker, S.: »My Words to Victor Frankenstein above the Village of Chamounix. Performing Transgender Rage«, *GLQ* 1: 3 (1994), 247.

der nachkommenden Abweichler:innen und Monster. Und diese Wut selbst kann wiederum transformativ sein: »Durch die Funktion der Wut wird das Stigma selbst zu einer Quelle transformativer Kraft.«[205]

Es ist viel Arbeit nötig, die biologische Reproduktion »zu unserem eigenen Nutzen« einzusetzen, so wie es Arbeit bedeutet, die Familie neu zusammenzustellen, das Bekannte als etwas Merkwürdiges zu erfahren. Und es bedeutet Arbeit, unsere Körper neu zu arrangieren, uns selbst neu zu arrangieren. Stryker beschreibt ihr eigenes Neuarrangieren, indem sie transgender Körper als Affinität zu Monstern bezeichnet, als Affinität zu denen, die als monströs bezeichnet wurden und erhebt damit mit wütenden Worten Widerspruch gegen Frankenstein.

SPAßVERDERBER:INNEN-MAXIME: WERDE MONSTRÖS!

Um die Familie befremdlich werden zu lassen, kreieren wir verschiedene Arten der Familien, Kombinationen, Neigungen, wir lockern den Halt der Familie, die Norm, diese Form. Wir brechen aus ihr aus, brechen überall aus. Ich denke an Alexis Pauline Gumbs' *Spill: Scenes of Black Feminist Fugitivity,* eine Ode an die Arbeit und die Weisheit der Schwarzen feministischen Literaturkritikerin Hortense Spillers. Gumbs begegnet Spillers Worten mit Liebe und Sorgsamkeit, allem, was ausbricht, Worte, die ausbrechen, Flüssigkeiten, die aus Behältnissen verschüttet werden, bis hin zu jemandem, der Dinge verschüttet. Das Verschütten kann auch Zerbrechen bedeuten, eines Behältnisses, eines Narrativs, der Änderung eines Satzes, sodass »sich Türen öffnen und jede:r hindurchgehen kann«.[206] Verschütten kann auch die langsame Arbeit sein, eine Sache aus einer anderen herauszubekommen. Ein Gedicht kann auch etwas sein, das verschüttet wird. Gumbs ist selbst Poetin, Philosophin, Theoretikerin, Schriftstellerin, Weberin und lehrt uns *als* Poet:innen zu

---

205 Stryker: »My Words to Victor Frankenstein«, 249. In diesem Artikel legt Stryker dar, dass sie nicht die erste ist, die »Frankensteins Monster und den transsexuellen Körper in Verbindung bringt. Sie schreibt, schon Mary Daly habe in ihrer Beschreibung der Geschlechtsumwandlung als einer Art Grenzüberschreitung, die das Eindringen in den weiblichen Raum bedeute »diese Verbindung deutlich gemacht«. Strykers Artikel kann daher wie ein weiterer Brief an Mary Daly gelesen werden, ein Begleitbrief zu dem von Audre Lorde, der das Problem der Transfeindlichkeit in Dalys Feminismus benennt. Danke an Emma Bigé für ihre aufmerksamen Gedanken zu diesem Thema.

206 Gumbs, A. P.: Spill: Scenes of Black Feminist Fugitivity. Durham 2016, xi.

lesen, durch das Hören der Verbindungen zwischen den Worten und Welten. In *Unertrunken* bringt uns Gumbs bei, von den Meeressäugetieren zu lernen, zu lernen, was wir benötigen, um zu atmen, zu leben, ungeachtet dessen, was wir verlieren. Wir können vom Netz der Sprache eingefangen werden, von Namen und Pronomen, wie wir in unser eigenes Sein gerufen werden. Um uns selbst zu befreien, erfinden wir uns selbst. Wir verlangen keine Anerkennung im Einklang mit einem bestehenden Regime, um gesehen zu werden. Wir erschaffen etwas, wenn wir unsere Hoffnungen woanders ausgießen. Gumbs schreibt: »Was wird möglich, wenn wir uns in die Queerness von Lebensformen vertiefen, die dominante Systeme nicht kartieren, belohnen oder überhaupt verstehen können?«[207]

Dominante Systeme machen so vieles und so viele unmöglich. Wir müssen für Möglichkeiten kämpfen. Wir müssen dafür kämpfen, dass einige von uns möglich werden. So vieles, was geworden ist, ist von Fatalismus umgeben – Geschlechterfatalismus, institutioneller Fatalismus: Mädchen bleiben Mädchen; Jungen bleiben Jungen; Institutionen bleiben Institutionen. Judith Butler schlägt vor, dass »für diejenigen, die noch danach suchen, möglich zu werden, Möglichkeit zur Notwendigkeit wird«. Möglichkeit wird aus einem System heraus aufgebaut. Ich denke erneut an Lorde, die Möglichkeit ebenfalls aufgriff. Möglichkeit als etwas, das Zeit braucht. Lorde schrieb: »Poesie ist nicht nur Traum oder Vision, sie ist die skelettierte Architektur unserer Leben. Möglichkeit ist weder für immer noch sofort. Es ist auch nicht einfach, an ihre Wirksamkeit zu glauben.«[214] Möglichkeit kann sehr viel Zeit in Anspruch nehmen, denn etwas möglich zu machen, erfordert das Abbauen dessen, was es unmöglich macht. Deshalb wird Möglichkeit nicht aus der Luft gegriffen. Möglichkeit entsteht aus der Intimität mit dem, was sich mit der Zeit verdichtet hat, den Wänden, den Türen, wie Räume besetzt sind und das Atmen schwer macht. Geschichte ist abgestandene Luft. Ein Gedicht, ein Hauch frischer Luft. Etwas zu schaffen bedeutet, es möglich zu machen.

207 Gumbs, A. P.: Unertrunken. Was ich als Schwarze Feministin von Meeressäugetieren lernte, übersetzt von Daniela Seel, Zürich 2023,115.

SPAẞVERDERBER:INNEN-WAHRHEIT: WAS WIR KREIEREN, IST ZERBRECHLICH, WEIL WIR ES ZUM ÜBERLEBEN BRAUCHEN

Dieser Satz, wie viele Spaßverderber:innen-Wahrheiten in diesem Handbuch, wurde schon einmal verwendet. Er tauchte erstmalig in meinem Buch *What's the Use?* auf, einer Ode an die Wiederverwendung von Dingen, alten Dingen, getragenen Dingen, es ist voll von Tassen, bei denen die Henkel fehlen, so wie bei uns.

Vielleicht kam ich auf diesem Weg zur Spaßverderber:innen-Poesie. Ich kam zu den Worten, müde und abgenutzt, von den Dingen, die auch müde, auch abgenutzt waren. Ich schrieb in dem Buch von meiner alten, abgetragenen Tasche, weil ich sie so oft benutzte, um Sachen herumzutragen, der Reißverschluss war kaputt. Im Kapitel über das Überleben als feministische Spaßverderber:in schlug ich vor, dass wir unsere Erfahrungen, feministische Spaßverderber:innen zu sein, mit uns herumtragen und sie in eine feministische Spaßverderber:innen-Tasche packen. Als ich die feministische Spaßverderber:in als Philosoph:in beschrieb, schlug ich vor, dass wir manchmal das ablegen müssen, was am schwierigsten zu handhaben ist. Taschen und Ordner sind beides Behältnisse, in denen Dinge aufbewahrt werden können. Wenn sie auseinanderfallen, dann wird verschüttet, was darin ist. Die feministische Spaßverderber:in ist eine undichter Behälter, auch sie verschüttet Dinge oder lässt sie raus. Vielleicht können wir sie zu einer feministischen Warnung machen: Vorsicht, wir tropfen! Sie ist eine alte Tasche, diese alte Tasche spricht aus, was sie verschüttet. Ich denke an: *Gift und Galle speien*, ein Spaßverderber:innen-Ausdruck. Gift und Galle speien, heißt, es rauszulassen, die Geduld zu verlieren, abzulassen. Wir können zerbrochen enden. Die Zerbrochenen können die queere Verwandtschaft sein.

Die feministische Spaßverderber:in als Poet:in fängt nicht neu an mit dem Licht, dem hellen, weißen, dem aufrichtigen. Wir starten mit dem Braunen und dem, was unten ist, dem Matten und Abgetragenen, dem Tränenden und dem Zerrissenen. Manchmal gewöhnen wir uns an das, was nicht zu ertragen ist. Andere Male brechen wir auch unter dem Gewicht zusammen. Es gibt nicht nur eine Verbindung zwischen dem Überleben und der Kreativität, sondern auch dem Durchbrechen und der Kreativität. Ein Zusammenbruch kann auch ein Aufbruch sein. Lauren Berlant bringt uns den ethischen Wert des Verlierens bei. Wörter können Dinge sein, Sätze auch. Etwas *loszulassen*, kann heißen, ein starkes Gefühl oder einen starken Ausdruck zu finden.

SPAẞVERDERBER:INNEN-MAXIME: LASS LOS!

Vielleicht wird unser Schreiben lockerer, wenn wir die Aufforderung, uns selbst auf eine bestimmte Art und Weise auszudrücken, loslassen. Ich denke daran, wie sich über die Zeit mein eigenes Schreiben verändert hat. Je länger ich über feministische Spaßverderber:innen schreibe, mit ihnen arbeite, sie zu euch bringe, desto lockerer wurde meine Sprache. Ich wurde aufmerksamer gegenüber Worten, was sie bedeuten, ihr Klang, der Einsatz von Reim und Wiederholung, sodass ich nun wenigstens in der Sprache atmen kann. Vielleicht laden wir Ballast ab, wenn wir die Worte loslassen. Dieses Handbuch, ein feministisches Spaßverderber:innen-Handbuch, ist nur in groben Zügen ein Handbuch. Ich habe die Form gelöst, es gibt keine einfachen Schritte, keine einfachen Lösungen. Ja, es kann sein, dass das Loslassen der Form eine Enttäuschung darstellt. Eine feministische Spaßverderber:in zu sein, handelt davon, Erwartungen zu enttäuschen, die Enttäuschung in eine Öffnung zu verwandeln, ein Fenster für neue Möglichkeiten.

Und so lassen wir die Enden offen, fallend und ausfransend. Wir schreiben, wir lieben, wie wir leben. Wir erzählen Geschichten, wir hinterlassen Spuren. Je mehr wir hinter uns lassen, desto einfacher wird es, uns zu finden. Und damit meine ich: einander.

Das erinnert mich an das Stiefmütterchen-Projekt des queeren Künstlers Paul Harfleet. Harfleet pflanzte Stiefmütterchen an allen Orten, die er kannte, an denen homofeindliche Gewalt und Missbrauch stattgefunden hatten.[208]

Stiefmütterchen (pansies) sind Blumen, das Wort ›Pansie‹ (engl. auch Schwuchtel/Tunte) eine Beleidigung. Wir schaffen etwas, indem wir das umfunktionieren, was gegen uns verwendet wurde. Eine Spaßverderber:innen-Poet:in zu sein bedeutet, etwas zu pflanzen, eine Möglichkeit, ein neues Wachstum von irgendeiner Art, um die Stelle der Gewalt zu kennzeichnen, um zu erzählen, was hier passiert ist. Der Ort der Gewalt ist der Ort, an dem man dagegen protestiert, Nein dazu sagt. Stiefmütterchen, kleine Blumen, können kleine Gedichte sein, überall gepflanzt.

---

208 Vgl. für weitere Informationen zum Stiefmütterchen-Projekt: https://thepansyproject.com/.

Es gibt so viele Arten, *Nein* zu sagen. Vielleicht ist ein Gedicht von Bedeutung, weil wir nicht die richtigen Worte finden oder weil wir, um *Nein* sagen zu können, einen Weg finden müssen, um gehört zu werden. Ich höre ein Gedicht der feministischen Sikh-Poetin Jasmin Kaur:

> »SCHREI
> Damit irgendwann
> in hundert Jahren
> eine andere Schwester
> ihre Tränen nicht
> trocknen muss und sich wundert
> an welchem Punkt
> in der Geschichte
> sie ihre Stimme verloren hat.«[209]

Ich höre die erste Zeile des Gedichts, ein Wort kann eine Zeile sein, eine Forderung, ein Plädoyer, liebevoll und eindringlich, zu schreien, damit andere uns hören können. Ich sage liebevoll und eindringlich, so wie das Gedicht uns beibringt, dass lauter zu werden, der Schrei, der die Atmosphäre durchdringt, geschieht, damit sie, eine andere Schwester, die nach uns kommt, sich nicht wundern muss, wie und wo sie ihre Stimme in der Geschichte verloren hat. Vielleicht wurde auch ich als feministische Spaßverderber:in eine Poetin, die ihre Stimme in deinen Worten hören kann, die hörte, was wir verlieren können, wen wir verlieren könnten und wie dringend wir das sagen müssen.

> *Es ist wichtig, dass du weißt, dass wir Nein gesagt haben.*
> *Es ist wichtig, dieses Nein, damit Tränen fließen können.*

Ich denke wieder an Audre Lordes Bild der Macht als ein Elektrokabel und ihre Faszination für das Gedicht ›The Listener‹. Bei dem Gedicht geht es darum, da zu sein, sein Wort zu halten, wenn wir an die Tür klopfen. Das Klopfen zählt, weil das Geräusch wandert. Ich hatte bei der feministischen Spaßverderber:innen-Philosoph:in angemerkt, dass wir Türen eher bemerken, wenn wir an sie klopfen, als wenn wir durch sie hindurchgehen. Vielleicht ist das Klopfen das, was wir teilen, wenn wir etwas bemerken. Wie machst du dich bemerkbar, wenn du irgendwo ankommst? Du klopfst an die Tür. Wir klopfen an Türen, damit andere bemerken, dass wir da sind. Nicht »Klopf, klopf, wer ist da?«, sondern »Klopf, klopf, wir sind da!«

---

209 Kaur, J.: When You Ask Me Where I am Going. New York 2020, 40.

Kannst du hören, dass wir da sind? Ein:e feministische Spaßverderber:innen-Poet:in zu sein, kann bedeuten, dass wir hören, was wir hören, wen wir hören, wie wir hören.

Ich schrieb erstmalig über Audre Lordes Faszination für ›The Listener‹ in meinem Buch *Complaint!* Als ich einen Vortrag mit dem Titel ›Knocking on the Door‹ hielt, las ich das erste Mal Lordes Beschreibung des Gedichts laut vor. Und als ich ihre Worte las, klopfte ich auf den Holztisch, machte ein Geräusch, klopf, klopf, damit mein Publikum es hören konnte. Und dann hörte ich es. In *Feministisch leben!* schreibe ich über meine Erfahrungen, mit einem gewalttätigen Vater aufzuwachsen. Ich habe dort einen Abschnitt ausgelassen, weil er mir zu nah ging. Es ist eine Türgeschichte. Einmal, als mein Vater mich schlug, schaffte ich es, zu entkommen. Ich rannte den Flur hinunter und schloss mich im Badezimmer ein. Ich kroch in die Dusche, die eine Glastür hatte, und zog sie zu.

Mein Vater trat die Badezimmertür ein. Das Geräusch war so laut. Dann öffnete er die Glastür. Ich hatte große Angst, sie würde zerbrechen. Die Tür zerbrach nicht, aber etwas zerbrach. Vielleicht stimmte ich deswegen so viele Jahre mit dem Klang des Zerbrechens überein. Mein Vater trat die Tür ein und dann trat er mich, wieder und wieder. Selbst heute, so viele Jahre später, habe ich Panik, wenn jemand an die Tür klopft. Mit anderen Worten: ein Klopfen an der Tür ist für mich ein Trigger.

Erst als ich das Klopfgeräusch so machte, dass mein Publikum es hören konnte, bin ich zu dieser Erinnerung zurückgekommen. Manchmal können wir erst dann etwas hören, wenn wir unsere Arbeit mit jemandem teilen. Daraus lernte ich, dass Spaßverderber:innen-Poesie uns in Kontakt bringt, in Kontakt bleiben lässt, mit den schwierigsten Teilen unseres Selbst und unserer Geschichten. Vielleicht war es gar nicht wichtig, dass ich das Klopfen hörte, das Geräusch, den Trigger, um mein Ohr an die Tür zu halten, damit ich weiter zuhören konnte, verbunden bleiben konnte und weitere Spaßverderber:innen-Geschichten sammeln kann. Manchmal müssen wir die Türen zu unserer eigenen Geschichte schließen, damit wir eine Öffnung schaffen können. Wenn wir teilen, was wir hören, öffnen sich andere Türen, und es entsteht ein Raum zwischen uns. Vielleicht ist es das, was die feministische Spaßverderber:in als Poet:in tut, sie öffnet einen Raum zwischen uns.

6
Die feministische Spaßverderber:in als Aktivist:in

Wenn ich das Wort *Feminismus* höre, höre ich Aktivismus. Ich denke an die Märsche, den Protest, die Demonstrationen, wie es sich anfühlt, wie energetisierend es ist, die Straßen einzunehmen, den Raum zu beanspruchen, zurückzuschlagen, Teil einer Gemeinschaft zu werden, die mitreißenden, bissigen Slogans wie »My Body, My Choice« (»Mein Körper gehört mir«), »Again We Rise« (»Wir erheben uns erneut«), »No Means No« (»Nein heißt Nein«), »I Am Not Free While Any Woman is Unfree« (»Ich bin nicht frei, solange irgendeine Frau unfrei ist«, Audre Lorde), zu skandieren, unsere Stimmen zu erheben. Wir sind lauter, wenn wir zusammenklingen. Ich denke an all die unterschiedlichen feministischen Bewegungen, zu jeder Zeit und auf der ganzen Welt, die uns verbinden, durch das, wogegen wir uns wehren: sexualisierte Gewalt, geschlechtsspezifische Gewalt, rassistische Belästigungen, Polizeigewalt, Austerität, Gewalt gegen arme Menschen, Migrant:innen, Menschen ohne Dokumente. Die feministische Spaßverderber:in als Aktivist:in ist genau hier und protestiert für unser Leben. Aber da beginnt es nicht. In diesem Kapitel untersuche ich die feministische Spaßverderber:in als Aktivist:in, um den Prozess zu beschreiben, wie wir dahin gekommen sind, Teil einer Bewegung zu werden, die zugleich anerkennt, wie Gewalt durch soziale und politische Institutionen reproduziert wird, als auch sich dafür einsetzt, diese Gewalt zu beenden. Große Teile dieser aktivistischen Arbeit werden nicht anerkannt, oft nicht einmal wahrgenommen, außer von denen, die die Arbeit tun, weil sie dort stattfindet, wo besonders viel Gewalt stattfindet, hinter verschlossenen Türen.

Vom Feminismus lernen wir, dass Aktivismus nicht auf einen Bereich beschränkt bleibt; es kann darum gehen, was wir zu Hause tun, bei der Arbeit, auf der Straße. Wir können die Geschichten teilen, wie wir feministische Aktivist:innen wurden, *wo auch immer* wir unsere Arbeit tun. Ich bin inspiriert vom ›Feminist Warriors Project‹, einem digitalen Archiv, das »generationsübergreifende Gespräche über Justiz, Politik und Hoffnung mit feministischen Aktivist:innen in der Wissenschaft dokumentiert«.[210] Die aktivistischen Wissenschaftler:innen Chandra Talpade Mohanty und Linda Carty beschreiben das Archivieren der Geschichten als ein politisches Projekt, bei dem es darum geht, gängige Narrative des Feminismus, Kommunismus und »der Linken« zu hinterfragen, die die »intellektuelle Arbeit von der aktivistischen Arbeit oder den Bewegungen trennen«.[211] In Kapitel Vier habe ich untersucht, wie Aktivismus Wissen generiert, nun werde ich in diesem Kapitel den Prozess von der anderen Seite aufrollen. Der Weg, den wir nehmen, um selbstständig zu philosophieren, ist der gleiche, den wir Politisierung nennen.[212] Es erinnert mich an Marx' Kritik, dass Philosophen »die Welt interpretiert haben«, obwohl es doch darum gehe, »sie zu verändern«. Wenn wir durch den Versuch, das System zu ändern, lernen, wie das System funktioniert, geht es schließlich darum, es zu verändern.

Wir können nicht immer sehen, worum es geht. Ich schlug weiter vorne in diesem Buch vor, dass, eine feministische Spaßverderber:in zu sein, bedeuten könnte, misstrauisch gegenüber Maßstäben zu sein: Wir müssen uns klarmachen, dass die Warnung davor, dass Kritik oder Protest doch nur bedeuten würde, der Angelegenheit noch mehr Raum zu geben, eigentlich heißt, von uns zu verlangen, der Angelegenheit und damit auch uns selbst weniger Raum zu geben. Zum Spaßverderber:innen-Aktivismus können Aktionen gehören, die klein wirken, da ihre Signifikanz übersehen wird. Ich denke an *Nein*, das kleine Wort, das viel Arbeit hat. Es ist Spaßverderber:innen-Aktivismus, *Nein* zu einer Person zu sagen, die Autorität über dich beansprucht, indem sie dir vorschreibt, was du mit deinem Körper oder dir selbst tust, ob du arbeiten gehst oder zu Hause bleibst.

Unser Maßstab kann sich beim *Nein*-Sagen ändern. Viele Beschwerden über Machtmissbrauch in Institutionen enden als Beschwerden über Institutionen, die diesen Missbrauch ermöglicht haben, was bedeutet, dass ein *Nein* gegenüber einer einzelnen Person auch als ein *Nein* enden kann, das sich ge-

---

210 http://feministfreedomwarriors.org/

211 Mohanty, C. T. / Carty, L.: »Introduction«, in: Feminist Freedom Warriors. Genealogies, Justice, Politics and Hope. Chicago 2018, 3.

212 Vgl. Gago, V.: Für eine feministische Internationale. Wie wir alles verändern. Münster 2022.

gen eine ganze Institution richtet. Wenn sich das Objekt vergrößert, weitet sich auch unsere Linse und damit unser Aktivismus. Wir beginnen zu verstehen, wie Institutionen selbst Auswirkungen eines umfassenderen Systems sind, das wir, nach bell hooks, als »weiß-suprematistisches kapitalistisches Patriarchat«[213] bezeichnen können. Bei bell hooks finden wir so viel Inspiration für feministische Spaßverderber:innen: Sie benennt es klar, bringt es auf den Punkt, immer wieder aufs Neue! Ich widme bell hooks diese Gedanken zum Spaßverderber:innen-Aktivismus.

Es scheint gerade in den Zeiten der Pandemie, in denen Ungleichheiten sich so deutlich und auf so schmerzhafte Weise zeigen, in Zeiten, in denen viele Menschen gerade so durch- oder über die Runden kommen, dass es ein Luxus wäre, eine feministische Spaßverderber:in zu sein, ein Luxus, den wir uns nicht leisten könnten. Aber gerade in Zeiten wie diesen brauchen wir die feministische Spaßverderber:in noch mehr. Für eine Veränderung des Systems zu kämpfen, bedeutet, ein tiefergehendes Wissen über die *Funktion der Ungleichheit* zu erlangen: Wer macht die Arbeit, wer putzt, wer kümmert sich und pflegt; wie entstammt Reichtum aus der Aneignung von Bodenschätzen und von Menschen und wie reproduziert diese Aneignung die Ungleichheit, die Erschöpfung der Kapazitäten von Menschen. Es gibt so viele Arten, wie Macht und Gewalt durch Erschöpfung beeinflusst werden: Die Erschöpfung von Menschen, die Widerstand leisten; die Erschöpfung des Willens von Menschen, ihr Leben so zu leben, wie sie es wollen; die Erschöpfung, sich in Systemen zurechtzufinden, einschließlich der Wohlfahrtssysteme, die es Menschen nur schwerer machen, das zu bekommen, was sie brauchen. Wenn wir abgekämpft sind, weil wir uns abkämpfen müssen, müssen wir uns zusammenschließen. So viele von uns werden angegriffen, unsere Forderungen nach freier Entfaltung werden als ›Identitätspolitik‹, unsere Proteste als ›Cancel Culture‹, unsere intellektuellen Beiträge als ›Vandalismus‹ zurückgewiesen. Die feministische Spaßverderber:in, ihre Geschichte verdichtet sich zu einer Figur, die uns dabei hilft, diese Angriffe als das zu verstehen, was sie sind: die Verteidigung einer alten Ordnung. Ich beginne dieses Kapitel mit einer Betrachtung darüber, warum Negativität so wichtig für unseren Aktivismus war (die feministische Spaßverderber:in erlaubt uns einen anderen Blickwinkel auf eine alte und queere Geschichte), bevor wir uns dem zuwenden, was

213 hooks, b.: Outlaw Culture: Resisting Representations. New York 1994. hooks benutzt den Begriff »weißes suprematistisches, kapitalistisches Patriarchat« beindruckende 18-mal in diesem Buch!

wir aus den Bemühungen, sexuelle Belästigung als ein institutionelles Problem zu thematisieren, lernen können, um dann schließlich dazu zu kommen, wie Proteste und Demonstrationen die feministische Spaßverderber:in in die öffentliche Wahrnehmung bringen können. Ich benutze hierzu meine Überlebensratschläge, weil das Nachdenken über den Spaßverderber:innen-Aktivismus letzten Endes nur ein anderer Weg ist, über das feministische Überlebensprojekt nachzudenken. Lasst uns daher zurück an den Anfang gehen, unsere erste und wichtigste **Spaßverderber:innen-Wahrheit** und das erste **Spaßverderber:innen-Bekenntnis:**

**SPAẞVERDERBER:INNEN-WAHRHEIT:
AUF EIN PROBLEM HINZUWEISEN, BEDEUTET,
ZU EINEM PROBLEM ZU WERDEN**

**SPAẞVERDERBER:INNEN-BEKENNTNIS:
ICH BIN BEREIT, UNGLÜCK/LICHSEIN ZU VERURSACHEN**

Unsere Bekenntnisse leiten sich von unseren Wahrheiten ab. Wir sind bereit, Unglück/lichsein zu verursachen, weil wir aus unserer Erfahrung, Unglück zu verursachen, gelernt haben. Wir wissen, dass wir weiterhin auf Probleme hinweisen müssen, weil wir so behandelt werden, als würden wir sie verursachen, und dass das ein Weg ist, eben nicht damit umzugehen. So viel Aktivist:innen-Arbeit ist die Arbeit der Aufdeckung: Wir decken die Gewalt auf, die hinter glitzernder, glücklicher Vielfalt verborgen ist: die Gewalt der Erhebung der Familie als soziale Norm, der Paarform, der Reproduktivität als Grundlage eines guten Lebens.

Mit Audre Lorde entlarven wir auch den Glücksmythos des Neoliberalismus, wie die Individualisierung der Verantwortung für das eigene Glück/lichsein sowohl zur Grausamkeit des Urteils führt, dass Unglück/lichsein verdient sei, als auch zur Grausamkeit der Ausgrenzung. Lorde zeigt, dass uns die Vorstellung, wir seien selbst für unser Glück/lichsein verantwortlich, zu einer moralischen Gleichgültigkeit gegenüber dem Glück/lichsein Anderer führen kann. Schauen wir uns Ursula Le Guins dystopische Kurzgeschichte *The Ones Who Walk Away From Omelas* an. Die Menschen in Omelas leben glückliche und bedeutungsvolle Leben: »Sie waren keine naiven oder glücklichen Kinder – obwohl ihre Kinder tatsächlich zufrieden waren. Sie waren reife, intelligente, leidenschaftliche Erwachsene, deren Leben nicht elend waren.«[214] Ihr Glück/lichsein birgt ein Geheimnis. Es hängt mit dem Leiden eines Kindes zusammen, das in einem Keller eingesperrt ist: »Das Kind schrie nachts um Hilfe, und weinte ganz viel, aber jetzt bringt es nur noch eine Art Wimmern hervor, ›eh-haa, eh-haa‹ ... Alle wissen, dass es dort ist, alle Leute in Omelas.«[215] Das Glück/lichsein der Menschen basiert auf der Gleichgültigkeit gegenüber dem Unglück/lichsein des Kindes. In der Geschichte geht es um die Ungerechtigkeit des Glück/lichseins vieler Menschen, das auf dem Unglück/lichsein Anderer basiert. Diese Kurzgeschichte aus der Vergangenheit über die Zukunft liest sich wie eine Beschreibung der Gegenwart. Wir erkennen so viel in Omelas: die Bereitschaft, andere leiden zu lassen, das Leiden einzudämmen, es durch Abwendung zu verstecken, damit ›wir‹ am guten Leben festhalten können.

SPAẞVERDERBER:INNEN-BEKENNTNIS: ICH BIN NICHT BEREIT, GLÜCK/LICHSEIN ZU MEINEM ANLIEGEN ZU MACHEN

Zu wissen, dass Unglück/lichsein durch Glück/lichsein verursacht wird, macht es nicht einfacher, Unglück/lichsein zu verursachen. *Spaßverderber:innen-Aktivismus* ist für mich eine Frage danach, *wie* wir die Sache angehen, um das Glück/lichsein nicht zu unserer Sache zu machen. Dadurch, dass ich die Figur der feministischen Spaßverderber:in aufgreife, schlage ich vor, sie in die lange aktivistische Tradition der Wiederaneignung von Beleidigungen einzureihen, wie beispielsweise *queer*, das uns an den Kopf geworfen wurde, nur weil wir unsere Leben leben und außerhalb der engen Vorschriften der Heterosexualität lieben. Die feministische Spaßverderber:in ist für mich ein:e Aktivist:in. Ich gebe ihr eine queere Geschichte.

Es gab andere Kritiker:innen, die die Queerness der Spaßverderber:in aufgegriffen haben. Nimm beispielsweise die Arbeiten der in Toronto lebenden lesbischen Künstler:innen Deirdre Logue und Allyson Mitchell und ihrer Ausstellung ›The KillJoy's Kastle: A Lesbian Feminist Haunted House‹ aus dem Jahr 2013, in dem die feministische Spaßverderber:in eine lesbische feministische Theorie beschwört, die das Haus heimsucht mit unserer Ge-

214 Le Guin, U.: »The Ones Who Walk Away from Omelas«, in: *The Wind's Twelve Quarters*. New York 1987, 278.

215 Le Guin: »The Ones Who Walk Away from Omelas«, 281.

schichte voll rebellischer Möglichkeiten.[216] Lesbischer Feminismus mag vielleicht altmodisch klingen, einer vergangenen Zeit zugehörig, die lesbische Feminist:in als etwas öde, ein bisschen langweilig, möglicherweise eher deprimierend (genauso wie das Stereotyp einer feministischen Spaßverderber:in also). Wenn die lesbische Feminist:in eine farblose und deprimierende Figur ist, ist sie vielleicht auch eine Warnung. Ich denke an einen alten Spruch der RADICALESBIANS darüber, wie das Wort *dyke* benutzt wurde »um Frauen einzuschüchtern, damit sie eine weniger militante Haltung einnehmen«.[217]

Der Dokumentarfilm *Rebel Dykes* (Regie: Harri Shanahan und Siân A. Williams, 2021) über die lesbische Szene im Post-Punk-London erinnert uns an die Queerness der lesbischen Geschichte. Lesben, die aus der heterosexuellen Welt heraustraten, um sich einer freieren Art zu leben, zu öffnen, sexuell zu experimentieren, etwas anderes aus sich selbst und für sich selbst zu machen. Es kann Kampfgeist und Kraft darin liegen, zurückzuweisen, *zu seiner Verwandten* zu werden, es uns selbst zu erlauben, nicht weggegeben zu werden, symbolisch oder nicht, von einem Mann an einen anderen. Vielleicht werden wir heute dazu eingeladen, glückliche, glitzernde Lesben zu sein, uns herauszuputzen und die Spuren der *dykes* und andere Angst verbreitende, lesbische Tendenzen lieber wegzulassen. Wir müssen diese Einladung leider ablehnen, gerade weil sie immer wieder ausgesprochen wird, werden wir lieber noch ein wenig mehr zur Spaßverderber:in, jetzt erst recht. (***Spaßverderber:innen-Überlebenstipp 2: Werde immer mehr zu einer feministischen Spaßverderber:in.***)

Es kann etwas *queeres* an lesbischem Feminismus geben. Das Wort ›queer‹ kann seltsam, merkwürdig, schräg, ausgefallen bedeuten. Diese Bedeutungen waren es natürlich, die dazu geführt haben, dass es als Beleidigung für homosexuelle Menschen benutzt wurde, und bei dem Gebrauch als Beleidigung bleibt etwas davon zurück. Queer ist ein Spaßverderber:innen-Begriff, mächtig, aufgeladen mit einer Verneinung. So bedeutet das Wort ›queer‹ als Verb benutzt auch etwas zu verderben. Die Literaturtheoretiker:in Eve Kosofsky Sedgwick beschreibt queer als einen »politisch mächtigen Begriff«, weil er

216 Mitchell, A./McKinney, C.: Inside Killjoy's Kastle: Dykey Ghosts, Feminist Monsters, and Other Lesbian Hauntings. Vancouver 2019.

217 RADICALESBIANS: »The Woman Identified Woman«; https://library.duke.edu/digitalcollections/wlmpc_wlmms 01011/ (1970).

auf »schambehafteten Kindheitsszenen« beruht.[218] Wir halten eher fest an der schambehafteten Geschichte, als uns davon abzuspalten. Wir weigern uns, diese Geschichte zu verharmlosen, indem wir Worte benutzen, die sie beschönigen, denn es ist diese Geschichte, die unsere Politik ausmacht. Wenn wir uns unserer Familie, unseren Freund:innen gegenüber outen, kann es sein, dass wir gesagt bekommen »Schäm dich!«. Dir wird gesagt, dass du dich schämen sollst. Wir werden zu Affekt-Aliens, wenn wir uns nicht schämen.

SPAßVERDERBER:INNEN-GLEICHNIS: QUEER PRIDE = SICH NICHT FÜR DIE SCHAM DER ANDEREN SCHÄMEN

Vielleicht ist eine politische Bewegung nötig, um die Scham von sich weisen zu können. *Wenn ich an Spaßverderber:innen-Aktivismus denke, denke ich an diese Bewegung*. Wir haben schon viele Bewegungen hinter uns, die der Spaßverderber:innen, der Problemmacher:innen, der Außenseiter:innen und derjenigen, die einen Scheiß auf die nationale Vorstellungswelt geben. Sarah Schulman zeigt in ihrer monumentalen Darstellung von ACT UP in New York, ›Let The Record Show‹, die ausführliche Entstehungsgeschichte einer Bewegung, gegründet von schwulen Menschen mit HIV und AIDS, von Menschen, die vom Staat und ihren Familien alleine gelassen wurden, die kämpfen und betteln mussten, um zu bekommen, was sie brauchten: »Zum Mangel an Behandlungen und Pflege kam das Alleingelassenwerden durch die Familie – wenn sie dich nicht noch rausgeschmissen oder vertrieben hatten, dafür, dass du queer bist.«[219]

Die Geschichte des queeren Aktivismus als Antwort auf AIDS erinnert uns daran, dass es eine politische Aktion ist, sich um Menschen zu kümmern, die alleingelassen werden. Direkte Aktionen – von Demonstrationen zu die-ins oder kiss-ins – waren nicht nur Wege, um etwas sichtbar zu machen, sondern auch, um unsere Körper zu Werkzeugen zu machen. Ich werde noch darauf zurückkommen, was wir mit unseren Körpern machen können. Manchmal musst du auch bereit sein, zum Spektakel zu werden. Es gibt so viel mehr, was wir sichtbar machen müssen, daran erinnert uns Schulmans Geschichte: die Krankheit, das Leiden, das nicht nur aus dem Alleingelassen-

---

218 Sedgwick, E. K.: Touching Feeling. Affect, Pedagogy, Performativity. Durham 1993, 4.

219 Schulman, S.: Let the Record Show. A Political History of ACT UP, 1987–1993. New York 2021, 7.

werden von den Familien und der Community bestand, sondern auch in der staatlichen Homofeindlichkeit, der Vermutung, dass Krankheit und Tod die Strafe für eine Abweichung sind. So viele haben das nicht überlebt. So viele Verluste wurden nicht als Verluste verzeichnet; einige Leben waren, um einen Begriff von Judith Butler zu verwenden, »unbetrauerbar«[220]. Der queere Wissenschaftler of Color José Esteban Muñoz schrieb wortgewandt, wie wir als queere Menschen »unseren Tod in die verschiedenen Kämpfe mitnehmen, die wir in deren Namen führen«[221].

Wir nehmen unsere Toten mit. Diese Geschichte ist bei uns. Wir sagen *Ja* zu Queerness, wegen dem, was wir zurückweisen – wir wollen gar nicht sein, wie die, die uns zurückweisen oder bekämpfen oder von uns verlangen, liebevoller für sie zu sein. Wir weisen es zurück, normal zu sein, hetero zu sein, cis zu sein, weißer oder heller, um so nah wie nötig an das heranzukommen, was wir nicht sind, oder um zu passen, wenn es das ist, was uns mehr Raum gibt, etwas anderes zu sein. Es ist eine Art zu leben und zu lieben, ebenso wie ein politischer Stil. Wir bemerken auch, dass es nicht immer unsere Entscheidung ist, es kann auch sein, dass wir Spaßverderber:innen sind weil wir so wahrgenommen werden. (***Spaßverderber:innen-Überlebenstipp 6: Sei dir klar darüber, dass es nicht immer an dir liegt.***) Affektive Entfremdung zu *beanspruchen*, heißt nicht, dass wir versuchen, diese Wahrnehmung zu steuern, indem wir uns anpassen. Wir wollen es nicht *abschwächen*, uns selbst nicht zurechtbiegen, um mehr wie sie zu werden, um zu ihnen durchdringen zu können. Wir fluten die Straßen mit unseren Protesten und Partys, heftig und fabelhaft.

Wir fließen über, wir strömen aus. Glück/lichsein zu unserem politischen Horizont, unserer Ambition zu machen, hieße, uns selbst einzuschränken. Oft wird Glück/lichsein als ein Wunsch nach Inklusion in Institutionen verstanden, der Ehe zum Beispiel. Natürlich benutzt Homofeindlichkeit das Gleichnis: homosexuelle Ehe = Zerstörung der Ehe. Aber dieses Gleichnis ist zu optimistisch; queere Menschen müssen weitaus mehr tun als zu heiraten, um die Institution der Ehe zu zerstören. Wir müssen vielmehr den Anspruch ablehnen, glücklich und zufrieden zu sein. Oder wir tun etwas ganz anderes mit dem Glück/lichsein, indem wir es nicht anstreben oder es zurückweisen, etwas anzustreben. Das Wort ›Glück/lichsein‹ (›happiness‹) kommt vom

220 Butler, J.: Gefährdetes Leben. Politische Essays. Frankfurt a.M. 2005.

221 Munoz, J.: Disidentification. Queers of Color and the Performance of Politics. Minneapolis 1999, 74.

englischen Wort ›hap‹, das Zufall oder Chance bedeutet. Das Wort ›happiness‹ hat die gleiche Silbe ›hap‹ wie die Worte ›perhaps‹ (›vielleicht‹), ›happenstance‹ (›Zufall‹) und ›haphazard‹ (›willkürlich‹). Aber ›happiness‹ scheint das ›hap‹ verloren zu haben, weil es nicht das beschreibt, was dir passiert, sondern das, was du dir verdienen musst.[222] Wir stecken das ›hap‹ wieder zurück in das Wort ›happiness‹ und ergreifen eine Chance. Wir können glücklich sein, dass wir queer sind, ohne happiness in ein Projekt zu verwandeln, das wir wert sein oder uns verdienen müssen.

Glücklich zu sein, dass wir queer *sind*, heißt nicht, dass wir immer glücklich sind *als* queere Menschen. Trans Wissenschaftler:innen haben auch die Erwartung des Glück/lichseins hinterfragt. Hil Malatino betont, dass »transitionieren dich nicht in das versprochene Land der gegenderten Glückseligkeit« schickt. Er sagt: »Transitionieren heißt nicht, dass du gänzlich geheilt bist oder auch nur minimal glücklicher, aber das sollte auch nicht erwartet werden.«[223] Malatino folgt hierin Andrea Long Chu, die betont, dass ihre neue Vagina sie nicht glücklich machen wird und das auch nicht von ihr verlangt werden *sollte*.[224] Wir sollten den Anspruch auf die Freiheit, unglücklich sein zu dürfen, in einer Welt, die annimmt, dass Glück/lichsein der Beweis für Gutsein ist, behalten dürfen, oder zumindest die Freiheit behalten, zutiefst ambivalent und unsicher bleiben zu dürfen. Das Leben ist komplex, fragil und chaotisch und wir sind es eben auch.

Wenn wir die Illusion zerschlagen müssen, dass das Coming-out zwangsläufig glücklich macht, müssen wir die Illusion des Glück/lichseins als Inklusion zerschlagen. Organisationen, Städte, Nationen, die sich selbst als »gay-freundlich« bezeichnen, eine Taktik, die sich auch als Pink Washing bezeichnen lässt, bleiben dennoch oft genug gefährliche und feindselige

---

222 Die Übertragung mit dem Zufall funktioniert im Deutschen noch besser, da der Begriff ›Glück‹, diese Bedeutungen beibehalten hat, deutlicher als im Englischen, da es synonym verwendet wird. Die Bedeutung stammt aus dem 14. Jahrhundert. ›Happiness‹ und ›Glück‹ haben aber dennoch einen gemeinsamen Wortstamm, der um 15. Jahrhundert über eine Verbindung mit dem Wort silly herstellbar wird, das wiederum ebenso auf das Wort selig, gesælic zurückgeht; siehe https://www.etymonline.com/de/word/happiness#etymonline_v_29939, für das deutsche Wort Glück siehe: https://woerterbuchnetz.de/?sigle=DWB#1. (AdÜ)

223 Malatino, H.: Side Affects. On Being Trans and Feeling Bad. Minneapolis 2022, 3.

224 Chu, A. L.: »My New Vagina Won't Make Me Happy. And it Shouldn't Have To«; https://www.nytimes.com/2018/11/24/opinion/sunday/vaginoplasty-transgender-medicine.html.

Umgebungen für LGBTQI+-Menschen. Im letzten Jahr bin ich mit meiner Partnerin in London Rad gefahren. Wir haben angehalten, um einen Schluck Wasser zu trinken. Wir waren entspannt und hatten Spaß. Ein Mann rannte auf uns zu. Er sah für mich alarmiert aus und deshalb habe ich besorgt zu ihm geschaut. Aber dann spuckte er mich an und sagte mit Abscheu: »Was für eine Verschwendung.« Als ich Leuten davon erzählte, sagten sie: »Ich dachte, so etwas passiert heutzutage nicht mehr.« Es ist passiert. Es passiert immer noch.

Es passiert immer noch. Im heutigen Vereinigten Königreich funktioniert und operiert Transfeindlichkeit auf schrecklich ähnliche Art und Weise, wie früher Homofeindlichkeit, was uns zeigt, dass Homofeindlichkeit noch lange nicht vorbei ist, sondern immer noch sehr präsent. Ich erinnere mich an eine Situation, ich diskutierte über einen transfeindlichen Flyer, der auf einer Reclaim the Night-Demonstration verteilt wurde. Der Flyer beschrieb trans Frauen als sexuelle Raubtiere. Als ich mich aufregte, sagte eine transfeindliche Feministin zu mir: »Willst du etwa sagen, dass es so schlimm wie der Holocaust ist?« Die Implikation ist, dass Gewalt gegen trans Personen »eher« geringfügig sei, eine Fußnote in einer sehr viel schrecklicheren Geschichte des menschlichen Hasses. Die gleiche Person verwendet regelmäßig die Ausdrücke »trans Lobby« und »trans Taliban«. Die feministische Spaßverderber:in hat uns gezeigt, wie Verharmlosung von Leid und Machtinflation oft Hand in Hand gehen. Die Angst vor dem Fremden versucht immer, jemanden als außenstehend zu bezeichnen, um die Gefahr lokalisierbar zu machen. Die Angst vor Fremden erschafft auch die Figur der Bedrohten, nicht selten die des Kindes, manchmal auch die der Frau. Darum beinhaltet Transfeindlichkeit heutzutage auch die Unterstellung, dass trans Personen Kinder gefährden würden. Eine Schlagzeile lautet: »Sind Sie transfeindlich? Ich doch auch nicht, ich mache mir nur Sorgen um unsere Kinder.«[225]

Diese »Sorgen um unsere Kinder« sind nicht nur ein gruseliges Echo vergangener Sorgen. Mit diesen Sorgen wurden auch eine Reihe von homofeindlichen Begriffen für Schwule und Lesben wiederbelebt, wie zum Beispiel »Groomer« (Pädophile:r) und »Predator« (Sexualstraftäter:in). Diese Worte schaffen Assoziationen, die hängen bleiben. LGBTQI+-Menschen

---

225 Liddle, R.: Are you transphobic? No, me neither. We're just worried about our children, *The Times* (2017); https://www.thetimes.co.uk/article/are-you-transphobic-no-me-neither-were-just-worried-about-our-children-kfp6csn0z.

wird unterstellt, wir würden Kinder für unseren Lebensstil rekrutieren und sogar Kindesmissbrauch betreiben. Lass uns hier klar sein: Wir erleben in Echtzeit die gleiche moralische Panik, die die Thatcher-Regierung dazu veranlasste, 1988 Abschnitt 28 einzuführen, eine Reihe von Gesetzen, die das ›Fördern von Homosexualität‹ durch lokale Behörden verboten hat, einschließlich ›der Veröffentlichung von Materialien mit der Absicht, Homosexualität zu fördern‹ oder ›die die Akzeptanz von Homosexualität als vorgespielte Familienbeziehung lehren‹ (glückliche Bücher über queere Familien im Grunde genommen). Ein Tory Abgeordneter hat kürzlich Briefe an alle Schulen in seinem Wahlkreis geschickt, in denen er seine Sorge zum Ausdruck brachte, dass »Bücher, die diese Ideologie annehmbar machen, und Medien, die einen transgender Lebensstil in allen Formen verherrlichen, erneut bestätigen, dass es sich hier nur um eine Phase handelt«. Es hilft, sich daran zu erinnern, dass die Sorge um eine »trans Ideologie« auf einem Anti-Feminismus basiert, denn er unterlässt es nicht, hinzuzufügen: »Jungs sind Jungs und Mädchen sind Mädchen.«[226] In solchen Aussagen darüber, was Mädchen und Jungen sind, finden wir die Überzeugung darüber, wer sie sein werden. Ich nenne diese Überzeugung *Gender Fatalismus*, und sie wird meistens als Befehl gegeben (du wirst ein Mädchen sein, du wirst ein Junge sein) an diejenigen, die den Willen oder die Absicht zeigen, nicht so zu sein oder zu werden, wie es ihnen gesagt wird.

SPAẞVERDERBER:INNEN-MAXIME: BLEIB UNGLÜCKLICH MIT DIESER WELT!

Die *anti-trans* Bewegung ist eine *anti-feministische* Bewegung. Aus diesem Grund werden so viele Angriffe auf den Feminismus inzwischen als Angriffe auf ›Gender‹ ausgedrückt, was in verschiedenen Teilen dieser Erde mehr und mehr zu einem Spaßverderber:innen-Begriff wurde. Judith Butler beschreibt die »Anti-Gender-Bewegung« als ein globales Phänomen, das eine Vielzahl rhetorischer Strategien nutzt, »um die Angst vor Infiltration und Zerstörung zu maximieren, die von einer Vielzahl wirtschaftlicher und sozialer Kräfte ausgeht. Sie strebt nicht nach Konsistenz, denn ihre Inkohärenz ist Teil ih-

226 Diese Briefe wurden vom konservativen Parlamentsabgeordneten Nick Fletcher im Juni 2022 verschickt: https://news.sky.com/story/trans-children-going-through-nothing-more-than-a-phase-conservative-mp-says-12635863.

rer Macht.«[227] Butler zeigt, dass bestimmte akademische Forschungsbereiche, wie Gender Studies, Queer Theorie und Critical-Race-Theorie, selbst als »zerstörerische Kräfte« dargestellt werden, die den Niedergang sozialer Institutionen bedrohen, wie die Ehe, Familie, Nation, Zivilisation oder sogar »den Menschen selbst«. Geschlecht wird verteidigt, indem es als außerhalb der Geschichte platziert wird. Mit *Geschlecht* würden wir nicht nur die Idee zweier voneinander getrennter Geschlechter verstehen, sondern eben auch die damit verbundenen Ideen: dass die Ehe eine heterosexuelle Verbindung bedeutet, dass alle Kinder auf der Grundlage einer traditionellen Familie aufwachsen sollten, die auf der Grundlage einer solchen Verbindung basiert und dass die Gesellschaft diese Unterschiedlichkeit der Geschlechter *stützen sollte*, indem sie den Sozialraum und die Institutionen überwacht. Diese Verteidigung der biologischen Geschlechter bedeutet damit, wie Butler aufzeigt, einen Widerstand gegenüber »einer kritischen Infragestellung jedweder Normen ganz unterschiedlicher Art«.

Die kritische Aufgabe, »Normen ganz unterschiedlicher Art« infrage zu stellen, wird darum immer dringlicher. Wie die Figur der feministischen Spaßverderber:in uns gelehrt hat, bedeutet diese Aufgabe, bereit zu sein, als gefährlich und sogar als zerstörerische Bedrohung für das menschliche Glück/lichsein dargestellt zu werden. Die feministische Spaßverderber:in als Aktivist:in zu sehen, bedeutet, zu reflektieren, wie wir diese Aufgabe annehmen. Die Aufgabe anzunehmen, bedeutet zuzustimmen, weniger ansprechend zu sein. Wir lächeln nicht und versuchen nicht, für diejenigen mit Macht ansprechender zu sein. Ich denke an den Spaßverderber:innen-Aktivismus: Meine Inspiration hierzu habe ich von Schwarzen Feminist:innen wie Stella Nyanzi bekommen, die nackt protestiert hatte, nachdem sie aus ihrem Universitätsbüro ausgeschlossen worden war. Sie sprach sich später gegen den Präsidenten von Uganda aus und griff dabei auf die Taktik der »radikalen Unhöflichkeit« früherer antikolonialer Aktivist:innen zurück, um die Regeln der britischen Kolonialkultur zu brechen, die als Manieren und Höflichkeit auferlegt wurden.[228] Von Nyanzi und feministischen Freiheitskämpfer:innen

227 Butler, J.: »Why is the Idea of ›Gender‹ Provoking Backlash the World Over?«; https://www.theguardian.com/us-news/commentisfree/2021/oct/23/judith-butler-gender-ideology-backlash

228 Nothias, T. / Kagumire, R.: »Digital Radical Rudeness: The Story of Stella Nyanzi«; https://www.asc.upenn.edu/research/centers/center-on-digital-culture-and-society/the-digital-radical/digital-radical-rudeness

lernte ich, wie wir unsere Körper und unsere Sprache einsetzen können, um das System zu durchbrechen, indem wir seine Gewalttätigkeit aufzeigen. Ich denke auch an Feminist:innen wie Mona Eltahawy, die nicht aufhört zu sagen: »Fick dich, Patriarchat!«[229] Sie erklärt es so: »Ich bin nicht höflich oder zivilisiert zu denjenigen, die meine uneingeschränkte Menschenwürde nicht anerkennen. Obszönität ist für mich politisch, nicht nur persönlich.« Von Eltahawy lernte ich, dass wir Feministi:innen manchmal auch unverschämt, unzivilisiert und unhöflich sein müssen, wenn wir unsere Forderungen aufstellen.

Auch wenn Negativität eine Stilfrage sein mag, so ist sie auch ein Werkzeug: Wir benutzen diese Ausdrücke wegen dem, was wir für uns und andere erreichen möchten. Es kann sein, dass wir unsere Ziele und Hoffnungen zuerst auf unpassende Art und Weise, auf negative Art und Weise artikulieren, weil wir *nicht* Teil der Institutionen werden wollen, die Gewalt reproduzieren. Wir werden unsere Erscheinung oder Worte *nicht* anpassen, damit sie sich besser fühlen, wir werden *nicht* lächeln, um die Illusion einer zufriedenen Familie oder einer glücklichen Diversität zu erschaffen; wir werden nicht lächeln, um unsere Jobbeschreibung zu erfüllen, lächeln, um anderen zu dienen. Der Verzicht macht das *Nicht-Lächeln* zu einer politischen Aktion, wir setzen damit eine lange feministische Geschichte fort. Shulamith Firestones »dream action« für die Frauenrechtsbewegung war ein Lächel-Boykott. »Alle Frauen hören sofort auf, zu ›lächeln, um zu gefallen‹, und werden fortan nur noch lächeln, wenn ihnen etwas gefällt«. Sie zeigt auf, dass Lächeln für unterdrückte Gruppen verpflichtend werden kann, weil sie so wirken müssen, »als ob ihnen ihre Unterdrückung *gefällt*, sie lächeln affektiert, obwohl sie sich innerlich schrecklich fühlen«.[230] Vielleicht würden wir alle in Streik gehen, wenn wir alle gleichzeitig aufhören würden zu lächeln. Ein Lächel-Streik würde unsere innere Hölle *nach außen* wenden. Ich überlege mir, wie der *Lächel-Streik* mit der fundierten Analyse der feministischen Wissenschaftlerin Verónica Gago zum Frauen-Streik in Argentinien zusammenhängt und ihrem Ruf nach einem feministischen Streik gegen *alles*. Sie schreibt:

229 Eltahawy, M.: »Why I Say Fuck«; https://www.feministgiant.com/p/ essay-why-i-say-uck.

230 Firestone, S.: The Dialectic of Sex. The Case for Feminist Revolution. New York 1970, 90.

> »Der Streik hat eine Zeitlichkeit, die eine Verweigerung wirksam in die Praxis umsetzt: Er ist eine Form, ›Genug!‹ zu sagen zu der Gewalt und zu der Art, wie uns die Zeit durch die Finger rinnt; er ist eine Ablehnung der physischen und psychischen Erschöpfung, die wegen unserer Anstrengung, die Prekarität zu mildern, nie nachlässt. Er bedeutet, ›Nein!‹ zu sagen zu der Tatsache, dass sich die Menge der von uns ausgeführten Aufgaben nicht in ökonomischer Unabhängigkeit niederschlägt, sondern stattdessen als obligatorische und unentgeltliche Arbeit verstärkt wird.«[231]

Gago greift auf ein Gespräch mit der Wissenschaftlerin und Aktivistin Silvia Federici zurück und schlägt vor, dass es bei einem feministischen Streik darum ginge, »jene Aktivitäten zu unterbrechen, die zu unserer Unterdrückung beitragen« und das würde bedeuten, »Zeit und Energie freizumachen«.[232] Ich komme darauf zurück, wie es bei Spaßverderber:innen-Aktivismus darum gehen könnte, zu gegebener Zeit *aufzufüllen*, was wir *freimachen*.

Es kann Zeit brauchen, bis wir ein *Nein* herausbringen, während die Zeit zwischen unseren Fingern zerrinnt. Im Kapitel über die feministische Spaßverderber:in als Philosoph:in beschreibe ich, wie eine Studierende sich Zeit nimmt, um an den Punkt zu kommen, *Nein* zu ihrem Professor zu sagen. Am Ende sagte sie *Nein*. Und sie sagte *Nein*, weil sie »andere Studierende davor schützen wollte, eine ähnliche Erfahrung durchmachen zu müssen«. Sie verstand, dass so lange niemand *Nein* sagte, er sich weiter derart verhalten würde, dass dieses Seminar, dieser Studiengang, unzugänglich für Studierende werden würde, die nicht mitmachen konnten oder wollten. Und was passierte dann? Als sie der Studiengangsleitung des MA-Studiengangs erzählte, dass sie beabsichtigte, sich zu beschweren, wurde sie gewarnt: »Sei vorsichtig, er ist ein wichtiger Mann.« Eine Warnung ist nicht nur ein Urteil darüber, wer wichtig ist, sondern sie gibt auch eine Richtung vor. Sie reichte die Beschwerde dennoch ein. Und, wie sie es ausdrückte, »opferte sie ihre Empfehlungsschreiben«. Zu diesem Zeitpunkt sagte sie zu mir: »Diese Tür ist nun verschlossen.«

Die Person, die *Nein* sagt, ist diejenige, die nirgendwo hinkommt. Wenn die, die Nein sagen, verschwinden, verschwindet das *Nein* mit ihnen. Ein *Nein* gegenüber denjenigen mit institutioneller Macht bedeutet, an die Grenzen der Institution zu stoßen, die ihnen die Macht gibt. Aus diesem Grund ist

---

231 Gago, V.: Für eine Feministische Internationale. Wie wir alles verändern. Münster 2021, 36.

232 Gago: Für eine Feministische Internationale, 37.

ein *Nein* gegenüber einer Person mit institutioneller Macht so politisierend – weil dadurch deutlich wird, für wen das System arbeitet. Die Konsequenzen eines *Neins* sind daher *materiell* – du verlierst den Zugang zu den Ressourcen, die du benötigst, um durchzukommen oder weiterzukommen. Vergeltungsakte sind sehr wahrscheinlich. Es ist schwierig, Vergeltung nachzuweisen, weil es meistens darum geht, was du nicht bekommst, Möglichkeiten, die für dich nicht mehr existieren, Türen, die dir nicht mehr offenstehen. Die Menschen, »die die Türen der Institutionen offenhalten«, sind die gleichen Personen, die die Türen schließen, für diejenigen, die sie davon abhalten wollen, ihre Macht zu missbrauchen.

Es braucht eine politische Bewegung, um diese Türen zu öffnen. MeToo war so eine Bewegung, die sich 2017 viral ausbreitete, aber als politische Kampagne bereits 2006 begonnen hatte, organisiert von der Schwarzen feministischen Aktivistin Tarana Burke als »Raum für Unterstützung und Stärkung der Stimmen von Überlebenden sexuellen Missbrauchs, von Übergriffen und Ausbeutung«.[233] Die Stimmen, die gestärkt werden müssen, sind diejenigen, die wir nicht hören. Überlebende schweigen nicht und klagen auch, wenn sie es können, aber wir hören nichts von ihnen, manchmal, weil es Vertraulichkeitsvereinbarungen gibt oder aufgrund anderer Techniken, die Menschen zum Schweigen bringen. Oft verlassen diejenigen die Institutionen, in denen sie sich beschwert haben, weil *Nein* auch eine Tür ist.

Eine feministische Spaßverderber:innen-Aktivist:in zu werden, heißt auch, das Schweigen als eine Errungenschaft zu erkennen, Schweigen heißt nicht, dass Menschen nicht *Nein* gesagt haben. Schweigen kann bedeuten, dass wir daran gehindert wurden, sie zu hören. Ich sprach mit einer Professorin über einen »Beschwerdedeckmantel«, der über sexuelle Belästigung und Schikanierungen durch eine Reihe von Männern am Fachbereich ihrer Universität gelegt wurde. Sie redete darüber, wie diese Beschwerden üblicherweise einsortiert werden: »Die Feministinnen kommen, um anderen den Spaß zu verderben. Ihnen ging es gut, bis du sie dazu gebracht hast, darüber nachzudenken ... sie waren alle ziemlich glücklich, bist du alles durcheinandergebracht hast.« Spaßverderber:innen-Aktivismus kann daraus bestehen, wie wir etwas durcheinanderbringen. Die Illusion, dass wir ziemlich glücklich seien, kann nur aufrechterhalten werden, wenn man alle Beschwerden

233 Das Zitat stammt aus: Giribet, A. G.: »Tarana Burke: The Woman behind Me Too«, *Amnesty International* (2018).

sofort stoppt, sobald sie auftauchen, und aufpasst, dass sie nicht nach draußen dringen.

Beschwerden werden gestoppt und unterdrückt, um diese Illusion des Glück/lichseins zu erschaffen. Manche Beschwerden liegen im Keller oder im Aktenschrank. Ich sprach mit einer anderen Professorin, die Studierende unterstützte, die sich über sexuelles Fehlverhalten und Belästigung eines Dozenten an ihrer Universität beschwerten, sie beschreibt den Prozess so: »Eine Studierende, eine junge Studierende, kam zu mir und sagte, dass dieser Typ sie im Grunde verführt habe. In einem Gespräch mit einer anderen Frau fand sie heraus, dass er das Gleiche mit ihr gemacht hatte. Und dann ging es im Schneeballprinzip, und wir fanden heraus, dass zehn Frauen betroffen waren. Er war einfach von einer zur nächsten und zur nächsten und zur nächsten gegangen.« Eine Studierende sagt dann *Nein*. Sie führt Gespräche, sie hört von den anderen Vorfällen. Ich denke an einen Schneeballeffekt, wie die Beschwerden zu weiteren Beschwerden führen können, schau zu, *wie wir den Schneeball ins Rollen bringen*, wie wir es in Schwung bringen. *Schaut, wie wir rollen*, war der letzte Satz aus meinem Buch *Feministisch leben!* Ich hoffe, dass du verstehst, was ich damit sagen möchte, wenn ich diesen Ausdruck aufgreife.

Das soll nicht heißen, dass die gewonnene Dynamik ausreichen wird, um die Dinge zu ändern. In meiner Einleitung bemerkte ich, dass die Macht der Spaßverderber:in häufig überbewertet wird. Diese Überbewertung der Macht derer, die Macht herausfordern, ist der Weg, wie Macht zurückbehalten wird. Der Professor verteidigte sein eigenes Verhalten so: »Er kam zu mir und sagte: ›Das ist einer der Vorteile des Jobs.‹ Ich konnte es nicht glauben. Das hat er zu mir gesagt. Es war kein Hörensagen; es war ein Vorteil des Jobs. Ich kann mich nicht mehr an meine Erwiderung erinnern, aber ich war völlig entsetzt. Seine Implikation war, dass Sex mit Studierenden zu haben, so wäre, wie einen Firmenwagen zur Verfügung gestellt zu bekommen; als ob es ein Recht aufgrund seiner Tätigkeit sei.« Sie fügte hinzu: »Die Frauen: Ihnen wurde eine Hexenjagd unterstellt, hysterisch, du kannst es hören, nicht wahr? Und als ob sie darauf aus wären, diesen Typen dranzukriegen.« Wenn du eine Anspruchshaltung als eine Belästigung beschreibst, wird dir unterstellt, dass du jemandem etwas nimmst, was ihm zusteht. Die, die sich beschwert, wird zur Spaßverderber:in und steht für den Verlust. Sobald du eine Person davon abzuhalten versuchst, die Macht zu missbrauchen, die sie besitzt, wirst du als jemand hingestellt, der einen Machtanspruch formuliert und nach Macht giert. In dem beschriebenen Fall wurde die Beschwerde fallengelassen und der

Lehrende kehrte zurück zu seiner Tätigkeit, mit einer minimalen Anpassung der Aufsichtsregeln.

Es sind nicht nur diejenigen, die Macht missbrauchen, die Beschwerden als Widerspruch oder Ermächtigung darstellen. Ich denke an eine andere Studierende, die Teil eines Kollektivs war, die eine Beschwerde gegen die Studiengangsleitung ihres MA-Studiengangs wegen Belästigung und Schikane einreichte. Sie beschrieb, wie sie von ihren Kommiliton:innen als Spaßverderber:in betrachtet wurde, die sagten, sie »sollte sich ›solidarisch‹ mit denjenigen erklären, deren Studium nun unterbrochen würde und nicht andersherum«. Wenn du dich beschwerst, wirst du als ein Individuum betrachtet, das eine Unterbrechung verursacht. Spaßverderber:innen werden oft als individualistisch verstanden und so behandelt, selbst wenn sie als Kollektiv agieren. Wenn du nicht bereit bist, an einer gemeinsamen Kultur teilzunehmen, wirst du als jemand beurteilt, der:die nur sich selbst sieht. Je mehr Leute von einer Situation profitieren, unter umso größeren Druck wirst du gesetzt, um diese Situation zu akzeptieren.

SPAßVERDERBER:INNEN-WAHRHEIT: MACHT FUNKTIONIERT DADURCH, INDEM SIE ES SCHWER MACHT, HERAUSZUFORDERN, WIE MACHT FUNKTIONIERT

Diejenigen, die die Mächtigen herausfordern, lernen, wie Macht funktioniert. Ich erzähle dir mal, was ich gelernt habe, als in einer solchen Kampagne involviert war. Es begann mit meiner Arbeit, bei der ich Studierende unterstützte, die eine kollektive Beschwerde über sexuelle Belästigungen eingereicht hatten. Das war 2013. Sobald ich mit den Studierenden zu reden begann, hörte ich von weiteren Beschwerden, älteren Beschwerden, früheren Untersuchungen. Es wurde schnell deutlich, dass es sich nicht um ein individuelles Problem handelte, sondern um die Kultur einer Institution. Es war die Institution, die damit fortfuhr, das Problem als ein individuelles zu behandeln. »Angst vor Fremden« sagt viel mehr, als dass Gewalt von Außenstehenden befürchtet wird. Die Funktion von Fremdenfeindlichkeit ist es, auch die Gewalt »zu Hause« zu verschleiern. Und hierbei kann sich »zu Hause« sowohl auf häusliche Gewalt, institutionelle Gewalt als auch staatliche Gewalt beziehen. Institutionelle Loyalität kann manchmal bedeuten, *bereit zu sein, ein Problem zu verschleiern*. Je mehr du die Institution selbst problematisierst, desto mehr wirst du selbst zum Problem. Beschwerdemanagement heißt, da zu sein, wo

Menschen sich ausdrücken wollen. Nach drei Jahren haben wir noch nicht mal eine öffentliche Bestätigung bekommen, dass eine Untersuchung stattgefunden hat. Es war, als ob sie nicht stattgefunden hätte und ich vermute, dass dieser Effekt sogar angestrebt worden war. Eine ganze Kampagne kann ausgelöscht werden. Ich habe die Gründe für meine Kündigung auf meinem feministischen Spaßverderber:innen-Blog geteilt, weil es keinen Sinn macht, im Stillen zu kündigen, wenn du gegen die Stille protestiert hast. Und ziemlich schnell wurde ich erneut zu einer feministischen Spaßverderber:in bzw. zu einer *institutionellen Spaßverderber:in*. Die Universität hat sofort eine PR-Kampagne begonnen, die die folgende Aussage beinhaltete: »Wir nehmen sexuelle Belästigung sehr ernst und werden gegen jene, die auf eine mit unseren starken Werten in Bezug auf Gleichheit, Diversität und Inklusion unvereinbare Art und Weise gehandelt haben, aktiv vorgehen.« Diversität (genauso wie Gleichheit und Inklusion) können dazu benutzt werden, um dem Beleg für die Beschwerde *entgegenzuwirken*, Diversität als Reparaturjob, als Aufwand, der die Rufschädigung repariert, Schwamm drüber, auch über die Probleme.

Auch wenn ich die Reaktion der Universität erwartet hatte, hatte ich nicht erwartet, dass einige meiner feministischen Kolleg:innen meine Aktion auch als schädigend bezeichnen würden. Ich wurde von einer Kollegin für meine Aktion getadelt, die meinte, ich sei »vorschnell« gewesen und dass ich »gegen das Interesse vieler langjähriger feministischer Kolleg:innen gehandelt hätte, die daran gearbeitet haben, eine zufriedene und stimulierende Umgebung zu kreieren«. Wenn ich öffentlich als feministische Spaßverderberin identifiziert wurde, wurde ich hier von einer anderen Feminist:in als eine Feministin, die nur Spaß verdirbt, hingestellt. Wir müssen aus der Tatsache lernen, dass eine Enthüllung sexueller Belästigungen als Bloßstellung dargestellt werden kann, und zwar nicht nur für die Universität, sondern auch für das feministische Glück/lichsein. (»ein glückliches und stimulierendes Umfeld«). Ich denke an die Studierenden, die belästigt wurden. War die Universität ein »glückliches und stimulierendes Umfeld« für sie? Ich erinnere mich an eine Veranstaltung, die wir organisiert hatten, zum Thema Sexismus. Einige der Studierenden sprachen über ihre Arbeit zum Thema sexuelle Belästigung. Sie sprachen zum ersten Mal öffentlich darüber, auch wenn sie so vieles noch nicht sagen konnten. Hiernach haben einige Kolleg:innen ihre Bedenken zum Ausdruck gebracht, darüber, dass die öffentliche Diskussion der Probleme dazu führen würde, dass die feministische Arbeit, die an der

Hochschule geleistet worden war, übersehen werden könnte. Dies ist ein abschreckendes Beispiel.

Hier ist die Warnung. Wenn wir die sexuellen Belästigungen verschweigen, um den feministischen Ruf einer Institution zu beschützen, arbeiten wir nicht für eine feministische Institution. Für eine feministische Institution zu arbeiten, ist ein Projekt, das wir noch nicht erledigt haben. Wenn der Feminismus von einer Institution finanziert wird, verteidigen Feminist:innen diese, um ihre Ressourcen zu schützen. Audre Lorde hat uns vorhergesagt, dass dies geschehen wird. Sie wies darauf hin, dass *genau* diejenigen, die vom Haus der Herrschenden gefördert werden, jene als Bedrohung ansehen, die das Haus infrage stellen oder aufdecken, was darin passiert.[234] Wenn Feminist:innen von Institutionen Ressourcen beziehen, werden sie ihnen gegenüber loyal sein.

SPAßVERDERBER:INNEN-WAHRHEIT: GEWALT ZU VERSCHWEIGEN, IST GEWALT

Es ist zu einfach, generell gegen Sexismus, Rassismus, Machtmissbrauch oder Belästigung zu sein. Eine Studierende, die ihre Doktorarbeit schrieb, beschrieb, dass das Kritischsein zur Selbstdarstellung des Fachbereichs gehörte, solange die Kritik nach außen verwies: »Wir waren ein sehr kritischer Fachbereich, aber wenn die Dinge bei uns geschahen, konnten wir nicht darüber sprechen. Wenn sie hingegen anderswo geschahen, wollten wir das System niederbrennen.« Sie fügte hinzu: »Je näher am eigenen Zuhause, desto unwahrscheinlicher ist es, dass gehandelt wird.« Eine feministische Spaßverderber:in zu sein, heißt, zu lernen, was passiert, wenn du die Probleme »nah am eigenen Zuhause« anzusprechen versuchst. Manchmal geschieht einfach nichts, weil niemand etwas *hören* möchte über die Probleme *hier*. In meiner Einleitung zur Spaßverderber:in habe ich angemerkt, dass wir Verbindungen kappen müssen, wenn diese schädigend oder herabwürdigend sind. Es kann sein, dass wir die Verbindungen zu Institutionen kappen müssen, um dafür zu sorgen, dass andere Personen nicht von ihnen geschädigt werden.

SPAßVERDERBER:INNEN-BEKENNTNIS: ICH BIN BEREIT, EINE VERBINDUNG ZU KAPPEN, DIE ANDERE SCHÄDIGT

234 Lorde: »Die Werkzeuge der Herrschenden«, 10

Die feministische Spaßverderber:in ist ein:e Kulturkritiker:in, die hierbei behilflich ist: Von ihr lernen wir, wie Glück/lichsein gelesen wird. Institutionen machen Glücksversprechen. Dir wird Glück/lichsein im Gegenzug für Loyalität versprochen – Glück/lichsein wird dir in Form einer Gehaltserhöhung oder einer Beförderung oder einer Befreiung von weniger geschätzter, anstrengender Arbeit angeboten. Ein Versprechen ist immer auch eine Warnung. Ich sprach mit einer Studierenden, die darüber nachdachte, eine Beschwerde wegen sexueller Belästigung einzureichen. Sie sagte: »Mir wurde wiederholt gesagt, dass für ›Unruhe zu sorgen‹ oder ›eine Welle zu machen‹ meine zukünftige Karriere beeinflussen könnte und dass ich den Fachbereich für alle anderen ruinieren würde.« Beschwerden werden als etwas angesehen, das nicht nur dich selbst, sondern auch einen Fachbereich oder eine Institution beschädigen kann. Vielleicht wurde dir gesagt, dass dein eigenes Glück davon abhängt, in welchem Ausmaß du bereit bist, das Glück der Institution zu schützen.

SPAẞVERDERBER:INNEN-WAHRHEIT: WAS MAN DIR SAGT, DASS DU TUN MUSST, UM IN EINEM SYSTEM WEITER ODER SCHNELLER VORANZUKOMMEN, REPRODUZIERT DAS SYSTEM.

Deswegen haben feministische Spaßverderber:innen so viel weiterzugeben. Wir lernen reproduzierende Mechanismen, dass diejenigen, die Macht in Institutionen besitzen, *bereit sind, diese zu reproduzieren.* Wir lernen auch, dass diejenigen, die Institutionen verändern, weniger häufig innerhalb der Institutionen vorankommen. Wenn du *Ja* sagst, ist dein Vorankommen wahrscheinlicher. Es hört nicht auf, dass uns gesagt wird, was wir tun müssen, um weiterzukommen. Ich denke zurück an den Brief, der mich einlud, Mitarbeiterin einer sehr elitären Institution zu werden. Wenn du einmal ausgewählt bist, wirst du selbst in der Lage sein, andere auszuwählen. Erkannt zu werden, heißt, belohnt zu werden, ein Gehalt gezahlt zu bekommen, es heißt nicht nur, ein handelndes Subjekt in der Hierarchie zu werden, sondern es verlangt auch von dir, sie zu reproduzieren.

SPAẞVERDERBER:INNEN-GLEICHNIS: GEHALT = EINE REPRODUKTIONSTECHNOLOGIE

Schweigen bedeutet nicht nur Gefügigkeit. Du wirst dafür auch belohnt. In der Einleitung zu diesem Handbuch schlug ich vor, dass alle Feminist:innen Spaßverderber:innen sind, nur weil sie eben Feminist:innen sind. Einige Feminist:innen dürften versuchen, möglichst viel Abstand zwischen sich selbst und der Figur der feministischen Spaßverderber:in zu schaffen, wir können diese Feminist:innen liberal oder neoliberal nennen. Sich selbst von der feministischen Spaßverderber:in zu distanzieren, heißt, sich selbst von anderen Feminist:innen zu distanzieren, die nicht ausreichend anerkannt sind, diejenigen, die das Projekt des sozialen Aufstiegs bedrohen.

Wir dürfen nicht vergessen, dass die Figur der feministischen Spaßverderber:in an einem *festklebt*, manche von uns werden feministische Spaßverderber:innen aufgrund der Dinge, die wir mitbringen oder einfach nur, weil wir in bestimmte Räume kommen. Wenn einige Frauen dafür belohnt werden, dass sie sich von feministischen Spaßverderber:innen fernhalten, von der falschen Art des Feminismus, werden sie dafür belohnt, sich von bestimmten Leuten fernzuhalten, von denjenigen, die ein Problem darzustellen scheinen, egal, wo sie hingehen. Ich würde diese Art *weißen, liberalen Feminismus* nennen. Eine Woman of Color, die Rassismus, Sexismus und Belästigungen in ihren Fachbereichen erfuhr, sprach mit mir, wie sie von einer älteren, weißen feministischen Professorin nicht unterstützt wurde, die die Dekanin eines anderen Fachbereichs war. Sie beschrieb es so: »Es ist einfach, auf dem Papier radikal zu sein, aber in der Realität ist es eine ziemlich andere Sache. Es ging ihr vor allem um die eigene Karriere, es hatte nichts damit zu tun, die Situation für Frauen wirklich ändern zu wollen.« Spaßverderbende Aktivist:innen kennen *Feminist:innen auf dem Papier* nur zu gut, es sind diejenigen, die auf dem Papier Feminist:innen sind, aber nicht in der Praxis. Wenn wir Feminist:innen auf dem Paper sein können, können wir auch Spaßverderber:innen auf dem Papier sein, feministische Spaßverderber:innen, die dem Namen nach welche sind, aber nicht in der Praxis, feministische Spaßverderber:innen in der Öffentlichkeit, die laut aussprechen, wogegen wir vorgehen, aber eben nicht hinter verschlossenen Türen, wenn wir dazu aufgefordert werden, Unterstützung anzubieten, wenn jemand eine Beschwerde wegen Belästigung einreicht. Es ist zu einfach, die Spaßverderber:in nur zu übernehmen, sie auszurufen, auf dem T-Shirt zu tragen, über sie oder in ihrem Namen schreiben, ohne das eigene Handeln zu verändern. Ich schreibe dies als eine Notiz an mich selbst. Ich sage das zu mir selbst. Es bedeutet deutlich mehr, eine feministische Spaßverderber:in zu sein, als sich nur so zu nennen. Das Risiko, sie *mehr und mehr* zu benutzen, besteht darin, dass sie dabei an Bedeutung *verliert* und es dann noch einfacher wird, sie sich nur anzueignen. Dies ist ein Risiko, das wir bei der Umwidmung jedes schwierigen Begriffs eingehen. Jeder Begriff, der einem Kampf entspringt, der als eine Beleidigung oder ein Stereotyp seinen Anfang nahm, kann auf seiner Reise einiges an Energie verlieren.

Das Problem besteht dann auch nicht nur darin, dass der Begriff an Bedeutung und Energie verliert, sondern dass er als Deckmantel benutzt wird. Eine Wissenschaftlerin of Color berichtete mir Folgendes: »Es gibt einen Mann an meinem Campus, über den es einige Beschwerden von Frauen gab, der einen ›Feministische-Spaßverderber:in‹-Aufkleber an der Tür hat. Als eine der Frauen, die er verletzt hatte, ihm sagte, dass es, nach allem, was er ihr angetan hatte, sehr unangenehm für sie sei, den Aufkleber dort zu sehen, legte er Beschwerde gegen sie beim Präsidium ein. Mir ist nicht klar, wie so etwas überhaupt möglich ist.«

Mir ist auch nicht klar, wie sowas überhaupt möglich ist. Aber wir müssen wissen, dass es möglich ist. Der ›Feministische-Spaßverderber:in‹-Aufkleber kann genau an der Tür prangen, die vor einer Frau zugeschlagen wurde, die sich beschwert hat. Unsere Begriffe werden zu Bildschirmen, Versicherungen für ihr Recht, unsere Zeit und unseren Raum in Anspruch zu nehmen. Wenn wir sagen, er macht das, die feministische Spaßverderber:in für seinen eigenen Zweck zu übernehmen, kann er über deine Schulter schauen, sich denken, dass du über eine andere Person sprichst, oder wenn er merkt, dass du über ihn sprichst, sich dahingehend verteidigen, und dann werden wir unzivilisiert, wir werden zum Problem weil wir das Problem immer und immer wieder ansprechen.

Aneignung ist eine Technik, um eine Arbeit zu neutralisieren, sich nicht nur die negative Energie anzueignen, sondern etwas auf genau denselben Weg zu bringen, den wir versuchen zu verlassen. Alle Begriffe, die wir benutzen, wie Intersektionalität, Dekolonialisierung, Abolitionismus bis hin zur feministischen Spaßverderber:in selbst, können auch zum Deckmantel für Gewalt werden. Sie können Leute in die Lage versetzen, vorzugeben, dass sie für etwas stehen, ohne ihr Handeln zu verändern, oder sogar als Rechtfertigung für ihr Handeln verwendet werden. Dazu müssen wir Nein sagen und vielleicht die Energie von Mona Eltahawy, Stella Nyanzi und anderen aufgreifen, um uns hindurchzuleiten und bereit dazu werden, unhöflich zu sein, unzivilisiert, laut zu schreien: *Entferne den Feministische-Spaßverderber:in-Aufkleber von deiner verdammten Tür!* Wenn sie es herunternehmen, können sie es natürlich wieder dorthin kleben oder es in die Öffentlichkeit bringen, es in einen Aushang verwandeln, der stolz in einer Demonstration gegen Gewalt vorgezeigt wird, die sie selbst hinter verschlossenen Türen ausüben.

Aneignung ist nicht unser einziges Problem. Eine Woman of Color schrieb mir etwas über ihre Prüferin, ebenfalls eine Woman of Color und eine Art Star-Professorin. Die Studierende bewunderte ihre Prüferin sehr; sie wollte gerne mit ihr zusammenarbeiten und von ihr lernen: »Ihre Schriften, ihre Kritiken, ihre Analysen zu Machtstrukturen, Unterdrückungssystemen, Rassismus und Gender, ob sie sich auf Literatur, Populärkultur oder Ungerechtigkeit in Amerika und im internationalen Kontext bezogen, waren elegant, widerborstig, spöttisch und bissig auf eine präzise Art und Weise, unerschrocken und laut.« Jedoch im Seminarraum und im Büro schien die Professorin ganz anders zu sprechen: »Ihr Missbrauch kam in der Form von Attacken, die meine noch unfertigen und nicht perfekt formulierten Gedanken und Analysen und Ideen abbekamen, wohingegen sie andere Studierende ermutigte und ihnen half.« Was du kritisierst, kannst du immer noch verkörpern. Die Professorin of Color öffnete die Tür für ihre Studierende of Color nicht, sondern verschloss sie, setzte sie herab, kritisierte sie und machte sie klein. Im Gegensatz dazu lobte sie zwei weiße Studierende und hob sie hervor: »Sie waren die Stars und Lieblinge des Fachbereichs, hoch angesehen, konnten publizieren und wurden zu Konferenzen eingeladen, sie hatten keine meiner Erfahrungen gemacht und das Verhalten der Professorin mehr oder weniger bagatellisiert.«

Ja, diejenigen, die von Beziehungen mit missbräuchlichen Personen profitieren, verharmlosen oft den Missbrauch, um weiterhin aus den Vorteilen Nutzen zu ziehen. Vielleicht werden einige von uns Professor:innen, selbst Star-Professor:innen, ausgewählt, weil sie sich mit den Herrschenden indentifizieren, werden wie sie, lieben, wen sie lieben, greifen die an, die sie angreifen. Wenn Diversität eine offene Tür ist, wird diese Tür zu einem Handelsplatz. Die Tür ist für einige von uns offen, unter der Bedingung, dass wir die Tür direkt hinter uns schließen, und sie für andere, die wie wir sind, geschlossen halten.

SPAẞVERDERBER:INNEN-GLEICHNIS: DIVERSITÄT = WERKZEUG DER HERRSCHENDEN

Betrachten wir nochmals den Sewell-Report, den wir im dritten Kapitel diskutiert haben, der abschließend festgestellt hatte, dass es im Vereinigten Königreich keinen institutionellen Rassismus gäbe. Der Bericht wurde vorrangig von Schwarzen Menschen und People of Color autorisiert. Die feministische Spaßverderber:in gibt uns die Werkzeuge, um eine strukturelle Erklärung für diese Autorisierung zu finden. Es ist wahrscheinlicher, dass du nicht von institutionellem Rassismus gestoppt wirst, wenn du seine Existenz verleugnest. Dann kann es passieren, dass du befördert wirst. Diese Beförderung kann dann als Beweis genutzt werden, dass Rassismus gar nicht existiert. Das *Schließen der Tür* kann einerseits bedeuten, dass du andere davon abhältst, dass sie reinkommen, andererseits auch, dass du aufhörst, dich für eine von ihnen zu halten. Den Tür-Deal zu akzeptieren, führt zu einer Distanz, die du nicht nur anderen gegenüber empfindest, sondern auch dir selbst, deinen Wahrheiten, deinen **Spaßverderber:innen-Wahrheiten** gegenüber. Die Türen sind wegen dem, was du mitbringst, immer noch geschlossen. Darum ist die Figur der Spaßverderber:in auch zutiefst bedrohlich: Sie beinhaltet nicht nur deine eigene Wahrheit, sondern auch die der anderen Personen, sie stellt eine andere Art Spiegel dar, der spiegelt, was lange geleugnet wurde.

Um das Engagement für die feministische Spaßverderber:in weiterzuverfolgen, das einen Weg darstellt, über den *Spaßverderber:innen-Aktivismus* nachzudenken, müssen wir den Spiegel hochhalten, um zu sehen, was wir gespiegelt bekommen, auch von uns selbst, was wir tun, wo wir es tun. Wir müssen uns darauf vorbereiten, dass das, was wir sehen oder hören oder machen müssen, ungeschehen gemacht und rückgängig gemacht wird.

SPAßVERDERBER:INNEN-BEKENNTNIS: ICH BIN BEREIT, UNANNEHMLICHKEIT IN KAUF ZU NEHMEN

Wir werden zu *institutionellen Spaßverderber:in*, wenn wir den Aufkleber von der Tür reißen. Der Diversitäts-Aufkleber oder der Spaßverderber:innen-Aufkleber, es kann jeder beschissene Aufkleber sein. Ihn abzureißen, bedeutet, die Wahrheit rauszulassen, **die Spaßverderber:innen-Wahrheit**. Wir müssen sie reinlassen, um es rauszulassen, nicht nur aus uns selbst, sondern aus der Welt. Es besteht Widerstand gegenüber diesem Outing, das den Spaßverderber:innen-Aktivismus so herausfordernd macht. Es geht dabei nicht so sehr darum, dass Spaßverderber:innen die Investitionen anderer Leute in Personen, Institutionen oder Projekte bedrohen. Und ›andere

Leute‹ können in dem Fall auch andere Feminist:innen sein. Und ›andere Leute‹ kann sogar uns selbst miteinschließen. Spaßverderber:innen-Aktivismus kann auch die Arbeit sein, die wir tun müssen, um uns die Geschichte einer anderen Person anzuhören. Es kann sein, dass unser eigener Spaß verdorben wird, dass unser eigenes Vorankommen verlangsamt wird, wenn es dafür nötig ist.

Erinnere dich an den ***Spaßverderber:innen-Überlebenstipp 4: Höre der feministischen Spaßverderber:in zu, als ob sie eine andere Person sei.*** Wir können der feministischen Spaßverderber:in auch zuhören, *weil* sie eine andere Person ist. Ich halte das ›weil‹ für nötig, um Solidarität möglich zu machen. Wir lernen etwas über Solidarität, wenn sie nicht vorhanden ist. Spaßverderber:innen-Aktivismus kann auch die Arbeit sein, die wir erledigen müssen, um es möglich zu machen, Nein zu sagen, wenn einige Leute es sich nicht erlauben können, Nein zu sagen. Beim Spaßverderber:innen-Aktivismus geht es darum, diejenigen zu unterstützen, die öffentlich über ihre Erfahrungen mit Belästigungen sprechen, ungeachtet der Kosten. Manchmal müssen wir auch Beschwerden formulieren, ohne dass sie zurückverfolgt werden können. Es kann sein, dass wir Guerilla-Taktiken anwenden müssen und es gibt feministische und queere Geschichte die wir aufgreifen können: Du kannst Namen von Peiniger:innen auf Bücher schreiben, Graffitis auf Toilettentüren und -wände. Wie ich schon im Kapitel über die feministische Spaßverderber:in als Kulturkritiker:in bemerkt habe, wird so vieles, was wir tun, als Vandalismus bezeichnet. Vandalismus hat einen queeren Nutzen. Es kann sein, dass der Spaßverderber:innen-Aktivismus Vandalismus nötig macht, indem wir über uns selbst und unsere Geschichten auf Materialien schreiben, die nicht dafür vorgesehen sind.

Lass mich zu meinen Erfahrungen zurückkehren, die ich mit der Unterstützung von Studierenden gemacht habe, die so viel riskiert haben, indem sie Beschwerden über Belästigungen eingereicht haben. Ich habe meinen Rücktritt als Professorin an einer Universität als einen Ausdruck der Solidarität mit diesen Studierenden verstanden. Es war auch eine Art Knacks, die meine Verbindung zu der Institution zerbrach. Ich realisierte aus der Arbeit mit den Studierenden, dass das, was wir bieten müssten, das war, was sie dafür aufgaben: Mentor:innenschaft, Supervision, Referenzen. Diese praktische Aufgabe kann als ein aktivistisches Prinzip verstanden werden: Wenn Leute, die zur Spaßverderber:in werden, am Vorankommen gehindert werden, *müssen wir Wege finden, Leute daran zu hindern, aufgehal-*

ten zu werden. Spaßverderber:innen-Aktivismus bedeutet, die Kosten der Spaßverderber:innen-Freude zu teilen, um die zu schützen, die gefährdeter sind, am meisten zu leiden und dafür zu bezahlen. Spaßverderber:innen-Aktivismus bedeutet, Wege zu finden, mit den Konsequenzen dieser Bedrohung umzugehen. Einige Leute können es sich nicht leisten, ihre Meinung zu sagen. Wenn das so ist, müssen wir Wege finden, ihre Geschichten zu erzählen. Wenn die Kosten dafür, den Spaß zu verderben, zum Material für Geschichten werden können, muss die Unterstützung ebenfalls zum Material für Geschichten werden.

Ich habe auch Unterstützung erhalten, nicht von der Institution, sondern von den Studierenden, mit denen ich zusammengearbeitet habe. Die Studierenden hatten schon vorher als Kollektiv gearbeitet, bevor ich mit ihnen zusammengearbeitet habe. Ihr Kollektiv wurde zu *unserem* Kollektiv. Ich glaube, dass das ›unser‹ ein feministisches Versprechen ist, ›unser‹ nicht als ein Besitztum, sondern als eine Einladung, Kräfte zu verbinden.

Manchmal gründen wir Kollektive sehr schnell, dringlich, aufgrund der Dinge, die passieren. Wir treffen uns an Tischen, versuchen zu erarbeiten, was zu tun ist. Wenn die Aufgabe, die Institutionen zu verändern, uns dazu bringt, Philosoph:innen zu werden, die schnell denken, dann finden wir durch die Übernahme dieser Aufgabe andere Spaßverderber:innen, finden wir unsere Leute. **(Spaßverderber:innen-Überlebenstipp 3: Finde andere Spaßverderber:innen).** Ich bin dankbar, dass die Studierenden, mit denen ich zusammengearbeitet habe, zu meinem Beschwerdekollektiv wurden, und dass sie, Leila Whitley, Tiffany Page, Alice Corbe, mit der Unterstützung von Heidi Hasbrouck, Chryssa Sdrolia und anderen, über die Arbeit, die sie als Studierende begonnen haben, geschrieben haben, wie sie »etwas bewegt haben«, in einer der Schlussfolgerungen aus meinem Buch *Complaint!*[235] Etwas zu bewegen, kann bedeuten, viel zu bewegen. Und es kann ebenso viel nehmen.

Ich habe bereits erzählt, dass mein Handeln, als ich die Gründe für meinen Rücktritt öffentlich geteilt habe, sowohl von der Institution als auch von einigen meiner früheren feministischen Kolleg:innen als schädlich bezeichnet wurde. Über meinen Rücktritt wurde sehr weitreichend in den nationalen Medien berichtet. Ich war bewegt davon, wie viele Menschen mit mir in Kontakt traten, um ihre Solidarität zum Ausdruck zu bringen, ihre Wut und

---

235 Whitley, L. / Page, T. / Corble, A. / Hasbrouck, H. / Sdrolia, C.: »Collective Conclusions«, in: Ahmed, S.: Complaint! Durham 2021, 273.

ihre Sorge. Ich habe Nachrichten von vielen verschiedenen Menschen erhalten, die mir darüber berichteten, was mit ihnen geschehen war, nachdem sie sich beschwert hatten. Ich habe von weiteren Personen gehört, die ihre Posten und Tätigkeiten nach Beschwerden aufgegeben hatten. Wenn eine Geschichte herauskommt, kann es dazu führen, dass weitere Geschichten herauskommen.

SPAẞVERDERBER:INNEN-GLEICHNIS: UNDICHTE STELLE = FEMINISTISCHES VORANGEHEN

Nachdem ich zur undichten Stelle geworden war, konnte man mich leichter identifizieren; Leute kamen zu mir mit ihren Geschichten, auch mit vielen der Geschichten, die ich in diesem Handbuch geteilt habe. Was wir herauslassen, führt andere zu uns. Ein:e Spaßverderber:innen-Poet:in *lässt los.* Aus dem Projekt des feministischen Überlebens **lassen wir die feministische Spaßverderber:in los (Spaßverderber:innen-Überlebenstipp 5)**, sie wird zu einer tickenden Zeitbombe; je mehr Abstand sie hält, desto mehr Schaden richtet sie an. Und von der feministischen Spaßverderber:inn als Aktivist:in lernen wir, dass das Loslassen nicht einfach darum geht, uns auszudrücken, obwohl Ausdruck wichtig ist, sondern auch das *Loslassen der Maschinerie*, das Lösen der Schrauben und Muttern der Institutionen. Mach ein kleines Stückchen auf und es wird sehr viel dabei herauskommen.

Ein *Nein* kann diese Öffnung sein. Wenn du ein *Nein* abbekommst, mach es öffentlich, so verteilst du Informationen, die anderenfalls verborgen bleiben würden. Zudem lässt du Menschen dadurch wissen, dass es dich gibt. Ich denke an ein Gespräch, dass ich mit einer indigenen Studierenden aus Kanada hatte. Sie hatte eine informelle Beschwerde gegen weiße Vorherrschaft im Seminarraum eingereicht: Allein den Begriff beim Umgang mit Institutionen zu verwenden, die sich selbst für progressiv und divers halten, kann zu ernsthaften Problemen führen; sie wusste das und war trotzdem bereit, es zu tun. Sie sagte, sie wäre zum »Monster« geworden und musste ihre Doktorarbeit außerhalb des Campus schreiben. Sie erzählte, dass es zu einem »unerwarteten kleinen Geschenk« geworden war, dass andere Studierende auf sie zugekommen waren: »Sie wussten, dass ich da draußen war und dass sie mich erreichen konnten.« Es scheint zwar so, dass wenn deine Beschwerden nirgendwo hinführen, dass sie ohne Spur verschwinden würden, aber durch das *Nein*-Sagen halten wir eine Geschichte am Leben; wir lassen sie nicht einfach gehen. Manchmal passiert dies, indem wir das *Nein* weitergeben.

Darum halte ich den Spaßverderber:innen-Aktivismus auch für eine andere Geschichte über die Zeit, wie wir miteinander reden, selbst wenn wir nicht zur gleichen Zeit oder am gleichen Ort arbeiten. Manchmal bedeutet ein *Nein* in der Gegenwart, dass wir das *Nein*-Sagen der Vergangenheit wieder aufrufen. Ich sprach mit einer Studierenden mit Behinderung darüber, wie schwierig es für sie war, irgendetwas zu erreichen, als sie sich darüber beschwert hatte, dass die Universität bei der Bereitstellung geeigneter Unterkünfte versagt hatte. Sie selbst beschrieb es so, dass sie »unterwürfig dankbar« sein sollte, überhaupt nach einer Unterkunft fragen zu können. Sie erzählte mir von einem sehr schwierigen Treffen. Ein Treffen kann darin bestehen, dass du merkst, wie eine Mauer zerstört wird. Und dann taucht plötzlich ein Dokument auf, »eine Menge Dokumente kamen auf dem Faxgerät der Studierendenvertretung an, wir wussten nicht, woher sie kamen, es waren historische Dokumente von Studierenden, die gehen mussten«. Bei den Dokumenten war ein handgeschriebenes dabei, das an eine Menschenrechtsstiftung gerichtet war, von einer früheren Studierenden, die Krebs hatte und versuchte, die Universität dazu zu bringen, dass sie ihren Abschluss in Teilzeit machen konnte. Die Studierende vermutete, dass ein:e Sekretär:in, die »ihren eigenen kleinen Teil dazu getan« und diese Dokumente losgeschickt hatte, um sie bei ihrer Beschwerde zu unterstützen, eine Unterstützung, die ein:e Sekretär:in anders nicht hätte leisten können. Es überrascht nicht, dass ein:e Sekretär:in zu einer Saboteur:in werden kann; das Wort ›Sekretär:in‹ stammt von dem Wort ›secret‹ (›Geheimnis‹), Sekretär:innen als Bewahrer:innen von Geheimnissen. Sie wissen, *es gibt* geheime Dokumente, sie wissen, *wo* sie sich befinden und *wie* man an sie herankommt. Wenn die Studierende also keine Beschwerde eingereicht hätte, wären diese Dokumente in der Schublade verstaubt und vergraben geblieben.

Durch unser *Nein* können vergangene *Neins* eingelöst werden, was hinter uns liegt, kann an Dynamik gewinnen. Der eigene Aktivismus der Studierenden konnte eine Eigendynamik erhalten. Sie wurde wirklich »zur kompletten Spaßverderber:in«, als die sie sowieso vorher schon bezeichnet worden war. Sie wurde zu einer *institutionellen Spaßverderber:in*. Wenn du einmal eine Spaßverderber:in in einer Institution bist, kannst du die Fähigkeiten, die du dazu gebraucht hast, woanders mit hinnehmen. Sie begann mit einer Gruppe Aktivist:innen mit Behinderung zu arbeiten, sie begann, die gesetzlichen Vorschriften zu verfolgen und diese als Methode dazu zu verwenden, um Organisationen unter Druck zu setzen, damit sie so zugänglich werden, wie sie selbst von sich behaupten. Sie arbeitete auch daran, Unterstützung für Menschen mit Behinderung anzubieten, selbst Beschwerden einzureichen über das Versagen hinsichtlich angemessener Unterbringungsmöglichkeiten. Sie brachte ihre Arbeit auf die Straße, schrieb Briefe an Eigentümer:innen von Geschäften, die nicht für Menschen mit Rollstühlen zugänglich waren. Sie wurde von der lokalen Presse als eine Spaßverderber:in dargestellt, die kleine Unternehmen zu zerstören versuchte.

SPAẞVERDERBER:INNEN-BEKENNTNIS: ICH BIN BEREIT, FEMINISTISCHE SPAẞVERDERBER:INNEN ÜBERALLHIN MITZUNEHMEN

Wir können ihrem Beispiel folgen und die Arbeit der Spaßverderber:in aus den Institutionen auf die Straßen bringen. Wenn wir gegen die Mauern des Schweigens angehen oder wenn unsere Beschwerden einfach eingetütet werden, unterschlagen, unter den Tisch gekehrt oder verbrannt, müssen wir selbst zu unseren Beschwerden werden, *sie herausstellen, indem wir uns selbst ins Spiel bringen.* Darum bedeutet eine **feministische Spaßverderber:in zu werden (Spaßverderber:innen-Überlebenstipp 1),** sich nach außen zu wenden: Wir nehmen sie gänzlich an, indem wir nach außen gehen. Wir sammeln uns in Demonstrationen, so werden wir zur Spaßverderber:innen-Vereinigung. Das Wort demonstrieren kommt vom Wort ›monstrum‹: »Monster, Monstrosität, Omen, Vorzeichen, Zeichen«. Demonstrieren bedeutet, seltsame Zeichen zu schaffen, mit denen wir *Nein* sagen. Zusammen werden unsere Körper monströs. Manchmal geht es auch darum, zu einem Hindernis zu werden. Die politische Geschichte der Demonstration ist eine Geschichte derjenigen, die bereit waren, ihre Körper in den Weg zu stellen, ihre Körper zu einer Blockade zu formieren, die den Fluss des menschlichen Verkehrs unterbrachen, wie auch den noch größeren Fluss einer Ökonomie.

Wir halten Autos auf. Ich denke an Audre Lorde, die ihr Auto anhielt, um ein Gedicht über Macht zu schreiben, wie sie die Gewalt der Polizei *aufnahm*, die Gewalt der *weißen Vorherrschaft*, um das Gedicht *hervorzubringen*. Spaßverderber:innen-Aktivismus kann das sein, was wir tun müssen, um das Auto anzuhalten. Wenn ich sage ›das Auto anhalten‹, meine ich ›das System zum Stillstand bringen‹. Wir müssen das System davon abhalten zu funktionieren. Wir müssen ihm einen Riegel vorschieben oder, um es mit Sarah

Franklin zu sagen, zu »Sand im Getriebe« werden.[236] Wir stecken alles, was wir haben, in unsere Arbeit, wir bringen so viele wie wir können dazu, mitzumachen.

SPAẞVERDERBER:INNEN-WAHRHEIT: GEGEN JE MEHR WIR ANGEHEN, DESTO MEHR BRAUCHEN WIR

Wir können nur in Schwung kommen, wenn wir zur Gegendynamik werden. Für den Spaßverderber:innen-Aktivismus gilt nicht: Je mehr, desto besser. Es heißt, je mehr, desto schwerer. Wir tragen das Nein in uns, damit wir es weitergeben können, wie Elektrizität, verkabelt, verbunden. Wenn diese Gegendynamik uns Spaßverderber:innen-Freude bereitet, muss selbst diese Freude manchmal Spaß verderben. Auch wenn wir gemeinsam gegen etwas sind, heißt das nicht, dass wir automatisch für die gleichen Sachen kämpfen müssen.

SPAẞVERDERBER:INNEN-MAXIME: HANDELE GEMÄẞ DEINER ZIELE, WENIGER WIRD NICHT GENÜGEN!

Hinter uns liegt eine lange Geschichte von gescheiterten Aktionen, davon, wie Kritik an Machtmissbrauch innerhalb sozialer Bewegungen als Ablenkung vom gemeinsamen Kampf abgetan wurde. Ein Teil der Schwierigkeit liegt nicht nur darin, wen man als das Problem ansieht, sondern wer die Verantwortung übernimmt, wer den Weg weist, wer bestimmt, was am wichtigsten ist, was getan werden muss. Was passiert, wenn denjenigen, die unsere politischen Bewegungen anführen, ›die Stirn geboten‹ wird? Diejenigen von uns, von denen angenommen wird, sie kämen weiter hinten, halten unsere alten Positionen aufrecht, sie werden die Arme, die tragen, die helfenden Hände, die, die den Tee kochen, die putzen, die sich die Arbeit machen, um den Anführer:innen freie Zeit zu verschaffen. Vielleicht ist das der Grund, warum wir als Aufkleber an den Türen enden. Uns wird gesagt, wir sollten geduldig sein und warten, bis wir an der Reihe sind.

---

236 Franklin, S.: »Sexism as a Means of Reproduction«, *New Formations* 86 (2015), 22.

SPAẞVERDERBER:INNEN-GLEICHNIS: UNGEDULD = EINE FEMINISTISCHE TUGEND

Wir werden nicht abwarten. Von feministischen Spaßverderber:innen lernen wir, dass selbst wenn wir uns versammeln, selbst wenn wir den Grundstein für unsere eigenen Aktionen legen, wenn wir monströs werden, unheilverkündende Schilder hochhalten, kommen wir nicht immer wirklich zusammen. Betrachten wir die Kritik der Schwarzen Feministin Kirsten West Savali an weißen Frauen, die während des Women's March in Washington nach der Trump-Wahl den Platz besetzt gehalten hatten. In der Tradition von Lorde verweist Savali auf den radikalen Nutzen von Wut. Savali weist darauf hin, wie Weißsein sich »ziemlich offensichtlich an den selbstverliebten Fotos von Teilnehmer:innen zeigte, die mit Polizist:innen posierten, die Pink-Pussy-Hüte schwenkten, und an den triumphierenden Berichten darüber, dass es keine Festnahmen gab. Es gab keine gepanzerten Fahrzeuge, keine Polizeiknüppel, Wasserwerfer. Gnädige Polizist:innen kamen mit gesammelten Kräften zusammen, um die weiße Weiblichkeit zu verteidigen, und dadurch wurde die Demonstration zu einem Propagandainstrument für den Staat.«[237]

Es nicht nur so, dass du als spaltend bezeichnet wirst, wenn du über diese Spaltung sprichst, obwohl der *Spaßverderber:innen-Aspekt* eine Rolle spielt. In meiner Einführung zur feministischen Spaßverderber:in benutzte ich das Wort *besetzen*, um weißen Feminismus zu beschreiben. Savali zeigt wie diese Besetzung im Zusammenhang von Protesten oder Demonstrationen geschieht. Ein Protest dient dazu, Raum zu besetzen. Aber betrachten wir einmal, wie diese Besetzung in eine Feier, eine freudige Angelegenheit verwandelt wurde, wie die Art triumphierender Berichte darüber, es habe »keine Festnahmen« gegeben, die Beziehung zur Polizei in eine Art Aufnahmegerät verwandelt haben. Savali erinnert uns daran, dass eine gute Beziehung zur Polizei als Beschützer, nur für weiße Frauen existieren kann. Für so viele andere Frauen stellt die Polizei etwas dar, vor dem wir beschützt werden müssen. Deshalb wendet sich der Spaßverderber:innen-Aktivismus der Abschaffung der Gefängnisse zu als notwendigem Horizont für seine politischen Ziele und Bestrebungen. Angela Davis, Gina Dent, Erica Meiners und Beth Richie rufen nach einem »abolitionistischen Feminismus«, der dringlich und not-

237 Savali, K. W.: »The Radical Uses of Anger. All White Women Aren't the Enemy, but White Supremacy Always Is«; https://www.theroot.com/the-radical-uses-of-anger-all-white-women-are-not-the-1791727529.

wendig ist. Wir müssen dafür kämpfen, das Nötige möglich zu machen. Ich finde es wunderbar, wie sie in ihrem Buch *Abolitionismus. Feminismus. Jetzt.* nicht nur über sondern aus der Perspektive des feministischen Abolitionismus schreiben. So schaffen sie ein lebendiges Feminismus-Archiv der Bewegung, die genau jetzt gerade passiert, dringlich und nötig, genau jetzt. Hier ist nur eine ihrer Beschreibungen des abolitionistischen Feminismus:

> »Wir sehen die Wechselbeziehung zwischen staatlicher und individueller Gewalt und gestalten unseren Widerstand entsprechend: Wir unterstützen Betroffene und ziehen Täter zur Rechenschaft, arbeiten lokal und international, bauen Communitys auf und reagieren gleichzeitig unmittelbar auf Erfordernisse. Wir arbeiten an der Seite inhaftierter Menschen und fordern ihre Freilassung. Wir mobilisieren wütenden Protest gegen die Vergewaltigung einer Frau, lehnen aber gleichzeitig verstärkte Polizeieinsätze als Reaktion darauf ab. Wir unterstützen die Betroffenen und bauen nachhaltige und langfristige kulturelle und politische Veränderungen auf, um Behinderten- und Transfeindlichkeit zu bekämpfen, während wir unmittelbar Sofortmaßnahmen ergreifen, wenn es zu Übergriffen kommt.«[238]

Was ich so aufbauend an dieser Beschreibung finde, ist die Rahmung des Widerstands als Antwort auf die Verbindung von staatlicher und individueller Gewalt. Wir müssen Wege finden, die nicht das Vertrauen in Institutionen ausweiten, die wie Polizei oder Gefängnisse Verletzungen verursachen. Das heißt nicht, die Verantwortlichkeit zu verleugnen, sondern von *ihr zu verlangen, erfinderisch zu sein, unsere eigenen Ressourcen zu schaffen, zu versuchen, die Gewalt zu beenden.*

Beim Spaßverderber:innen-Aktivismus geht es also auch darum, wie wir Ressourcen kreieren und verteilen, wie wir Gewalt definieren, institutionelle Gewalt eingeschlossen, die Gewalt, mit der Institutionen auf Gewalt reagieren. Sich an die Polizei als Lösung zu wenden, wenn es um genderbasierte Gewalt geht, hieße, sich an eine Institution zu wenden, die so viele von uns zur Zielscheibe macht, die Schwarz, braun, arm sind oder keine Papiere haben. Als ob Gewalt als Gegenmittel gegen Gewalt funktionieren würde. Spaßverderber:innen-Aktivismus schließt auch die Arbeit ein, die wir machen, um Polizeigewalt sichtbarer zu machen. Unser Aktivismus besitzt daher feministische Wächter:innen. Ein:e Wächter:in zu sein, kann bedeuten, bei einem Menschen zu wachen und ihn beim Sterben zu begleiten; zu markie-

238 Davis, A. Y. / Dent, G. / Meiners, E. / Richie, B: Abolitionismus. Feminismus. Jetzt. Eine intersektionale Intervention. Münster 2023, 15.

ren, zu trauern, einen Protest zu veranstalten, zu beten, unsere Verluste zu zählen, sie als Verlust anzurechnen, oder, um es mit dem Namen einer Kampagne zu sagen, die unlängst als Antwort auf Polizeigewalt gegen Schwarze Frauen gestartet wurde: *Say her name (Nenne ihren Namen)* zu sagen.[239]

So viele Arten der Gewalt werden nicht als Gewalt wahrgenommen, sie werden damit ganz selbstverständlich, sie gehen einfach weiter. Spaßverderber:innen-Aktivismus bedeutet auch die Arbeit, die wir tun müssen, um diese Gewalt aufzuzeigen. Manchmal veranstalten wir ein Spektakel. Wir erinnern an eine Aktion der feministischen Gruppe *Sisters Uncut*, die, um gegen die Geldkürzungen für Anlaufstellen bei häuslicher Gewalt, die mit wirtschaftlichen Notwendigkeiten begründet wurde, zu protestieren, rote Tinte ins Wasser kippte, um das Stadtzentrum mit Blut zu fluten. »Sie kappen, wir bluten.« Ein bissiger Slogan.[240] Natürlich geht es feministischem Aktivismus nicht darum, Spektakel zu veranstalten; es gibt so viel Arbeit, die getan wird, aber nicht gesehen wird. Sich gegenseitig wertzuschätzen, heißt auch, diese Arbeit, die hinter den Kulissen, hinter geschlossenen Türen, stattfindet, wertzuschätzen; Arbeit wie Verwaltungstätigkeiten, Haushaltstätigkeiten, Pflegetätigkeiten. Wir führen mit Sicherheit nicht nur Spektakel auf. Wir nehmen mehr Raum in Anspruch, wir holen ihn uns zurück. 2017 besetzten *Sisters Uncut* das Holloway Gefängnis im Norden Londons, »um den Anspruch zu erheben, dass die leeren Räume dazu genutzt werden könnten, um lokale Überlebende häuslicher Gewalt zu unterstützen«.[241]

Wenn du ein Gebäude besetzen musst, um zu überleben, um irgendwohin vor der Gewalt zu fliehen, die gewöhnlich zu Hause passiert, häusliche Gewalt, dann ist diese Besetzung ein politisches Projekt. Wir stellen uns der Gewalt des Systems entgegen, indem wir es vorführen.

Gebäude zu besetzen, kann auch auf eine andere Art und Weise ein Versuch sein, diese Räume zu füllen. Wie Erika Doucette und Marty Huber bemerken: »Das Ausmaß des Nutzens besetzter Häuser ist oft viel größer, als einfach nur einen Ort zum Leben bereitzustellen. Diese Projekte verbinden

---

239 Crenshaw, K. W. / Ritchie, A. J. / Anspach, R. / Gilmer, R. / Harris, L.: Say Her Name: Resisting Police Brutality Against Black Women; https://scholarship.law.colum bia.edu/faculty_scholarship/3226.

240 Für das Lied und das Video mit dem Titel »They Cut, We Bleed« von Gaptooth (feat. Sisters Uncut) vgl. https://www.youtube.com/watch?v=oykTtUldOLE.

241 Für weitere Details vgl. hier: https://www.sistersuncut.org/2017/05/27/press-release-feminists-occupy-holloway-prison-to-demand-more-domestic-violence-services/.

Ideale mit materiellen Realitäten und Utopien, was ein wichtiger Aspekt für viele queer-feministische Lebensprojekte ist, die darin bestehen, bezahlbaren Wohnraum und politisch verantwortliche Lebensformen und Wohnformen zu kombinieren.«[242] Wenn ein Gebäude aus politischen Gründen, aus Protest besetzt wird, wird nicht nur ein Raum eröffnet, sondern auch Zeit, um zu experimentieren, zusammenzuleben, zu lernen und Wege zu finden, sich gegenseitig zu unterstützen. In dem bereits erwähnten Film *Rebel Dykes* beschreibt eine der interviewten Frauen das Besetzen von Gebäuden als »ein Öffnen und ihnen ein Leben geben«. Wir öffnen dadurch auch die Frage, wofür der Raum da ist, und erlösen uns selbst von der Auflage, dass der Raum auf eine bestimmte Art und Weise gefüllt werden müsste. Wir befreien die Zeit wie auch den Raum; Raum zu lehren, zu schreiben, zu hören und zu lernen, unsere Erfahrungen von Gewalt zu teilen, unser Wissen, unsere **Spaßverderber:innen-Wahrheiten.**

Spaßverderber:innen-Aktivismus kann darin bestehen, *wie wir das ausfüllen, was wir befreien*. Wir sind von einer einfachen Voraussetzung ausgegangen: Wir haben verschiedene Bedürfnisse. Das Zerlegen als Projekt kann an der Oberfläche negativ und zerstörerisch wirken. Wenn aber, was wir von der feministischen Spaßverderber:innen-Poet:in gelernt haben, die Möglichkeit aus dem System heraus gebildet wird, müssen wir zerstören, was gebaut wurde, um einige Leben möglich zu machen, um es für einige Leute möglich zu machen, das zu bekommen, was sie benötigen. Mit anderen Worten: Das Zerlegen ist ein Bauvorhaben. Türen sind wichtig, weil diese wie Grenzen kontrolliert werden können, je enger der Eingangsbereich, desto mehr Leute können davon abgehalten werden, einzutreten. Beim Spaßverderber:innen-Aktivismus geht es um eine Erweiterung und Öffnung, wir öffnen die Türen, wir öffnen die Wege in eine Profession, wir *erweitern* die Reihe der Texte und Geschichten, die publiziert und gelesen werden, wir *erweitern* unsere Lebensformeln, um zu leben, für das, was wir sind und für das, was wir sein können.

Wir lockern und erweitern etwas; wir bauen etwas auf. Unsere Erfahrungen damit, nirgends unterzukommen, unsere Bedürfnisse nicht berücksichtigt zu sehen, lehrt uns, was wir benötigen, um eine entgegenkommendere Welt aufzubauen. Wir hören anderen zu, wir fragen sie, wie sie angesprochen werden möchten, wir fragen sie, was sie benötigen, wohlwissend, dass wir in

242 Doucette, E./Marty, H.: »Queer Feminist Occupations«, *eipcp* 6 (2008); http://eipcp.net/transversal/0508/doucettehuber/en/print.

jedem Augenblick offen dafür sein sollten, das, was wir erschaffen, wieder umzugestalten, wenn irgendjemand keinen Zugang hat. Wir hauchen den Maßnahmen Leben ein, wenn wir wissen, dass sie sich ändern könnten und mit dem Versuch, sie zu verändern. Und das kann Freude machen, vielleicht sogar glücklich und zufrieden, wir fühlen es alles (***Spaßverderber:innen-Überlebenstipp 8: Fühl alles, auch Spaßverderber:innen-Freude***).

Spaßverderber:innen-Freude ist ein Projekt, das Welten erschafft. Wir erfinden mehr als nur uns selbst. Wir schaffen Raum für Erfindungen. Es beginnt zwar mit einer Negation, das ist das Zersplittern. Aber von da an folgt so vieles. Mit den vielen Spaßverderber:innen-Projekten, durch unsere Kulturkritik, unsere Philosophie, unsere Poesie, unseren Aktivismus machen wir andere Welten möglich. Manchmal fühlt es sich allerdings so an, als ob es viel Arbeit ist, die wenig bringt. Ich denke an das Durchbrechen durch den Druck, den wir ausüben. Beim Durchbrechen geht es nicht nur um den Moment, an dem wir alles nicht mehr aushalten, oder darum, wie wir eine Geschichte derjenigen aufdecken, die es nicht mehr aushalten konnten. Durchbrechen kann das sein, was wir zu erreichen versuchen. Wir sprechen immer wieder die gleichen Dinge an, um Druck auszuüben, ein Argument, einen Beweis, eine Rechtfertigung, bis es durchbricht, bis es nicht länger hält, nicht länger funktioniert. Manchmal wird es etwas später durchbrechen, nachdem wir alles getan haben, was wir tun konnten. Wenn wir das getan haben, sind wir Teil des Durchbrechens, davon, wie etwas aufhört zu funktionieren.

Ich denke nochmals an das *Drücken* im Wort ›Ausdruck‹. Je mehr wir uns selbst ausdrücken, desto mehr Druck üben wir aus. Wenn wir es sagen, weil wir es tun, müssen wir es noch häufiger sagen. Wenn das Gesagte aber zu häufig wird, ***denke daran, du kannst nur so viel tun, wie du tun kannst*** (***Spaßverderber:innen-Überlebenstipp** 7*). Was du sagst, was du tust, trägt zu einem gemeinsamen Projekt bei. Wenn wir es *häufiger* sagen müssen, brauchen wir auch *mehr Personen*, die es sagen. Ja, das ständige Wiederholen kann anstrengend und ermüdend sein, frustrierend. Aber immer wieder auf die gleichen Dinge hinzuweisen, ist genau der Punkt, wie wir unsere Arbeit gemeinsam machen.

Stell dir nochmals alle Spaßverderber:innen-Briefe vor, auf die ich mich in diesem Handbuch beziehe. Es waren so viele Briefe. Im Kapitel, wie wir als feministische Spaßverderber:in überleben, habe ich Zitate aus Briefen von Leser:innen geteilt, die sich selbst und auch mich als feministische

Spaßverderber:in bezeichnet haben. Dadurch, dass wir Spaß verderben und Probleme ansprechen, *sprechen wir uns auch gegenseitig an.*

Kehren wir nochmals zurück zu dem Brief von Audre Lorde an Mary Daly. Indem Lorde den Brief mit ihren Leser:innen teilt, bringt sie ein privates Gespräch in die Öffentlichkeit. Lorde schreibt, dass sie den Brief veröffentlicht hat, weil sie keine Antwort erhalten hatte. Als Alexis de Veaux sehr viel später für Lordes Biografie recherchierte, fand sie in Dalys Archiv eine Antwort.[243] Wir können Lorde selbst nicht mehr fragen, was sie von der Antwort gehalten hat. Was wir aber bereits verstanden hatten, war, dass es Lorde bei ihrem Brief gar nicht um die Antwort ging. Vielleicht ging es ihr vielmehr darum, diesen Brief zu teilen. Selbst wenn Briefe an eine Person gerichtet sind, geht es nicht immer darum, ein Gespräch mit jemandem zu beginnen. Vielleicht war der Brief von Lorde an ihre Leser:innen gerichtet, an uns. Leser:innen, die Lorde meistens nicht persönlich getroffen hat. Was Lorde geschrieben hat, hat ein »Eigenleben«, um ihre eigenen Worte zu benutzen. Spaßverderber:innen-Briefe haben auch ein Eigenleben. Spaßverderber:innen-Briefe, ob gesprochen oder geschrieben, können die Eröffnung einer Ansprache sein. Spaßverderber:innen-Aktivismus kann darin bestehen, das zu tun, was nötig ist, um unsere Briefe *herauszubringen*, für uns selbst und die Institutionen, damit sie all diejenigen erreichen, die sie brauchen.

Ich denke auch daran, was benötigt wird, um aus Protest zurückzutreten. Wir können nicht alle zurücktreten, aber einige von uns machen es. Zurücktreten kann bedeuten, dass wir unsere Arbeit zurückziehen oder uns selbst. Im Moment des Rückzugs kannst du dein *Nein* noch kraftvoller ausdrücken; sie können nicht länger damit drohen, dir etwas zu verweigern, wenn du es selbst verweigerst und aufgibst. Eine Lehrende teilte mit mir die Erfahrung, wie sie ihre Kündigung verfasste:

»Ich fand es sehr ermächtigend, eine letzte Kündigungsbeschwerde zu schreiben, die an niemanden gerichtet war (d.h. ohne jegliches ›An‹ oder ›Sehr geehrte:r‹). Ich glaube, der Manager war sehr besorgt, dass der Brief irgendwo anders landen könnte. Daher war dieser letzte Brief so kathartisch! Wann immer ich Zweifel habe, kann ich ihn nochmals lesen und mich selbst daran erinnern, was passierte und warum ich gegangen bin.«

Der Brief verwendete nicht das *Du*, um die Adressat:innen zu verbergen. Er hat sein Publikum nicht eingegrenzt, indem er jemanden anspricht. Da

243 De Veaux, A.: Warrior Poet: A Biography of Audre Lorde. New York 2006.

er nicht an jemanden gerichtet war, konnte der Brief von jedem und jeder empfangen werden.

Der Brief konnte »überall landen«. Der Brief wurde als eine Bedrohung wahrgenommen. Der Brief konnte »überall landen«. Für feministische Spaßverderber:innen ist eine Drohung ein Versprechen.

Unsere Briefe können viele Formen annehmen: Beschwerden, Kündigungen, Verweigerungen, Protest, Forderungen, verschiedene Wege, unsere Neins auszudrücken, worüber wir nicht lächeln wollen, es nicht weglachen oder ihm zu- bzw. mit ihm übereinstimmen wollen. Wir wissen nicht, wo unsere Briefe landen. Oder wir. Wir treffen uns nicht immer persönlich. Wir treffen uns thematisch. Wir umarmen die feministische Spaßverderber:in dadurch, wie wir uns mit dem verbinden, was wir jetzt tun, mit dem, was die getan haben, die vor uns kamen. Und das, was wir jetzt tun, die Punkte, die wir immer noch anmerken müssen, welcher wunde Punkt auch immer, die Briefe, die wir weiterhin versenden, was auch immer sie ansprechen, können von denen aufgelesen werden, die noch kommen werden. Aus diesem Grund gehen unsere Worte oder unsere Taten nicht vorbei, nicht vorüber. Nicht alles kann so viel bedeuten. Nicht alles kann mehr sein als du weißt.

Spaßverderber:innen-Wahrheiten, -Maximen, -Bekenntnisse und -Gleichnisse

Spaßverderber:innen-Wahrheiten sind die Einsichten, die wir aus der Erfahrung, Spaß zu verderben, über die sozialen Realitäten gewonnen haben. Das ist eine Aufgabe, die Welt zu gestalten. Wir lernen etwas über die Welt durch das, was zu uns zurückkommt, wenn wir etwas sagen oder tun. Wenn du einmal zu einer feministische Spaßverderber:in geworden bist (gemäß unserer beiden ersten Spaßverderber:innen-Überlebenstipps), ist eine **Spaßverderber:innen-Wahrheit** klar und deutlich, sogar offensichtlich. Das Offensichtliche ist manchmal verdeckt durch Glück/lichsein. Wir werden zu **Spaßverderber:innen-Kritiker:innen**, weil wir das Offensichtliche aufzeigen.

Eine **Spaßverderber:innen-Wahrheit**, selbst wenn sie offensichtlich ist, benötigt Zeit, um sie zu erlangen. Sie kann manchmal schwer zu erreichen sein, wegen dem, was sich unserem eigenen Glück/lichsein in den Weg stellt. Eine **Spaßverderber:innen-Wahrheit** kann auch deswegen schwer zu erreichen sein, weil etwas zuzugeben, manchmal bedeutet, es nicht behalten zu können. Wenn du z.B. daran arbeitest, Gewalt zu thematisieren, selbst wenn sie sich dann auch gegen dich richtet, weil etwas hineinzulassen bedeutet, dass es sich ausbreiten kann. Wir werden zu Spaßverderber:innen-Philosoph:innen aufgrund dessen, was wir reinlassen. Wir müssen etwas hineinlassen, um etwas herauszulassen. Die **Spaßverderber:innen-Wahrheiten** herauszulassen ist das, worum es schließlich bei der Spaßverderber:innen-Poesie und dem Spaßverderber:innen-Aktivismus geht.

Spaßverderber:innen-Wahrheiten sind sehr oft gebrauchte Weisheiten. Wenn wir **Spaßverderber:innen-Wahrheiten** ausdrücken, fühlen wir uns weniger allein.

Auf ein Problem hinzuweisen, bedeutet, zum Problem zu werden.

Wenn du schreien musst, um gehört zu werden, dann wirst du als Schrei gehört.

Wir müssen es immer wieder sagen, weil sie es immer wieder tun.

Dinge werden fließen, wenn du die Richtung des Flusses einschlägst.

Du kannst nur so viel auf dich nehmen, wie du aufnehmen kannst.

Wenn du für deine Existenz kämpfen musst, kann der Kampf existenziell werden.

Du kannst dir deine Kämpfe nicht immer aussuchen, Kämpfe können sich auch dich aussuchen.

Es kann nichts geben, was weniger überzeugend ist, als die Anstrengung, überzeugt zu sein.

Wenn Glück/lichsein bedeutet, vor der Gewalt wegzuschauen, dann ist Glück/lichsein Gewalt.

Die unkonventionelle Tochter einer migrantischen Familie ist eine konventionelle Form einer sozialen Hoffnung.

Je weniger wir uns selbst reflektiert sehen, desto mehr erkennen wir in einer Reflexion.

Unbequemlichkeit offenbart Welten.

Raum zu bekommen, heißt, Raum für Fehler zu bekommen.

Für manche heißt sein, infrage gestellt zu sein.

Dienjenigen, die in den Kategorien nicht ›zu Hause sind‹, wissen meistens mehr darüber.

Sich einer Möglichkeit bewusst zu werden, kann bedeuten, den Verlust zu betrauern.

Du bemerkst Welten, wenn sie nicht für dich gebaut sind.

Nur weil sie dich willkommen heißen, heißt das nicht, dass dein Erscheinen erwartet wird.

Je mehr wir die Strukturen herausfordern, desto mehr stoßen wir auf sie.

Wir lernen etwas über Institutionen, wenn wir versuchen, sie zu verändern.

Was für einige am schwierigsten ist, existiert für andere gar nicht.

Wenn Schwarze und braune Menschen Poet:innen werden, kämpfen wir gegen die Geschichte.

Diejenigen, die nicht in die alten Formen passen, müssen ihre eigenen Formen schaffen.

Einige müssen einfordern, was anderen gegeben wird.

Was wir kreieren, ist zerbrechlich, weil wir es zum Überleben brauchen.

Gewalt zu verschweigen, ist Gewalt.

Was man dir sagt, dass du tun musst, um in einem System weiter oder schneller voranzukommen, reproduziert das System.

Macht funktioniert dadurch, indem sie es schwer macht, herauszufordern, wie Macht funktioniert.

Gegen je mehr wir angehen, desto mehr brauchen wir.

Spaßverderber:innen-Maximen sind Handlungsanweisungen oder Ratgeber für feministische Spaßverderber:innen. Sie schaffen neue Wege, denen wir folgen können, indem wir ein feministisches Leben leben. **Spaßverderber:innen-Maximen** werden von unseren Wahrheiten abgeleitet, diesen oft verwandten Weisheiten; das, was wir über die Existenz lernen durch unser Bemühen, sie zu verändern. **Spaßverderber:innen-Maximen** werden durch deine Erfahrung geschaffen, sie sind nicht universal. Schreib dir deine eigenen Regeln als feministische Spaßverderber:in:

Wenn etwas nicht lustig ist, lache nicht!

Werde zu einer feministischen Infektion!

Sei unangepasst, pass dich Ungerechtigkeit nicht an!

Sage nein, damit es andere auch tun können!

Hindere die Welt daran, Sinn zu ergeben!

Wenn dir Eigenwilligkeit vorgeworfen wird, akzeptiere und mobilisiere die Eigenwilligkeit!

Werde monströs!

Lass los!

Bleib unglücklich mit dieser Welt!

Handele gemäß deiner Ziele, weniger wird nicht genügen!

Spaßverderber:innen-Bekenntnisse sind die Art, wie wir unsere Hoffnungen für die Zukunft ausdrücken. All unsere Spaßverderber:innen-Wahrheiten können zu Spaßverderber:innen-Bekenntnissen werden. Bekenntnisse sind der Schlüssel zum Spaßverderber:innen-Aktivismus, weil wir mit unserer Arbeit die Welt verändern wollen.

Spaßverderber:innen-Freude ist eine an der Zukunft orientierte Praxis, dadurch, dass wir dem entgegenwirken, was existiert. Wir streben nach etwas, um dem entgegenzuwirken, was existiert. Spaßverderber:innen-Bekenntnisse können verstanden werden als die Wünsche und Abneigungen eines feministischen Lebens. Eine feministische Spaßverderber:in zu sein, heißt nicht nur das, was wir hoffen zu bewirken, es ist auch das, wofür wir uns vorbereiten, um es zu bewirken.

Ich bin bereit, Unglück/lichsein zu verursachen.

Ich bin bereit, feministischem Glück/lichsein in die Quere zu kommen.

Wenn eine feministische Spaßverderber:in zu sein, nur eine Phase ist, bin ich bereit, in dieser Phase zu bleiben.

Ich bin nicht bereit, über etwas hinwegzukommen, das nicht weg ist.

Wenn Kritik Schaden anrichtet, bin ich bereit, Schaden anzurichten.

Ich bin bereit, unbequem zu sein.

Ich bin nicht bereit, Glück/lichsein zu meinem Anliegen zu machen.

Ich bin bereit, eine Verbindung zu kappen, die andere schädigt.

Ich bin bereit, Unannehmlichkeit in Kauf zu nehmen.

Ich bin bereit, feministische Spaßverderber:innen überallhin mitzunehmen.

Spaßverderber:innen-Gleichnisse sind ein anderer Weg, Spaßverderber:innen-Wahrheiten auszudrücken (was wir aus der Erfahrung lernen, eine Spaßverderber:in zu sein), mit Nachdruck, was offenbarend und lustig ist an diesem Wissen. Einige dieser Gleichnisse scheinen undeutlicher ohne den Kontext, in dem ich sie aufgerufen habe, ich habe dir einen Kontext angeboten!

Rollende Augen = feministische Pädagogik

Das ist mein ältestes Gleichnis, das ich benutzt habe, und ich nannte es ein feministisches Gleichnis. Jetzt aber widme ich es um und nenne es ein Spaßverderber:innen-Gleichnis. Wenn ich dieses Gleichnis in Vorträgen zitiere, lachen die Leute. Wenn wir als Feminist:innen bekannt sind, rollen die Leute mit ihren Augen, bevor wir auch nur etwas gesagt haben, um ihre Verzweiflung auszudrücken. Wir lernen etwas über die Welt, durch das, was einen Grund darstellt, Feminismus zu stören.

Überempfindlich = empfindlich gegenüber dem, was nicht vorüber ist

Wir werden oft als zu empfindlich oder überempfindlich beurteilt, wenn wir nicht über übergriffige Witze lachen oder etwas näher beleuchten. Dieses Gleichnis spielt mit der Bedeutung des »über«. Es schlägt vor, dass »überempfindlich ein Urteil gegenüber jemandem darstellt, der die Fantasie zurückweist, wir wären »über« den Faschismus hinweg, oder andere Unterdrückungssysteme. (Manchmal nenne ich diese Fantasie »*Überung*«).

Affekt-Alien = entfremdet davon, wie du affiziert wirst

Ich habe ein T-Shirt, auf dem stehen die Worte »Affekt Alien«. Ich nenne das eine getragene These. Ein Affekt-Alien ist eine Person, die entfremdet ist, weil sie nicht auf die gleiche Art und Weise betroffen ist, wie andere Leute oder auf die richtige Art und Weise. Eine Spaßverderber:in kann eine Person sein, die mit den richtigen Dingen unzufrieden ist oder mit den falschen zufrieden ist. Du kannst auch ein Affekt Alien sein, wenn du nicht zur richtigen Zeit traurig bist, oder wenn du deine Traurigkeit nicht auf die richtige oder angemessene Art und Weise zum Ausdruck bringst. Es kann zum Beispiel sein, dass dir gesagt wird, es sei nicht der richtige Zeitpunkt, die Monarchie zu kritisieren, wenn andere gerade den Tod eines:r Monarch:in betrauern.

Feminismus = Geschichte unnatürlicher Frauen

Viele Unterdrückungsmuster werden mit einem Bezug auf die Natur begründet. Vielen von uns wird gesagt, dass unserer Begehren unnatürlich sei und dass wir vom Pfad der Natur abweichen würden (und des Glücks eben auch). Dieses Gleichnis hilft uns zu verstehen, dass der Feminismus aus der Bereitschaft entstammt, unnatürlich zu sein, wenn es das ist, was nötig dazu ist. Es zeigt auch, dass der Feminismus bessere Kunstgriffe benötigt.

Weißer Feminismus = Ausblenden

Ausgeblendet zu sein, heißt, einige werden nicht anerkannt oder als nicht als anwesend wahrgenommen. Das Wort »blank« kommt vom Wort weiß. Dieses Gleichnis weist darauf hin, dass der Feminismus weiß wird, nicht weil

Schwarze oder Personen of Color nicht da sind, sondern weil sie nicht anerkannt oder aufgezeichnet werden.

Etwas bemerken = feministisches Hämmern der Spaßverderber:in
Unterdrückungsmuster werden so normal, dass wir sie nicht einmal mehr merken. Wir klopfen so vieles von der Welt ab, wodurch wir bemerken, wie sie aufgebaut wird. Wir holen das, was in den Hintergrund getreten ist, wieder hervor, um uns damit auseinanderzusetzen.

Privileg = Energiespargerät
Privilegien sind das, worüber du nicht nachdenken musst oder was du nicht tun musst. Da das Energie spart, hast du mehr Energie, die dir erlaubt, Sachen zu machen, die wertgeschätzt werden. Keine Privilegien zu haben, kann bedeuten, zusätzliche Zeit zu benötigen, um bestimmte Dinge zu tun – das fängt beim Öffnen von Türen an und geht bis zur Beförderung.

Überleben der am besten Angepassten = Überleben derjenigen, die am besten hineinpassen
Dieses Gleichnis arbeitet eine alte Formel auf (normalerweise wird sie Darwin zugeschrieben, aber eigentlich wurde sie zuerst von Herber Spencer benutzt), um sich mit institutioneller Macht zu beschäftigen. Wenn »am besten« genutzt wird, um zu erklären, wie Organismen sich an ihre Umgebung anpassen, dann vermischt sich das »am besten« mit der Idee einer optimalen physischen und mentalen Leistung. Das Weiterkommen ist aber nicht immer davon abhängig, wie leistungsfähig jemand ist, sondern ob sie reinpassen, weil die Welt für ihr Weiterkommen ausgestattet ist und es ihnen ermöglicht.

Eigensinnig = wenn einige einen eigenen Sinn haben, sich auszudrücken
Eigensinnig zu sein ist ein Urteil, das ziemlich ungerecht verteilt wird. Wenn es dir nicht zusteht, eine eigene Meinung zu haben, dann wird dir oft gesagt, dass du eigensinnig seist. Es kann auch sein, dass sie dich eigensinnig nennen, weil sie deine Meinung nicht gut finden oder weil du dich weigerst der Forderung nachzukommen, deine Meinung aufzugeben.

Eigenwillig = einen eigenen Willen haben
Auch die Zuschreibung, eigenwillig zu sein, wird ungerecht verteilt. Wenn es nicht vorgesehen ist, dass du einen eigenen Willen hast, dann ist jeder Wille

eigenwillig. Eigenwillig kann auch heißen, nicht einfach hinzunehmen, wenn jemand anderes einen anderen Willen hat.

Hochgezogene Augenbrauen = lesbisch-feministische Pädagogik
Hochgezogene Augenbrauen sind ein Ausdruck des Unglaubens. Meine Erfahrung mit hochgezogenen Augenbrauen stammt insbesondere aus Reisen als lesbische Person. Leute, die nachfragen, ob du wirklich ein Doppelbett möchtest. Hochgezogene Augenbrauen bringen etwas über soziale Erwartungen zum Vorschein. Wir lernen, dass wir unerwartet sind.

Queer Pride = sich nicht für die Scham der anderen schämen
Queer Pride kann ein Protest sein oder eine Party, aber es kann auch ein Zurückweisen der Erwartungen sein, dass du dich schämen solltest, weil andere sich für dich schämen. Die Zurückweisung benötig meistens eine politische Bewegung. Wir sind die Bewegung.

Gehalt[244] = eine Reproduktionstechnologie
Das Wort Gehalt hat die gleiche Wurzel wie das Wort halten, das von Germanischen *gihalto*, dem Wächter im Gefängnis stammt. Institutionen werden reproduziert, indem sie diejenigen belohnen und mit einem Gehalt bezahlen, die bereit sind, sie zu reproduzieren, ruhig zu sein, konform zu sein. Das heißt also, diejenigen, die bereit sind, Institutionen herauszufordern weniger Chancen haben, innerhalb der Institutionen voranzukommen.

Diversität = Werkzeug der Herrschenden
Diversität kann bedeuten, bereit zu sein, für ihre Broschüren zu lächeln oder dabei zu helfen, die Illusion zu erschaffen, dass Institutionen diverser sind, als sie sind. Aber Diversität kann auch heißen, dass die Tür für einige von uns geöffnet wird, unter der Bedingung, dass wir uns mit den Herrschenden identifizieren, Rassismus verleugnen und die Türen für andere von uns verschließen, die Türen zu verschließen, indem wir uns nicht mehr für eine:n von den Ausgeschlossenen halten.

---

244 Sara Ahmed spielt es mit dem Wort ›reward‹ durch, das die gleiche Wurzel wie das Wort ›warden‹ hat, was auch bewachen bedeutet.

Undichte Stelle = feministisches Vorangehen
Von uns wird verlangt, dass wir unseren Institutionen Loyalität entgegenbringen, indem wir sie im Auge behalten, die institutionelle Gewalt verschweigen. Wenn wir unsere Geschichten teilen, dann sickern Informationen durch, wir werden dann oft als institutionell illoyal bezeichnet. Wenn du Informationen durchsickern lässt, dann werden Leute zu dir geführt. Desto mehr du durchsickern lässt, desto leichter bist du zu finden.

Ungeduld = eine feministische Tugend
Viele Tugenden, inklusive der Geduld, können als Idealisierung der Unterwerfung gegenüber Autoritäten verstanden werden. Feminismus macht aus der Zurückweisung der Unterwerfung eine Tugend. Wir werden nicht geduldig sein. Wir werden nicht abwarten. Wir verlangen jetzt Veränderungen!

Leseliste für die feministische Spaßverderber:in

Ich habe eine Liste der Bücher, die ich für meine intellektuelle Entwicklung sowie meine Reise durchs Leben als feministische Spaßverderber:in wichtig fand, hier im Folgenden zusammengestellt und mit Kommentaren über die Gründe, warum sie für mich wichtig waren, versehen. In diesem Handbuch habe ich an vielen Stellen feministische Bücher zitiert. Das Zitieren selbst ist ein feministisches Gedenken. Auch die feministische Spaßverderber:in selbst könnte als ein Art Denkmal verstanden werden, eine Erinnerung an die vergangenen Kämpfe. Auf diese Art ist *Das Handbuch für die feministische Spaßverderber:in* selbst eine Leseliste für feministische Spaßverderber:innen.

Ein Buch stellt die Kombination aus einer deutlichen Kritik an der Welt dar, wie sie ist, und einer fantasiereichen, wagemutigen Ablehnung, sich widerstandslos in diese Welt zu fügen. Viele der zitierten Bücher experimentieren mit Sprache und Form. Das vermittelt etwas von der Schwierigkeit des feministischen Überlebens, in einem System, dem wir uns widersetzen, in dem wir aber leben und arbeiten müssen. Einige der Bücher sind sehr zerlesen, es sind Bücher, die ich immer wieder gelesen habe. Ich nenne sie *Begleittexte.* Andere sind recht neu und haben meine Aufmerksamkeit erregt und Vorstellungskraft angeregt. Wenn eine Autorin mehrere Bücher geschrieben hat, die für mich eine Spaßverderber:innen-Inspiration darstellen, habe ich trotzdem allerhöchstens zwei meiner Favoriten angeführt.

Bitte beachte: Auf der Liste sind nur nichtfiktionale Texte. Wenn ich auch fiktive Texte darauf setzen würde, dann wären es Ama Ata Aidoos *Our Sister Killjoy* und Toni Morrisons *Sehr blaue Augen*, die ich in diesem Handbuch bespreche, sowie Virginia Woolfs *Mrs Dalloway* und George Eliots *Die Mühle am Floss*, die in meinem früheren Buch *Feministisch leben!* diskutiert werden. Wenn ich Poesie hinzufügen würde, wären es Suhaiymah Manzoor-Khans *Postcolonial Banter*, Adrienne Richs *Diving into the Wreck*, Jasmin Kaurs *When You Ask Me Where I'm Going*, Joan Anim Addos *Haunted by History* und Dionne Brands *Inventor*. Ich habe ihre Bücher immer bei mir und ich freue mich, dass ich einige ihrer Worte mit dir teilen kann. Merke ebenfalls: Die Schriftsteller:innen, die ich zu meiner Leseempfehlungsliste hinzufüge, benutzen nicht den Begriff Spaßverderber:in, um sich selbst oder ihre Arbeit zu beschreiben. Ich nenne sie meine Spaßverderber:innen-Inspirationen. Ich erkenne aber an, dass sie mehr als das sind, dass sie mehr tun, mehr zu sagen haben als nur das.

Gloria Anzaldúa: *Borderlands / La Fronterea: The New Mestiza* (San Francisco: Aunt Lune Books [2]1999)

Ein schwindelerregender, eigenwilliger und mutiger Text der queeren Chicana-Schriftstellerin. Dieses Buch veränderte meine Vorstellung davon, was Theorie ist und zu was sie in der Lage ist. Wir schreiben und behalten die Dinge damit dicht bei uns. Anzaldúa überschreitet mit ihrer Arbeit physikalische Grenzen (insbesondere die Grenze zwischen den USA und Mexiko), aber ebenso kulturelle und psychologische. Grenzlinien können dazu dienen, uns zu sagen, in welche Richtung wir gehen sollen oder wer wir sind, jedoch müssen wir sie auch überschreiten, um unsere eigenen Wege zu finden, in der Vorstellungswelt sowie im realen Leben. Anzaldúa zeigt wie der Anspruch der Überlegenheit den Zugang zu unserem Sein bestimmen kann, aber auch, wie wir diesem Anspruch widerstehen können, durch Selbstversicherung oder Selbsterneuerung. »Was ich schreibe«, sagt sie, »fühlt sich an wie das Ritzen an Knochen.« Sie fügt hinzu: »Es ist immer zuerst ein Verfahren/Zustand für etwas anderes.«

Lauren Berlant: *The Queen of America Goes to Washington City* (Durham: Duke University Press 1997) und *Cruel Optimism* (Durham: Duke University Press 2011)

Es scheint mir, als lerne ich von Lauren Berlant schon mein ganzes Leben lang. Berlant war eine Kulturkritikerin, die sich mit der politischen und öffentlichen Seite der Gefühle beschäftigte und eine endlose Inspiration für Spaßverderber:innen angeboten hat. (Ich denke, sie war sich über ihr queeres Potential sehr bewusst.) In *The Queen*, meinem Lieblingsbuch von Berlant, zeigt sie, wie strukturelle Probleme zu »Problemen des Willens und der Erfindungslust« gemacht wurden. In *Cruel Optimism* zeigt sie eine deutliche Kritik daran, wie Dinge uns zurückhalten können, weil sie etwas Bestimmtes versprechen, wie beispielsweise Glück/lichsein oder ein gutes Leben. Ich bin niemand anderem begegnet, der:die die Schwierigkeiten, Anhaftungen aufzugeben, so gut beschreiben konnte, und sich dennoch so klar über die

Möglichkeiten ist, Dinge anders zu gestalten, Ausrutscher in ein Gleiten umzuwandeln, in Ausgangspunkte für andere Geschichten.

Judith Butler: *Gender Trouble. Feminism and the Subversion of Identity* (New York: Routledge 1990); dt.: Das Unbehagen der Geschlechter (Frankfurt a. M.: Suhrkamp 2003) und *Precarious Life. The Powers of Mourning and Violence* (London: Verso 2004); dt.: Gefährdetes Leben (Frankfurt a. M.: Suhrkamp, 2003)

Ich habe Judith Butler im Studium das erste Mal gelesen. Deren Arbeit hat mich umgehauen und hat mir beigebracht, wie wir als feministische Wissenschaftler:innen jegliches Thema behandeln konnten! Betrachten wir den Satz auf der ersten Seite von aus *Unbehagen der Geschlechter*:

> »Im herrschenden Diskurs meiner Kindheit galt ›Schwierigkeiten machen‹ als etwas, das man auf keinen Fall tun durfte, und zwar gerade, weil es einen ›in Schwierigkeiten bringen‹ konnte. Die Rebellion und ihre Unterdrückung schien also in denselben Begriffen verfangen, ein Phänomen, das zu meiner ersten kritischen Einsicht in die subtile List der Macht führte. Das herrschende Gesetz drohte, einem ›Ärger zu machen‹, ja einen ›in Schwierigkeiten zu bringen‹, nur damit man keine ›Unruhe‹ stiftete«.

Ärger kann das sein, womit uns gedroht wird und Ärger kann aber auch das sein, was wir anzunehmen bereit sind. In *Gefährdetes Leben* zeigt Butler uns die nachhaltige Überlegung über die Politik der Trauer, die dey »Trauerwürdigkeit« nennt: wessen Leben und Lieben »trauerwürdig« sind (und welche nicht). Angenommen, dass feministische Spaßverderber:innen affektive Aliens sind, kann es auch die Trauer sein, wodurch wir etwas zum Ausdruck bringen, nicht nur über uns selbst, sondern auch über unsere Beziehung zur Welt. Vielleicht trauern wir *nicht*, auch wenn wir es sollten, oder wir trauern über etwas oder jemanden, über den wir nicht trauern *sollten*. Butler nimmt die Negativität ernst und als Ausgangspunkt für die Arbeit an einer alternativen, ertragbareren Welt.

Angela Y. Davis: *Freedom is a Constant Struggle* (Chicago: Haymarket Books 2016); dt.: *Freiheit ist ein ständiger Kampf* (Münster: UNRAST Verlag 2018) und zusammen mit Gina Dent, Erica R. Meiners und Beth E. Ritchie: *Abolition. Feminism. Now.* (Chicago: Haymarket Books 2021); dt.: Abolitionismus. Feminismus. Jetzt. Eine intersektionale Intervention (Münster: UNRAST Verlag 2023)

Wenn ich mich politisch unterlegen fühle, dann höre ich mir Online-Vorträge oder Gespräche mit Angela Davis an. Das ist ein weiterer Spaßverderber:innen-Überlebenstipp! Davis führt mir vor, worum es beim Spaßverderber:innen-Aktivismus geht: Gewaltsysteme zu kritisieren, auch rassistischen Kapitalismus und den Komplex der Gefängnisindustrie, und dabei das kollektive Projekt des Kampfes für Alternativen nicht aufzugeben. Was Freiheit ist, lernen wir durch den Kampf um Freiheit. Davis formuliert in vielen ihrer Arbeiten eine deutliche Kritik an reformistischen Impulsen – den Versuch, Institutionen zu verbessern, die selbst gewalttätig sind. Wie Davis und ihre Co-Autor:innen es in *Abolitionismus. Feminismus. Jetzt.* beschreiben: »Während neue Formulierungen auftauchen, verschwinden andere; Netzwerke und Gruppen bezeichnen sich stolz als feministisch, queer, crip, Schwarz und/oder abolitionistisch. Aufgeschreckt durch ihre Forderungen und manchmal auch einfach durch ihre Entstehung, versuchen die herrschenden Institutionen, diese Bewegungen einzudämmen und zu steuern.« Wir brauchen eine feministische Spaßverderber:innen-Bewegung, um unbeherrschbar zu werden.

Reni Eddo-Lodge: *Why I'm Not Talking to White People About Race* (London: Bloomsbury 2017); dt.: *Warum ich nicht länger mit Weißen über Hautfarbe spreche* (Stuttgart: Tropen 2020)

Dieses Buch hat sich inzwischen mehr als eine Million Mal verkauft – das bereitet mir wirklich eine Spaßverderber:in-Freude! Und was für ein Spaßverderber:innen-Titel! Die Ironie ist, dass Eddo-Lodge am Ende mit weißen Menschen über Rassismus spricht, indem sie nicht mit ihnen darüber spricht. Das ist eine Spaßverderber:innen-Ironie, eine, der sich Eddo-Lodge sehr bewusst ist, da sie uns beibringt, dass ein Problem zu hinterfragen bedeutet, einem Problem mehr Raum zu geben. Das ist es, was wir brauchen, wenn wir versuchen wollen, das Gespräch über Rassismus zu verändern. Eddo-Lodge zeigt uns wichtige Einsichten in die Geschichte rassistischer Beziehungen im Vereinigten Königreich auf und wie diese Geschichte die Gespräche, die geführt und nicht geführt werden, geprägt haben. Sie beschreibt es so: »Redefreiheit heißt nicht, sagen zu können, was du willst, ohne Gegendarstellung, und rassistische Rede und Ideen müssen im öffentlichen Raum hinterfragt werden. Weiße Furcht versucht, diese Gespräche zu verhindern.«

Mona Eltahawy: *The Seven Necessary Sins for Women and Girls* (Dublin: Tramp Press 2021)

Ich bin eine große Bewunderin von Mona Eltahawys gradliniger und ungeschönter feministischer Haltung, sie schenkt uns so viel feministische Spaßverderber:innen-Inspiration! In diesem Buch zeigt uns Eltahawy, dass das, was als eine Unsitte dargestellt wird, genau das ist, was Mädchen und Frauen brauchen, um sich patriarchalen Autoritäten zu widersetzen. Hier ist nur ein Zitat aus dem Buch:

> »Wir müssen Mädchen beibringen, dass Wut eine wertvolle Waffe ist, um sich dem Patriarchat zu widersetzen, nicht zu gehorchen und zu verhindern, dass die Wut aus Mädchen herausgeprügelt und abgetötet wird. Somit werden sie sozialisiert, einzuwilligen und gefügig zu sein, weil dadurch gehorsame Mädchen zu Fußsoldaten des Patriarchats heranwachsen. Sie wachsen auf und nehmen die patriarchalen Regeln an, die dafür gebraucht werden, um wiederum andere Frauen zu überwachen, damit auch sie gehorchen. Wohlerzogen, ruhig, gehorsam und gelassen: Nie wieder.«

Ja, genau: Nie wieder!

Marilyn Frye: *The Politics of Reality. Essays in Feminist Theory* (Trumansburg: The Crossing Press 1993)

Ich habe mich jahrelang in meinen Gedanken zur Politik der Wut und in meinen frühen Diskussionen der feministischen Spaßverderber:in auf dieses Buch bezogen.

Sie stellt eine der besten Analysen des Sexismus als philosophisches und politisches Problem dar. Frye zeigt, wie Macht und Unterdrückung uns von außen im Inneren prägen (sie ist eine der wenigen Autor:innen, die das Wort ›drücken‹ in ›Unterdrückung‹ betrachtet). Sie lehrt uns, wie einige von uns als ›schwierig‹ bezeichnet werden, weil wir mit etwas nicht einverstanden sind oder allem zustimmen. Wie sie es beschreibt: »Alles außer dem sonnigsten Gesichtsausdruck entlarvt, dass wir als gemein, verbittert, wütend oder gefährlich wahrgenommen werden.«

Frye beschreibt die feministische Spaßverderber:in, ohne ihren Namen zu benutzen!

Roxane Gay: *The Bad Feminist* (London: Corsair 2014); dt.: *Bad Feminist* (München: btb 2019)

Ich bin ein Riesenfan von Roxane Gay, nicht nur aufgrund ihres erzählerischen und theoretischen Schreibens, sondern auch aufgrund ihrer öffentlichen Rolle, mit der sie Raum für Minderheiten und marginalisierte Künstler:innen und Autor:innen bereitstellt, unter anderem durch ihre lebendigen und erbitterten Beiträge zum Feminismus in den Sozialen Medien. Ich halte die feministische Spaßverderber:in und die schlechte Feministin für sehr verwandt! In diesem Buch zeigt Gay, dass, Feminist:in zu sein, bedeutet, nicht immer eine klare Position zu haben. Es kann schmerzhaft sein und schwierig. Aus dieser Ambivalenz heraus bietet sie scharfsinnige und kluge Lesarten der Populärkultur an. Ich bewundere es, wie Gay diesen Text ausdrücklich mit einem Bekenntnis beendet: »Ich bekenne mich dazu, vehement für Gleichheit zu kämpfen, indem ich mich dazu bekenne, die Idee zu zerstören, dass es einen essenziellen Feminismus gäbe.«

Alexis Pauline Gumbs: ***Undrowned. Black Feminist Lessons from Marine Mammals*** **(Chico: AKA Press 2020); dt.:** ***Unertrunken. Was ich als Schwarze Feministin von Meeressäugetieren lernte*** **(Zürich: AKI Verlag 2023)**

Es ist etwas ganz Besonderes, dass ein Buch über das Atmen von Meeressäugetieren uns so viel Spaßverderber:innen-Inspiration zu schenken vermag! Gumbs beschreibt es so: »Und da ich einfach bemerken musste, dass Meeressäugetiere queer sind, scharfsinnig und sich gegenseitig beschützen, komplex sind, geformt vom Konflikt und Kampf im Rohstoff- und Militärkontext, den unsere Spezies dem Meer auferlegt haben, zu überleben, ist diese Welt den Bewegungen verpflichtet, die unerschrocken versuchen, die Bedeutung des Lebens auf unserem Planeten gegenwärtig zu verändern.« Ein außerordentlicher und visionärer Text, der zeigt, wie das herrschende System funktioniert und wie es aufrechterhalten wird. Sie zeigt uns, inwiefern das Projekt des Überlebens aus Raumgewinnung und Luftblasen besteht.

Ruby Hamad: ***White Tears, Brown Scars. How White Feminism Betrays Women of Color*** **(New York: Orion 2020)**

Hamans Kritik daran, wie weiße Frauen Tränen benutzen und ihre Verletztheit ausdrücken, ist ein kraftvoller Bericht über die Schwierigkeiten, die viele Schwarze und braune Frauen in feministischen Räumen, wie auch in der übrigen Welt, erfahren. Wenn wir versuchen, über Rassismus zu reden und weiße Frauen traurig werden, verschiebt sich die Aufmerksamkeit von unserer

Kritik hin zu den Folgen für sie. Es ist ein sehr bemerkenswertes Problem und so eine Erleichterung, diese gründliche Auseinandersetzung zu lesen. Hamad beendet ihr Buch mit der denkwürdigen Einladung. »Weiße Frauen können ihre Tränen trocknen und sich uns anschließen, oder sie können ihren damenhaften Weg weiterverfolgen, einen Weg, der nicht zum Licht der Befreiung führt, sondern nur in die Sackgasse der kolonialen Vergangenheit.«

Saidiya Hartman: *Wayward Lives, Beautiful Experiments. Intimate Histories of Social Upheaval* (London: Serpent's Tail 2009); dt.: *Aufsässige Leben, schöne Experimente. Von rebellischen schwarzen Mädchen, schwierigen Frauen und radikalen Queers* (Berlin: claassen 2022)

Hartmans Arbeit ist ein Modell und eine Methode, nach Lebenszeichen an den Rändern, Leerstellen und Eingängen zu suchen und in ihnen sehr viel Aktivität, Schönheit und Potenzial zu finden. In ihren Arbeiten hat sie gezeigt, dass wir neue Methoden benötigen, um die Gewalt und die Brutalität der Versklavung verdeutlichen zu können, dass wir Buch führen müssen, über das, was sie »das Fortleben« (after-lives) nennt. In ihrem Buch zeigt Hartman, wie Schwarze Frauen historisch damit experimentiert haben, Raum füreinander zu schaffen: Ich schätze ihre Aufmerksamkeit, die sie der *Widerspenstigkeit* entgegenbringt, sehr. Hartmann hält ein Modell dafür bereit, was eine *Spaßverderber:innen-Geschichtsschreibung* beinhalten könnte: Wie wir hinter »das soziologische Bild« schauen könnten, von dem angenommen wird, es wäre eine Leerstelle, und die spekulative Arbeit, die wir tun müssen, um die Spuren an Spaßverderber:innen-Orten zu finden (Bemerke: Diese Spuren können Traumata beinhalten, verdeckt sein, sie können aber auch lebendig und freudvoll sein.)

bell hooks: *Feminist Theory: From Margin To Center* (London: Pluto Press 2000) und *Talking Back. Thinking Feminism, Thinking Black* (Boston: South End Press 1989)

Dieses Handbuch ist bell hooks gewidmet (sowie meiner befreundeten Person Nila und meiner Tante Gulzar) und ich könnte alle ihre Bücher als meine Spaßverderber:innen-Inspiration auflisten, aber das wäre eine sehr lange Liste. hooks schrieb. Und wie sie schrieb! Von hooks lernte ich, dass wir das System, dem wir uns widersetzen, benennen müssen, als »weißes suprematistisches, kapitalistisches Patriarchat«. *Wir müssen es benennen, um es zu verbannen!* Sie hat mir auch beigebracht, darüber nachzudenken, wie wir dem System widerstehen können, indem wir uns durch das Benennen und Schreiben in die Existenz bringen. Und sie hat mir beigebracht zu lehren. Durch hooks kam ich auf die Idee, die feministische Spaßverderber:in als meine Lehrer:in zu betrachten. Wir lernen aus den Reaktionen anderer auf unsere Arbeit und warum wir sie tun müssen. hooks hat mir auch beigebracht, dass Teil eines Kampfes um Alternativen zu sein, ein Ausdruck von Liebe sein kann.

Audre Lorde: *Sister Outsider. Essays and Speeches* (Trumansburg: The Crossing Press 1984; dt.: *Sister Outsider: Essays* (München: Hanser Verlag 2021), *Sister Outsider. »Nicht Unterschiede lähmen uns, sondern Schweigen«* (München: btb 2023) und ***A Burst of Light. Essays* (Ithaca: Firebrand Books 1988); dt.: *Ein strahlendes Licht. Schriften, Reden und Gespräche* (Zürich: AKI Verlag 2023)**

Das erste Buch, das ich geschrieben habe, das versuchte, der feministischen Spaßverderber:in eine Stimme zu geben, war Audre Lorde gewidmet, »dafür, dass sie mir so viel über alles beigebracht hat«. In Wahrheit ist alles, was ich tue, Audre Lorde geschuldet, da sie mir genau das beigebracht hat. Durch *Sister Outsider* hat mir Audre Lorde beigebracht, dorthin zu schauen, wo es wehtut; daraus zu lernen, der Wut zuzuhören, unsere Sicht dadurch zu schärfen. Sie hat mir beigebracht, dass Feminismus unser Bekenntnis meint, gemäß unseren Prinzipien zu handeln, den Gefühlen eine Form zu geben. Sie half mir, anzuhalten und das gesamte Gewicht der Geschichte wahrzunehmen, um es besser zu verstehen. In *A Burst of Light*, einem Buch, das Lorde geschrieben hat, als sie gegen Krebs behandelt wurde, brachte sie mir bei, auf die Körper zu hören, und dass unsere gegenseitige Sorge eine Notwendigkeit darstellt, um eine bessere Zukunft für uns alle aufzubauen.

Aileen Moreton-Robinson: *Talkin' Up to the White Women. Indigenous Women and Feminism* (Brisbane: University of Queensland Press 2020) und ***The White Possessive. Property, Power and Indigenous Sovereignty* (Minneapolis: University of Minnesota Press 2015).**

Ich hörte 1999 einen Vortrag von Moreton-Robinson an der Universität Adelaide. Es kam mir vor, als hörte ich eine Reihe von Offenbarungen! Es war so eine Erleichterung, eine indigene Feministin in einer weißen Institution gegen eine weiße Institution sprechen zu hören. Moreton-Robinsons Kritik am Weißsein innerhalb des australischen Feminismus ist voller Einsichten darüber, wie Macht funktioniert. Aus ihrem letzten Buch *The White Possessive*, habe ich gelernt, wie Weißsein Eigentumsverhältnisse in vielerlei Hinsicht bedeuten kann; wie Weißsein den Besitz des Landes und der Leute bedeuten kann, wie eine Nation – und auch der Feminismus – zu einem weißen Besitz werden kann. Moreton-Robinsons Bericht, wie sie zur »wütenden Schwarzen Frau« wird, ist brillant, sie zeigt auf, wie das Benennen von Rassismus und Kolonialismus im Feminismus als Zerstörung von etwas Kostbarem betrachtet wird. Nicht nur die Feminist:innen in Australien müssen die indigene Unabhängigkeit allem anderen voranstellen, was bedeutet, dass die von uns, die Siedler:innen/Kolonialist:innen sind (und eine Siedler:in/Kolonialist:in of Color zu sein, bedeutet immer noch, Siedler:in/Kolonialist:in zu sein) darauf hören müssen, was ihre Arbeiten uns über die Veränderung unserer Verbindung mit Geschichte und Land beibringen können.

Mikki Kendall: *Hood Feminism. Notes from The Women White Feminism Forgot* (London: Bloomsbury 2020)

In jüngerer Zeit gab es viele Kritiken am weißen Feminismus, aber diese ist eine meiner Lieblingskritiken. Ich bewundere es, wie Kendall ihre Erfahrungen auf so achtsame und nuancierte Art und Weise mit uns teilt, uns zeigt, wie sie Dinge lernte, Sachen, die sie schnell verstand, und andere, die sie einige Zeit gekostet haben. Ich schätze ihre Aufmerksamkeit, die sie den ökonomischen Bedingungen widmet – der Armut – und den Schnittstellen von Klasse und Race. Ich halte die Beschreibung der politischen Funktion von Wut in ihrem Buch auch für eine der scharfsinnigsten:

> »Der Anspruch, dass Unterdrückte ruhig und höflich sein sollen sowie zuerst an Vergebung denken, sind grundlegend entmenschlichend. Wenn dein Kind von der Polizei getötet wird, wenn das Wasser in deiner Gemeinde vergiftet wird, wenn deine Trauer verspottet wird, wie fühlst du dich dann? Willst du dann vergeben, nur um alle anderen zufriedenzustellen? Oder willst du heulen, schreien, Gerechtigkeit verlangen, für das Falsche, was dir angetan wurde?«

Einige Fragen sind messerscharf. Sie zerschneiden den Lärm.

Lola Olufemi: *Feminism, Interrupted. Disrupting Power* (London: Pluto Press 2020)

Dieses Buch ist ein großartiger Aufruf zu den feministischen Waffen. Ich bewundere es, wie Olufemi den Text mit der Diskussion darüber, wie sie selbst politisiert wurde, beginnt. Sie erkennt, dass das Teilen der Geschichten, wie wir zu Aktivistinnen wurden, bedeutet, auf andere mit offenen Händen zuzugehen.

Olufemi befragt uns darüber, was wir für den Feminismus tun müssen, damit er sein radikales Potenzial erreichen kann, wie wir vergangene Geschichte aufdecken, insbesondere Schwarze, feministische Kämpfe (über die wir vielleicht nichts wissen, weil radikale Geschichte oft zurückgehalten wird) und nach vorne schauen müssen, wie sich neue Gelegenheiten durch eine Vorstellung von dem, was noch nicht existiert, eröffnen. Olufemi verlangt einen Feminismus, der sich ausbreitet, der sich aus den Verbindungen der Zuwendung aufbaut und der anerkennt, dass feministische Arbeit, Arbeit für die Gerechtigkeit darstellt. Sie schreibt: »Feminismus sucht nach den Fähigkeiten, für uns zu sorgen und uns gegenseitig zu verbinden, auf Arten, die wir uns noch vorstellen müssen.«

Claudia Rankine: *Citizen. An American Lyric* (Minneapolis: Greywood Press 2014); dt.: *Citizen* (Leipzig: Spector Books 2018) und ***Just Us. An American Conversation* (London: Allen Lane 2020)**

Rankine ist eine der Autor:innen, die wirklich erfasst, wie Weißsein von Schwarzen Menschen und People of Color instinktiv in alltäglichen Begegnungen erfahrbar wird, dadurch, was gesagt wird, wie du angesehen oder nicht gesehen wirst. In *Citizen* schreibt sie: »Wart mal! Hast du das gerade gesagt, hast du das gerade gesehen, hast du das gerade gemacht?« und dann: »Die Stimme in deinem Kopf sagt dir leise, sie solle deinen Fuß von der Kehle nehmen, denn du solltest mehr verlangen, als nur damit klarzukommen.« Spaßverderber:innen-Momente können die Kluft zwischen dem sein, was du hörst und was wir sagen. Es geht nicht darum, was wir uns selbst sagen, sondern, was wir zu anderen sagen. In *Just us* denkt Rankine über ein Gespräch nach, das sie auf einem Flug mit einem weißen Mann hatte, der über Diversität in seiner Firma sprach und dann sagte: »Ich sehe keine Hautfarben.« Rankine beschreibt es so: »Die Phrase ›Ich sehe keine Hautfarbe‹ zog die Notbremse in meinem Hirn. Warum würdest du über Diversität sprechen wollen, wenn du Farbe nicht wahrnimmst?« Die Metapher vom Ziehen der Notbremse in unserem Hirn ist ein gutes Bild, um das innere Drama, eine Spaßverderber:in zu sein, sichtbar zu machen.

Prisca Dorcas Mojica Rodriguez: *For Brown Girls with Sharp Edges and Tender Hearts. A Love Letter to Women of Color* (New York: Seal Press 2021)

Ich bin ein bisschen verliebt in den Untertitel des Buches! Ich denke auch, dass dieses Handbuch eine eigene Art von Liebesbrief an Schwarze, braune und indigene feministische Spaßverderber:innen ist. Rodriguez eröffnet ihren Liebesbrief mit einer scharfen Kritik der Pförtner:innenrolle in der akademischen Welt und teilt dann sehr großzügig ihr Wissen mit uns, ihren braunen feministischen Leser:innen. Sie schreibt, wie sie dekoloniale Bekenntnisse ausführt: »Dekolonialität ist eine Form des Widerstands, und Dekolonialität wird täglich gelebt und erfahren. Dekolonialität verlangt, dass wir kämpfen und ich habe ziemlich viel Vorrat zu kämpfen auf Lager. Aber es verlangt auch, dass wir pausieren und freundlich zu uns selbst sind.« Dies ist ein deutlicher und liebevoller Aufruf für einen braunen Feminismus.

Chelsea Watego: *Another Day in Colony* (Brisbane: University of Queensland 2021)

Es gibt sehr vieles, was ich an diesem Buch bewundere, besonders die Klarheit, mit der es die Schwarze Community adressiert. Watego erzählt ihre Geschichte und lässt sich nicht entmutigen. Ich finde die Art, wie sie ihre Geschichte als einen Widerstandsakt rahmt, sehr beachtenswert. Wenn sie schreibt: »Dies ist ein Geschichtenbuch, ein Buch mit meinen Geschichten. Ich erzähle sie, nicht um mich selbst in den Mittelpunkt zu stellen oder meine Erfahrung zu verallgemeinern. Ich erzähle diese Geschichte der Kolonialzeit durch meine Erfahrung mit ihr, als eine Art der Praxis eine Moral anzuhängen, die ihre Grundlagen im indigenen Verständnis von Wissen hat, das immer eine Verkörperung darstellt und relational ist.« Dieses sehr einflussreiche Buch berichtet über das Überleben in einer Kolonie und der Struktur der weißen Überlegenheit und des Rassismus, die Watego jeden Tag auf andere Art und Weise erfährt. Es liegt so viel Wahrheit in diesem Buch.

Rafika Zakaria: *Against White Feminism* (London: Hamish Hamilton 2021); dt.: *Against White Feminism: Wie weißer Feminismus Gleichberechtigung verhindert* (München: Hanser Verlag 2022)

Ich hege eine große Bewunderung für den Titel des Buchs – wie es das Dagegensein zum Inhalt macht – wie auch für das Buch selbst. Ich bin ganz besonders angetan von Zakarias Kritik des weißen Feminismus als »Verlässlichkeit«, wie »die Sprache der persönlichen Referenz benutzt wird, um die Begrenztheit der weißen Empathie zu legitimieren«. Von Zakaria habe ich gelernt, den weißen Feminismus herauszufordern (und wir sollten ihn weiterhin herausfordern, wegen allem, was sie weiterhin tun), was es heißt, uns selbst einen radikaleren Feminismus zu ermöglichen. Zakaria schließt mit einer sehr starken Kritik daran, wie der Feminismus zu einem Projekt der liberalen Inklusion und der Selbstermächtigung wurde. Sie schreibt: »Keine Bewegung, die unfähig ist, Gerechtigkeit unter ihren eigenen Anhänger:innen zu schaffen, ist geeignet, jedwedes weitere Ziel im Hinblick auf Gerechtigkeit zu erreichen.«

Schlussbemerkung

Es wird dir aufgefallen sein, dass viele der empfohlenen Texte in diesem Handbuch von Schwarzen Feminist:innen, Feminist:innen of Color oder indigenen Feminist:innen verfasst wurden, die den weißen, liberalen Feminismus kritisieren oder von den Schwierigkeiten berichten, Gespräche über Weißsein und Rassismus in privaten oder öffentlichen Räumen zu führen. Das sagt etwas darüber aus, wogegen wir angehen, dass wir viel Spaßverderber:innen-Inspiration in diesen Kritiken finden können. Auch in Zukunft wird es Kritik daran geben, inwiefern Weißsein und Rassismus uns davon abhalten, solche Gespräche zu führen, da die Gründe hierfür weiterhin vorhanden sind. Wir machen auf jeden Fall weiter. Ich hätte ebenso anderer Bücher von anderen Autor:innen auswählen können. Meine Wahl der Bücher war das Ergebnis meiner eigenen intellektuellen Reise als queere Woman of Color. Als feministische Spaßverderber:in wirst du deine eigene Reise machen und deine eigenen Texte finden. Teile die Texte, die dich begleiten mit deinen Spaßverderber:innen-Gefährt:innen. Durch das Teilen von Ressourcen werden wir gegenseitig zu Ressourcen. Ich wünsche dir viel Spaßverderber:innen-Freude dabei, zu einer Ressource zu werden.

Feministische Spaßverderber:innen-Lesegruppe: Diskussionsfragen

Einer meiner Überlebenstipps für die feministische Spaßverderber:in ist, andere feministische Spaßverderber:innen zu finden. Ich beziehe mich hier auf die »Feministische Spaßverderber:innen-Lesegruppe«, die von Rajni Shah in Sydney, Australien, ins Leben gerufen wurde. Ich führe sie als Beispiel zum Nachmachen an. Wir finden sehr viel über uns selbst und andere heraus, indem wir unsere Erfahrungen, eine Spaßverderber:in zu sein, teilen, und auch dadurch, dass wir feministische Texte lesen, alte und neue. Für die von euch, die auch eine feministische Lesegruppe gründen wollen, biete ich folgende Fragen an, um die Diskussionen des Handbuchs anzuleiten. Es kann auch sein, dass ihr als Gruppe daran interessiert seid, einige (oder alle!) Bücher der empfohlenen feministische Spaßverderber:innen-Leseliste zu diskutieren. Es kann auch sein, dass es euch hilft, über eure eigenen Erfahrungen als feministische Spaßverderber:in zu schreiben und dieses Schreiben mit anderen zu teilen.

In diesem Handbuch beschreibe ich Erfahrungen als feministische Spaßverderber:in als eine Ressource. Hast du auch solche Erfahrungen gemacht? Was hast du daraus gelernt?

Warum wird es manchmal als ›Krise‹ angesehen, eine feministische Spaßverderber:in zu sein?

Eine meiner Empfehlungen, ein feministisches Leben zu leben, besteht darin, sich ein feministisches Spaßverderber:innen-Survival-Kit zusammenzustellen. Was würdest du in dein Kit packen? Versuche eines zusammenzustellen und schau dann, was passiert.

Warum ist es wichtig, einer Spaßverderber:in zuzuhören, als ob oder weil sie eine andere Person wäre?

Fallen dir Beispiele aus Filmen oder Romanen ein, in denen eine feministische Spaßverderber:in (oder eine andere Art von Spaßverderber:in) auftaucht? Welche Rolle hat die Spaßverderber:in in dieser Geschichte?

Warum stehen Feminist:innen der Aufforderung, glücklich zu sein, kritisch gegenüber? Gibt es so etwas wie feministisches Glück/lichsein oder queeres Glück/lichsein?

Auf welche Art und Weise wird Geschichte ›geglättet‹, wenn sie anhand von glückseligen Begriffen erzählt wird? Auf welche Art und Weise wird glückselige Geschichte dazu benutzt, das Gefühl nationaler Zugehörigkeit zu erfinden?

In welcher Beziehung steht die Figur der feministischen Spaßverderber:in zur Figur der wütenden Schwarzen Frau oder der unglücklichen, queeren oder melancholischen Migrant:in?

Warum behaupte ich, nicht in einer Welt zu Hause zu sein, zeige uns mehr von dieser Welt? Stimmst du dem zu? Warum? Warum nicht?

Im Handbuch betone ich die Kreativität der feministischen Spaßverderber:in (ungeachtet oder vielleicht auch gerade wegen der niederschmetternden und schwierigen Spaßverderber:innen-Erfahrungen). Warum? Welche kreativen Resultate können aus der Figur der Spaßverderber:in entstehen? Nimm dir die Freiheit, sie dir entweder vorzustellen oder sie zu gestalten!

Wie oder warum könnten feministische Spaßverderber:innen eine politische Bewegung formieren? Und in Bezug darauf: Warum brauchen Spaßverderber:innen andere Spaßverderber:innen?

Die Überschrift meines Blogs www.feministkilljoys.com lautet: »Spaß zu verderben ist ein welterschaffendes Projekt.« Was denkst du, meine ich damit? Nachdem du das Handbuch gelesen hast, verstehst du es jetzt anders?

Schreibe deine eigenen **Spaßverderber:innen-Wahrheiten**, **-Maximen**, **-Bekenntnisse** und **-Gleichnisse** auf.

Wenn du deine Antworten teilen möchtest (oder Geschichten oder Ergebnisse oder Wahrheiten oder Maximen oder Bekenntnisse oder Gleichnisse!), kannst du sie mir gerne per E-Mail senden an thefeministkilljoyhandbook@gmail.com oder schreibe mir auf Twitter an @SaraNAhmed.

Mit solidarischen Spaßverderber:innen-Grüßen
Sara XXX

Danksagungen

Eine feministische Spaßverderber:in zu sein, trennt uns manchmal von unseren Familien und Freund:innen, es kann aber auch ein Weg sein, auf dem wir die Menschen finden, die für uns wichtig sind. Eine feministische Spaßverderber:in zu sein, war der Weg, auf dem ich die Menschen gefunden habe, die für mich wichtig sind.

Meine Anerkennung gilt all denjenigen, die mit mir in Kontakt getreten sind, die mit mir ihre feministischen Spaßverderber:innen-Geschichten geteilt haben, und ganz besonders den Leser:innen, die mir die Erlaubnis erteilt haben, aus ihren Briefen zu zitieren. Mein Dank geht auch an Joan Anim-Addo, Jasmin Kaur, Suhaiymah Manzoor-Khan, Christina Hajir, Nim Ralph und Rajni Shah für die Erlaubnis, aus den wunderbaren Posts und Gedichten zu zitieren. Danke auch nochmals an die vielen Menschen, die Zeugnisse ihrer Erfahrungen über ihre Beschwerden geteilt haben. Eure Worte, eure Weisheit und eure Arbeit haben dieses Buch erst möglich gemacht, wie sie auch das nächste möglich machen werden. Danke auch, wie immer, an mein Beschwerde-Kollektiv Leila Whitley, Tiffany Page, Alice Corble, Heidi Hasbrouck und Chryssa Sdrolia und andere, die ich nicht nennen kann. Ich lerne weiterhin aus eurer Erfahrung, gemeinsam Beschwerde einzulegen.

So viele Türen haben sich nur wegen derjenigen geöffnet, die vor uns da waren. An Ama Ata Aidoo: Danke für *Our Sister Killjoy*, das ein wahres Geschenk ist. Es ist eine freudvolle Spaßverderber:innen-Verpflichtung, die ich dir gegenüber habe. Meine Anerkennung geht auch an Audre Lorde, bell hooks, Angela Davis, Adrienne Rich, Claudia Rankine, Toni Morrison, Lauren Berlant und Judith Butler für so viele Rettungsleinen, die ihr uns durch eure Arbeit zugeworfen habt. Danke an Gail Lewis, Avtar Brah, Heidi Mirza für das Eröffnen weiterer Räume für Schwarze und braune Wissenschaftler:innen in UK.

Das ist mein erstes Buch in einem Publikumsverlag und es fühlt sich ein bisschen so an wie der Sprung in eine andere Welt. Danke für meine fantastische Agentin Nicola Wang, die auf mich zukam, für die Anregungen und die nahe Betreuung. Danke an David Evans für die geschickten Hände in den letzten Zügen des Projekts. Und an meine Lektor:innen Maria Bedford und Kyle Gipson: Danke für die Klarheit und die Absicht, mir dabei zu helfen, meine Arbeit in die Welt zu bringen. Dank auch an Claire Peligry für die größte Sorgfalt, die sie diesem Text geschenkt hat. Meine Anerkennung geht auch an meine Spaßverderber:innen-Mitreisenden auf Social Media, die mich darin bestärkt haben, diesen Weg zu gehen.

Eine feministische Spaßverderber:in zu sein, heißt, eine wirklich gute Begleitung zu haben.

Für meine leidenschaftliche feministische Partnerin Sarah Fanklin: Dein Spaßverderber:in-Geist macht so vieles in meinem Leben überhaupt erst möglich. Ich liebe das Leben, das wir uns zusammen aufgebaut haben. Für meine wundervollen Gefährt:innen Poppy und Bluebell: Danke euch für euch und für mein Überleben. Danke an alle Freund:innen und Spaßverderber:innen-Genoss:innen, die immer da sind, auch wenn ich sie nicht oft treffe, besonders Sirma Bilge, Rumana Begum, Jonathan Keane, Campbell X, Ulrika Dahl, Sandra Peel, Fiona Probyn-Rapsey und Elaine Swan. Danke an Jonathan Keane und Sarah Franklin für ihr hilfreiches Feedback zu früheren Versionen dieses Handbuchs und für die Ermutigung, das Handbuch zu schreiben und meinen eigenen Weg zu finden. Danke den vielen freisinnigen Frauen in meiner Familie, wie meine Mutter, meine Tanten, meine Nichten und Cousinen. Ich bin dankbar, lernen zu dürfen, wie wir Familien neuartig gestalten können, um uns allen mehr Raum zu geben, einfach sein zu dürfen. Und für all meine feministischen und queeren Communitys: Teil unseres gemeinsamen Kampfs zu sein, bedeutet mir sehr viel.

Sara Ahmed

Feministisch leben!

Manifest für Spaßverderberinnen

3. Auflage
352 Seiten | 19.80 €
ISBN 978-3-89771-309-3

Feminismus als kämpferisches Konzept für Politik und Alltag

Sara Ahmed erinnert an das wissenschaftliche Erbe des Feminismus ›of Color‹ und zeigt – auf sehr poetische und persönliche Weise – wie Feministinnen über eine Kritik ihrer Erlebniswelten hinausgehen können, um diese Welten umzugestalten. Ahmed entwickelt und empfiehlt eine Figur, die sie ›Feministische Spaßverderberin‹ nennt. Diese Rolle ermöglicht es Feministinnen, alltäglich kreative Lösungen zu finden und ein System gegenseitiger Hilfe und Unterstützung zu schaffen.

Das Buch schließt mit einem ›Survival Kit für Spaßverderberinnen‹ und einem ›Manifest für Spaßverderberinnen‹. Beide liefern praktisches Handwerkszeug, mit dem innovative feministische Theorie im (Alltags-)Leben einer Feministin umgesetzt und erweitert werden kann.

Sara Ahmed

Eigenwillige Subjekte

Eigenwilligkeit als Politik des Ungehorsams

336 Seiten | 19.80 €
ISBN 978-3-89771-328-4

Ein kulturtheoretisches Archiv der Eigenwilligkeit

Ahmed untersucht die Beziehung zwischen dem Willen und der Eigenwilligkeit, zwischen ›schlechtem‹ und ›gutem‹ Willen sowie zwischen dem Willen der Einzelnen und dem Gemeinwillen, indem sie tief in philosophische und literarische Texte eintaucht und diese untersucht. Mit ihrem Fokus auf Eigensinnige, Umherirrende und Abweichler*innen weist Ahmed auf das widerständige Potenzial hin, das der Eigenwilligkeit inhärent ist. Gestützt auf Ansätze feministischer, queerer und antirassistischer Politiken bestärkt sie in ihrer einzigartigen Analyse des eigenwilligen Subjekts die Figur, die auf falsche Weise ihren gesellschaftlichen Platz fordert oder einfach nur zu viel will, darin, dass Eigenwilligkeit erforderlich ist, um Dissens zu artikulieren und widerständig handeln zu können. In diesem Sinne ist die ›feministische Spaßverderber*in‹ eine enge Verwandte des ›eigenwilligen Subjekts‹.

Sara Ahmed

Das Glücksversprechen

Eine feministische Kulturkritik

342 Seiten | 19.80 €
ISBN 978-3-89771-318-5

Über den Zwang zum Glücklichsein und die soziale Drohung des Unglücks

Das Glücksversprechen fragt in provokativer Weise danach, was eigentlich passiert, wenn wir unsere Sehnsüchte und sogar unser eigenes Glück bzw. Glücklichsein von dem anderer abhängig machen. Indem sie Philosophie und feministische Kulturstudien kombiniert, entlarvt Sara Ahmed die gefühlsbedingte und moralische Arbeit, die durch die »Pflicht zum Glücklichsein« ausgeführt wird.

Ahmed zeigt, dass Glück/lichsein genutzt wird, um soziale Unterdrückung zu rechtfertigen, und dass jenen, die gegen Unterdrückung einstehen, mit Unglück/lichsein gedroht wird: der feministischen Spaßverderber*in, der unglücklichen Queeren, der wütenden Schwarzen und der melancholischen Migrant*in.

UNRAST Verlag | www.unrast-verlag.de | kontakt@unrast-verlag.de UNRAST